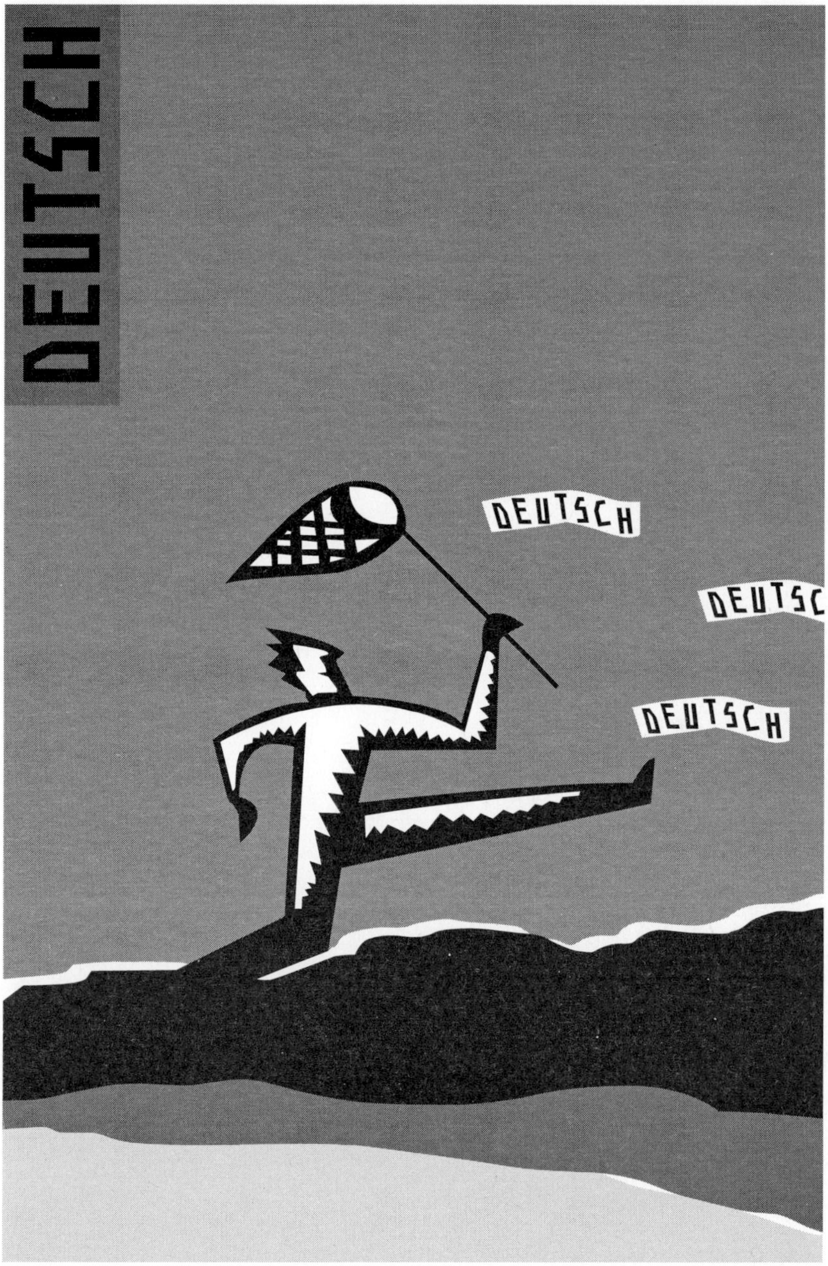
DEUTSCH
DEUTSCH
DEUTSC
DEUTSCH

프리마 독일어어휘

김원익 저

METIS 메티스

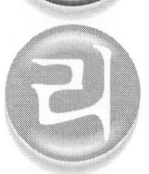

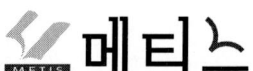

머리말

'어휘'란 무엇일까? 『연세 한국어 사전』에 보면 어휘의 의미를 두 가지로 규정하고 있다. 첫째는 "어떤 개념이나 사물을 나타내는 말"이고, 둘째는 "어떤 범위에 쓰인 낱말 종류의 전체"이다. 언뜻 보면 추상적인 표현이라서 금방 이해가 되지 않지만 전자는 어휘를 '단어'의 의미로, 후자는 '숙어, 관용어구, 속담' 등의 의미로 풀이한 것이다.

어떤 외국어든 어휘를 가장 효과적으로 익히기 위해서는 어휘만을 따로 떼어내서 무조건 외우지 말고 문장의 문맥 속에서 자연스럽게 암기할 수 있도록 해야 한다. 이 책은 초급 이상의 독일어 문법 실력을 갖춘 독자들이 간결하고 살아있는 독일어 문장을 통해 6,000개 이상의 독일어 필수 어휘를 단계적으로 쉽게 공부할 수 있도록 만들어졌다.

이 책은 크게 두 부분으로 구성되어 있다. 전반부는 일상생활이나 독해에 필수적인 독일어 단어를 '동사', '명사', '형용사와 부사', 그리고 이 세 품사가 함께 섞여 있는 '종합' 등 네 가지로 분류한 다음 문제집 형태로 만들어 독자들의 흥미와 재미를 유도했다. 즉 먼저 독일어 단어들을 박스로 처리하여 '보기'로 제시하고 그 아래에 여러 문장들을 나열한 뒤 그 어휘들 중 적당한 것을 골라 빈 칸에 넣도록 했다. 특히 독자들의 편의를 위해 한 쪽 면에는 문제, 다른 쪽 면에는 해설을 달았다. 이어 후반부에는 '기능동사', '여러 가지 뜻을 지닌 단어들', '관용어구와 속담', '동사 + 전치사', '형용사 + 전치사' 등을 정선하여 실었다.

이 책의 전반부에서 필자는 독일어 단어를 영어의 Vocabulary처럼 전철과 어미를 중심으로 분석하고 설명하지는 않았다. 독일어의 전철과 어미 등은 영어와는 사뭇 다르고 너무 복잡하다. 그래서 그런 작업은 독일어 단어를 공부하는 데 도움보다는 외려 혼란만 초래할 것이기 때문이다. 하지만 필자는 영어의 Vocabulary식으로 설명이 가능한 독일어 전철과 어미에 대한 해설은 부록에 '독일어 조어'라는 항목으로 첨가했다. 영어에 익숙한 독자들이 그런 전철과 어미가 붙은 독일어 단어의 의미를 비교적 쉽고 빠르게 이해할 수 있기 위한 배려이다.

이 책의 가장 큰 특징은 무엇보다도 풍부하고 정확한 해설이다. 이 책에 등장하는 거의 모든 단어와 문장에는 그 의미와 번역이 알아보기 쉽게 다른 글씨체로 자세하게 달려 있다. 그래서 독자들은 이 책 한 권이면 사전이나 남의 도움 없이도 언제 어디서나 혼자서도 편하고 재미있게 독일어 어휘를 공부할 수 있을 것이다.

이 책은 1999년 『신경향 獨語語彙演習』이라는 제목으로 처음 출간된 것을 새로운 독일어 맞춤법에 따라 수정하고 보완하여 다시 출간한 것이다. 부족한 점은 앞으로 고치고 다듬도록 하겠다. 아무쪼록 이 책이 독일어 어휘 공부에 어려움을 느낀 독자들에게 조금이라도 도움이 되기를 바란다. 끝으로 이 책을 쓰면서 참고했던 책들 중 중요한 것들은 아래와 같다.

2014년 1월

저자 김 원 익

참 고 문 헌

1. Jutta Müller und Heiko Bock: Grundwortschatz Deutsch, Berlin und München(Langenscheidt) 1991.
2. Busch/Friedrich: Deutsches Übungsbuch, Berlin/München/Leipzig (Langenscheidt) 1996.
3. Anke. Jörg Rautzenberg: Aufbaukurs Deutsch(Teil 1, 2, 3). Sao Paulo 1987.
4. H. Aufderstraße/H. Bock/M. Gerdes/H. Müller/J. Müller: Themen neu 1. Lehrwerk für Deutsch als Fremdsprache(Kursbuch 1), Ismaning/ München 1996.
5. H. Aufderstraße/H. Bock/H. Müller/J. Müller: Themen neu 2. Lehrwerk für Deutsch als Fremdsprache(Kursbuch 2), Ismaning/ München 1996.
6. H. Aufderstraße/W. Bönzli/W. Lohfert: Themen neu 1. Lehrwerk für Deutsch als Fremdsprache(Kursbuch 3), Ismaning/München 1996.
7. H. Bock/K. H. Eisfeld/ H. Holthusen/U. Schütze-Nöhmke: Themen neu 1. Lehrwerk für Deutsch als Fremdsprache(Arbeitsbuch 1), Ismaning/München 1996.
8. H. Aufderstraße/H. Bock/M. Gerdes/J. Müller: Themen neu 2. Lehrwerk für Deutsch als Fremdsprache(Arbeitsbuch 2), Ismaning/ München 1996.
9. H. Bock/J. Müller: Themen neu 3. Lehrwerk für Deutsch als Fremdsprache(Arbeitsbuch 3), Ismaning/München 1996.
10. 볼프강 플라이셔 외 1인(오예옥 등 2인 번역): 독일어 조어론의 새로운 이해, 한국문화사 1997.

목 차

제 1 장 어휘연습 I (동사) ·················· 10

제 2 장 어휘연습 II (명사) ·················· 92

제 3 장 어휘연습 III (형용사와 부사) ········ 140

제 4 장 어휘연습 IV (종합) ················· 188

제 5 장 기능동사 ························· 260

제 6 장 여러가지 뜻을 지닌 단어들 ········· 282

제 7 장 관용어구와 속담 ·················· 301

제 8 장 동사 + 전치사 ···················· 315

제 9 장 형용사 + 전치사 ··················· 328

✹ 부 록 - 독일어 조어

    I. 동 사 ······························· 337

    II. 명 사 ······························ 356

    III. 형용사와 부사 ···················· 364

제1장 어휘연습 I (동사)

보기 1

| wissen, kennen, können |

1. _____ Sie den jungen Mann dort? — Ich habe ihn schon oft gesehen, aber ich _____ nicht, wer das ist.

2. Gehen Sie doch zum Auslandsamt; dort _____ Sie sich informieren.

3. _____ Sie Englisch? — Ja, mein Englisch ist nicht schlecht.

4. _____ er sich im deutschen Arbeitsrecht aus? — Das _____ ich nicht; fragen Sie ihn doch selbst.

5. Fragen Sie doch Ihren Lehrer; der _____ Ihnen doch sicher helfen.

6. _____ Sie mir sagen, wer hier über diese Fragen Bescheid _____?

7. Ich _____, wie man ein Radio repariert. Aber dein Gerät ist ein ganz neues Modell, damit _____ ich mich noch nicht aus. Ich glaube nicht, dass ich es reparieren _____.

정답 1. Kennen, weiß   2. können   3. Können   4. Kennt, weiß
5. kann   6. Können, weiß   7. weiß, kenne, kann

제1장   어휘연습 I (동사) - 해설

보기 1

> *wissen* : 무엇을 추상적으로 알다, 무슨 사실을 알다(이 뒤에는 절이 나올 수 있다). *kennen* : 무슨 사실을 경험적 그리고 구체적으로 알다, 단어나 사람을 알다. *können* : 어떤 언어를 할 수 있다, 무엇을 할 수 있다(이 뒤에는 동사의 원형이 나온다).

****

1. **해석**: 당신은 저기 있는 저 젊은 *사람을 아십니까*? (사람을 아느냐고 물었기 때문에 kennen이 적당하다) ―저는 그 사람을 벌써 자주 보았습니다, 그러나 저는 그 사람이 누구인지 *모르겠습니다*. (뒤에 'wer das ist'라는 절이 있다는 사실에 주의하시오).

2. <1> das Auslandsamt : 외국인관청. <2> j-n über etwas(4) informieren : 누구에게 무엇에 대해 정보를 주다, sich informieren : 무슨 정보를 입수하다. **해석**: 외국인 관청에 가십시오: 거기서 당신은 정보를 입수*하실 수 있*을 것입니다.

3. **해석**: 당신은 영어를 *말할 수 있습니까*? ―예, 제 영어는 나쁘지 않습니다.

4. <1> sich in etwas(3) auskennen : 무엇에 정통하다. <2> das Arbeitsrecht : 노동법. <3> selbst : 스스로, 몸소. **해석**: 그는 독일 노동법에 *정통합니까*? ―저는 그것을 *모르겠습니다*. 그 사람에게 직접(selbst) 물어보십시오.

5. **해석**: 당신의 선생님에게 물어보십시오. 그분이 당신을 틀림없이 도와줄 *수 있을 것입니다*.

6. über etwas(4) Bescheid wissen : 무엇에 대해 자세하게 알다. **해석**: 여기서 누가 이 문제에 대해 잘 알고 있는지 저에게 말씀해 주실 수 *있습니까*?

7. <1> reparieren : 수리하다. <2> das Gerät : 기계. <3> das Modell : 모델. <4> sich auskennen : 무엇에 정통하다. <5> glauben : 믿다, 생각하다.
   해석: 나는 라디오를 어떻게 수리하는지 *안다*. 그러나 네 기계는 내가 *정통하기*에는 완전히 새로운 모델이다. 나는 그것을 *수리할 수 없다*고 생각한다.

보기 2

können, wissen

8. _____ Sie gut fahren? _____ Sie, wie man diesen Wagen fährt?

9. Ich würde ihm gern helfen, aber ich _____ nicht, wie.

10. _____ Sie Englisch?

11. Der neue Kollege _____ wirklich nichts allein machen. Und er _____ über nichts Bescheid. —Na na, da übertreiben Sie aber!

보기 3

überlegen, denken, finden, glauben

12. Man darf nicht alles _____, was die Leute sagen.

13. Hast du dir schon _____, was du in den Ferien machen wirst?

14. Haben Sie daran _____, den Brief zur Post zu bringen? Der ist sehr wichtig.

15. Gisela hat mich nicht zu ihrer Party eingeladen. Wie _____ du das?

16. Renate _____ nicht daran, so bald zu heiraten. Sie _____ es wunderbar, unabhängig zu sein.

정답) 8. Können, Wissen 9. weiß 10. Können 11. kann, weiß
12. glauben 13. überlegt 14. gedacht 15. findest
16. denkt, findet

보기 2

> *wissen* : 무엇을 추상적으로 알다, 무슨 사실을 알다(이 뒤에는 절이 나올 수 있다), *können* : 어떤 언어를 할 수 있다, 무엇을 할 수 있다 (이 뒤에는 동사의 원형이 나온다)

****

8. **해석**: 당신은 운전하실 수 있습니까? 당신은 이 자동차를 운전하는 방법을 아십니까?

9. würden gern: 하고싶다. **해석**: 나는 그를 돕고 싶다. 그러나 나는 어떻게 도와야할지 모르겠다.

10. **해석**: 당신은 영어를 하실 수 있습니까?

11. <1> der Kollege : 동료. <2> wirklich : 정말. <3> allein : 혼자서. <4> über etwas(4) Bescheid wissen : 무엇에 대해 잘 알다. <5> übertreiben : 과장하다. **해석**: 그 새로 온 동료는 정말 혼자서 아무 것도 할 수가 없습니다. 그리고 그는 아무 것도 잘 모릅니다. -그렇기는 하지만(Na na), 당신은 과장하시는군요!

보기 3

> *sich etwas(4) überlegen = etwas(4) überlegen* : 무엇을 심사숙고하다, *an etwas(4) denken* : 무엇을 생각하다. *etwas(4) etwas(형용사) finden* : 무엇을 어떻게 생각하다. *glauben* : 믿다, 생각하다, 무엇의 존재를 믿다.

****

12. dürfen nicht는 금지를 나타낸다. **해석**: 우리들은(Man) 사람들이 말하는 모든 것을 믿어서는 안된다.

13. die Ferien : 휴가. **해석**: 너는 휴가때 무엇을 할 것인지 심사숙고해 보았니?

14. <1> bringen: 가져가다. <2> die Post: 우체국. **해석**: 당신은 그 편지를 우체국에 가져갈 생각을 해보았습니까? 그 편지는 매우 중요합니다.

15. j-n zu etwas(3) einladen: 누구를 무엇에 초대하다. **해석**: 기젤라는 나를 파티에 초대하지 않았다. 너는 그것을 어떻게 생각하니?

16. <1> bald: 곧, 빨리. <2> j-n heiraten: 누구와 결혼하다. <3> wunderbar: 멋진, 훌륭한. <4> unabhängig: 독립적인. **해석**: 레나테는 그렇게 빨리 결혼할 생각을 하지 않는다. 그녀는 독립적인 것이 멋지다고 생각한다.

보기 4

ansehen, aussehen, wiedersehen, sehen

17. Wie finden Sie die Bilder? —Ich muss sie mir erst mal genauer _____.

18. _____ Sie, ich habe Ihnen ja gleich gesagt, dass das so nicht geht.

19. Ich soll den neuen Kollegen vom Bahnhof abholen, aber ich kenne ihn doch gar nicht! Ich weiß nicht, wie er _____.

20. Hast du Jochen _____? —Ist er denn nicht in der Bibliothek?

21. Im Sonnenkino gibt es einen Film, den ich mir gern _____ möchte.

22. Es war nett heute Abend. Wann können wir uns _____? —Haben Sie am Samstag Zeit?

23. Was ist denn mit Herrn Müller los? Ist er krank? —Wieso? —Haben Sie denn nicht _____, wie schlecht er _____?

24. Ich muss Herrn Schmidt diese Papiere bringen. —Geben Sie sie mir! Ich _____ ihn morgen, da kann ich sie ihm geben.

정답: 17. ansehen 18. Sehen 19. aussieht 20. gesehen 21. ansehen
22. wiedersehen 23. gesehen, aussieht 24. sehe

보기 4

sich etwas(4) ansehen : 무엇을 구경하다, *j-n ansehen*: 누구를 쳐다보다, *aussehen* : 무엇처럼 보이다, *wiedersehen* : 다시 만나다, 재회하다, *etwas(4) sehen(= gucken, schauen)* : 무엇을 시각적으로 보다, *Sehen Sie!* : 이것 보세요!

****

17. <1> das Bild : 그림. <2> genau : 정확하게. **해석**: 당신은 그림들을 어떻게 생각하십니까? — 저는 우선 그것들을 한번 정확하게 **보아야** 합니다.

18. gehen : 무엇이 가능하다. **해석**: *이것 보세요*, 제가 당신에게 그렇게 되서는 안된다고 방금(gleich) 말했잖습니까?

19. j-n von etwas(3) abholen: 누구를 어디에서 마중하다. **해석**: 저는 새로운 동료를 역에 나가 마중해야 하겠습니다. 그러나 저는 그를 전혀 모릅니다! 저는 그가 어떻게 생겼는지 모릅니다.

20. **해석**: 너는 요혼을 *보았니?* — 걔가 도대체 도서관에 없대?

21. **해석**: 존넨키노 극장에서 내가 *보고 싶은* 영화가 상영된다.

22. nett : 친절한, 상냥한, 호감이 가는. **해석**: 오늘 저녁은 좋았습니다. 우리 언제 다시 *볼 수 있을까요?* — 토요일에 시간이 있습니까?

23. Was ist mit j-m los? : 누가 무슨 일이니? <2> Wieso? : 어째서?. **해석**: 도대체 밀러씨가 무슨 일입니까? 그사람 어디 아픕니까? — 왜요? — 당신은 그가 얼마나 *좋아 보이지 않은 지 보지 못했습니까?*

24. die Papiere(복수) : 서류. **해석**: 저는 슈미트씨에게 이 서류를 갖다 주어야 합니다. — 그 서류를 저한테 주십시오! 제가 그 사람을 내일 **봅니다**. 그때 제가 그것을 그에게 줄 수 있습니다.

보기 5

mögen, gefallen

25. Hat Ihnen das Theaterstück gestern _____?

26. Ich _____ nicht immer auf dich warten.

27. _____ Sie chinesisches Essen?

28. Er verkaufte das Bild, weil es ihm nicht mehr _____.

29. Wie _____ Ihnen ihr neuer Job?

30. Die Wohnung _____ mir; schade, dass sie zu teuer ist.

31. Liebst du ihn? —Nein, aber ich _____ ihn sehr.

보기 6

passieren, stattfinden

32. Wissen Sie, wann und wo das Konzert _____? —Meinen Sie das im Deutschen Museum? Das _____ doch schon gestern _____!(Perfekt)

33. Mein Gott! Wie konnte das denn _____? —Ich weiß auch nicht, wie das _____ _____, der Wagen ist ganz plötzlich aus einer Seitenstraße gekommen!

34. Unser nächstes Klassentreffen _____ kurz vor Weihnachten _____.

정답) 25. gefallen 26. mag 27. Mögen 28. gefiel 29. gefällt
30. gefällt 31. mag 32. stattfindet, hat...stattgefunden
33. passieren, passiert ist 34. findet, statt

보기 5

j-n mögen = j-n gernhaben = j-n leiden können : 누구를 좋아하다. *j-m gefallen* : 미적인 것으로 누구의 마음에 들다.

****

25. das Theaterstück : 연극작품, das Stück : 조각, 연극작품. **해석**: 어제 연극이 당신에게 마음에 들었습니까?

26. auf j-n warten : 누구를 기다리다. **해석**: 나는 너를 항상 기다리고 싶지는 않다(기호).

27. **해석**: 당신은 중국요리를 좋아하십니까?

28. verkaufen : 팔다. **해석**: 그는 그 그림을 팔았다. 왜냐하면 그것이 이제 더 이상 그의 마음에 들지 않았기 때문이다.

29. **해석**: 그녀의 새 직업이 당신에게 *어떠십니까?*

30. **해석**: 그집은 내 맘에 든다. 그것이 너무 비싸다는 것이 안타깝다.

31. j-n lieben : 누구를 사랑하다. **해석**: 너는 그를 사랑하니? —아니, 그러나 나는 그를 매우 *좋아한다.*

보기 6

passieren = geschehen = sich ereignen : 어떤 사건이 발생하다. *stattfinden* : 계획되고 예정된 것이 일어나거나 개최되다(콘서트, 박람회 등).

****

32. **해석**: 당신은 그 콘서트가 언제 어디서 *개최되는지* 아십니까? —당신은 독일박물관의 그 콘서트(das) 말입니까? 그것은 어제 *개최되었습니다!*

33. <1> Mein Gott! : 아아, 이런 원, 아이고, 이런. <2> plötzlich : 갑자기. <3> die Seitenstraße : 옆길. **해석**: 아이고! 이런 일이 어떻게 일어날 수 있나? —나도 그일이 어떻게 일어났는지 모르겠다. 그 자동차가 옆에서 갑자기 튀어나왔다!

34. das Klassentreffen : 동창회. **해석**: 우리의 다음번 동창회는 크리스마스 바로 직전에 *개최된다.*

보기 7

stellen, aufstellen, bestellen

35. Wohin soll ich die Bücher _____?

36. Er hat vergessen, das Warndreieck _____. Beinahe wäre ein anderer von hinten auf seinen Wagen geknallt.

37. Haben Sie schon _____? —Nein; bringen Sie mir bitte ein Wiener Schnitzel und ein Bier.

38. Ich habe mal eine Liste _____, was ich alles noch kaufen muss.

보기 8

sich scheiden lassen, geschieden sein

39. Seit vier Jahren _____ Gerda _____.

40. Sie hat _____ vor vier Jahren _____ _____.

41. Ich habe gehört, Sie wollen _____ _____ _____.
    —Wer hat Ihnen denn das erzählt?!

정답) 35. stellen 36. aufzustellen 37. bestellt 38. aufgestellt
39. ist... geschieden 40. sich....scheiden lassen
41. sich scheiden lassen

보기 7

stellen : 무엇을 세워 놓다. *aufstellen* : 텐트를 치다, 경고판을 세우다, 리스트를 작성하다, *bestellen* : 무엇을 주문하다.

∗∗

35. 해석: 내가 그 책들을 어디에 놓을까요?

36. <1> das Warndreieck : 경고판. <2> beinahe : 거의. <3> knallen : 부딪치다. 해석: 그는 경고판을 세우는 것을 잊어버렸다. 하마터면 다른 자동차가 그의 자동차에 부딪칠뻔 했다.

37. das Schnitzel : 스테이크. 해석: 당신은 벌써 주문하셨습니까? —아뇨, 저에게 빈(Wien) 스테이크 하나와 맥주 한 잔을 가져 오십시오.

38. die Liste : 리스트. 해석: 나는 더 사야 할 것을 다 리스트로 작성했다.

보기 8

sich scheiden lassen : 이혼하다('이혼하다'는 법원에 본인들이 신청을 해야 되기 때문에 *lassen*이 꼭 들어간다). *geschieden sein* : (언제부터) 이혼한 상태로 있다.

∗∗

39. 해석: 게르다는 4년 전 부터 이혼한 상태로 있다.

40. 해석: 그녀는 4년 전에 이혼했다.

41. j-m etwas(4) erzählen : 누구에게 무엇을 설명해 주다. 해석: 나는 당신이 이혼하려 한다고 들었습니다. —도대체 누가 당신에게 그 말을 해 주었습니까?

20　제1장 어휘연습 I (동사)

| 보기 9 |

> tun, machen, tun/machen, arbeiten

42. Was _____ ihr in eurer Freizeit?

43. Frau Berend _____ bei der Firma Karcher.

44. Keine Angst, der Hund _____ dem Kind nichts.

45. Die Wissenschaftler haben eine neue Entdeckung _____

46. Was glaubst du, womit kann man ihr eine Freude _____?

47. Wir sind noch nicht fertig; es gibt viel zu _____.

48. Er hat wirklich sein Bestes _____.

49. Sie hat _____, was der Chef gesagt hat.

정답) 42. tut/macht　43. arbeitet　44. tut　45. gemacht
　　　46. machen　47. tun/machen/arbeiten
　　　48. getan　49. getan/gemacht

보기 9

> *tun*: 무엇을 하다, 행동하다, 해를 가하다, *sein Bestes tun*: 그의 최선을 다하다, *Es gibt viel zu tun*: 할 일이 많다. *machen*: 무엇을 하다, *eine Entdeckung machen*: 발견하다, *j-m Freude(= Spaß = Vergnügen) machen*: 누구를 즐겁게 하다.

****

42. die Freizeit: 자유시간. 해석: 너희들은 자유시간에 무엇을 *하니*?

43. bei der Firma Karcher arbeiten: 카르허 회사에서 일하다. **해석**: 베렌트 부인은 카르허 회사에서 *일하고 있다*.

44. <1> Keine Angst!: 두려워 하지 마! <2> der Hund: 개. <3> j-m nichts tun: 누구에게 아무런 해를 입히지 않다. **해석**: 무서워하지 마라. 그 개는 아이에게 *아무런 해를 입히지 않는다*.

45. <1> der Wissenschaftler: 과학자. <2> eine Entdeckung machen: 발견하다. **해석**: 과학자들이 *새로운 발견을 했다*.

46. <1> glauben: 믿다, 생각하다. <2> j-m Freude machen: 누구를 즐겁게 하다. **해석**: 너는 우리가 그녀를 어떻게 *즐겁게 할 수 있을* 것이라고 생각하니?

47. <1> noch nicht: 아직 아니다. <2> fertig: 끝마친. <3> Es gibt viel zu tun(= machen = arbeiten): 일할 게 많다. **해석**: 우리는 아직 끝마치지 않았다; *할 일이 많다*.

48. <1> wirklich: 정말. <2> sein Bestes tun: 그의 최선을 다하다. **해석**: 그는 정말로 그의 *최선을 다했다*.

49. der Chef: 사장, 부장. **해석**: 그녀는 사장이 이야기한 것을 *했다*.

보기 10

nehmen, annehmen, mitnehmen

50. Habt ihr den Bus _____? —Nein, die Straßenbahn.

51. Zu dumm, ich habe nicht genug Geld _____. Jetzt muss ich noch mal nach Haus.

52. Warum hat er die Einladung nicht _____?

53. Können Sie mich ein Stück _____? —Ja gern, bis zum Karlsplatz.

54. _____ Sie nicht so viele Tabletten, das ist nicht gesund!

55. Er wollte mir etwas ganz Teures zum Geburtstag schenken, aber das konnte ich doch nicht _____!

56. An deiner Stelle würde ich auch das Schnitzel _____, das ist hier immer sehr gut. Fräulein, zweimal Schnitzel, bitte!

정답) 50. genommen 51. mitgenommen 52. angenommen 53. mitnehmen
54. Nehmen 55. annehmen 56. nehmen

보기 10

nehmen : 탈 것 등을 타다, 약 등을 먹다, *annehmen* : 받아 들이다, 가정하다, *mitnehmen* : 무엇을 가지고 가다, 누구를 태우고 가다, 돈을 가져가다.

****

50. **해석**: 너희들은 버스를 *탔니*? ―아니, 전차.

51. <1> dumm: 어리석은. <2> genug : 충분한, 충분하게. **해석**: 내가 충분히 돈을 *가져가지* 않았다니 너무 어리석었다. 이제 나는 다시 집에 가야 한다.

52. **해석**: 왜 그는 초대를(die Einladung) 받아들이지 않았니?

53. das Stück: 조각, 연극작품, 한 구간의 거리. **해석**: 당신은 저를 한 구간 *태워 주시겠습니까?* ―예, 기꺼이 그러지요, 칼 광장까지요.

54. **해석**: 그렇게 많은 알약을 먹지 마십시오. 그것은 건강에 좋지 않습니다.

55. <1> zum Geburtstag : 생일날에. <2> j-m etwas(4) schenken : 누구에게 무엇을 선물로 주다. **해석**: 그는 나에게 아주 비싼 것을 생일날에 선물하려고 했다. 그러나 나는 그것을 받아들일 수 없었다!

56. <1> an deiner Stelle : 너의 입장이라면. <2> das Schnitzel : 스테이크, zweimal Schnitzel : 스테이크 두개. **해석**: 너의 입장이라면 나는 스테이크를 *먹을 것이다.* 여기 스테이크는 항상 맛이 아주 좋다. 아가씨, 스테이크 이인분요!

보기 11

sich erkälten, erkältet sein

57. Zieh dir eine Jacke an, sonst _____ _____ _____.

58. Ich _____ schon seit Tagen schrecklich _____. Hat jemand ein Aspirin für mich?

59. Wie war die Reise? —Schrecklich, ich _____ die ganze Zeit _____.

보기 12

sich kümmern, sich (keine) Sorgen machen

60. Wenn ich spät abends noch nicht zu Haus bin, _____ _____ meine Eltern _____.

61. Ich muss noch den Flug buchen, Hotelzimmer bestellen usw. —Lassen Sie nur; darum _____ ich _____.

62. So ein Pech, ich habe meinen Führerschein verloren! — _____ Sie _____ _____ _____; den werden wir schon wiederfinden.

63. Herr Schachtner meint, Frauen sollten _____ nur um den Haushalt _____.

정답 57. erkältest du dich 58. bin .... erkältet 59. war .... erkältet
60. machen sich .... Sorgen 61. kümmere ... mich
62. Machen ... sich keine Sorgen 63. sich .... kümmern

보기 11

sich erkälten: 감기 걸리다. erkältet sein: 감기 걸려 있다.
****

57. sich etwas(4) anziehen : 무슨 옷을 입다 (대개 입는 옷이 나올 때는 재귀대명사를 생략한다). sonst : 그렇지 않으면. sich erkälten : 감기 걸리다.

58. seit Tagen : 며칠 전부터 (이 말이 있기 때문에 *감기 걸려 있다*라는 표현을 써야 한다). schrecklich = furchtbar = entsetzlich : 무시무시한, 무지하게, 아주 심하게.

59. Wie war die Reise? : 여행이 어땠니?. die ganze Zeit : 시간 내내 (이 말이 있기 때문에 *감기 걸려 있다*라는 표현을 써야 한다)

보기 12

sich um etwas(4) kümmern : 무엇에 마음을 쓰다, 처리하다, 걱정하다, 염려하다. sich Sorgen machen : 걱정하다.
****

60. 해석 : 내가 저녁 늦게까지 집에 오지 않으면 우리 부모님이 *걱정하신다* (sich Sorgen machen).

61. buchen = reservieren : 무엇을 예약하다. bestellen : 주문하다. Lassen Sie nur! : 그것을 하지 마십시오! sich um etwas(4) kümmern : 무엇을 처리하다.

62. So ein Pech! : 이런 낭패가 있나! das Pech : 불행, 낭패. der Führerschein : 운전면허증. wiederfinden : 다시 찾다. 운전면허증을 잃어버린 사람에게 *걱정하지(sich Sorgen machen)* 말라고 하는 상황임.

63. sollen의 접속법 2식 sollten은 권유와 충고 등을 나타내며 우리말로는 '무엇을 하는 것이 좋을 것이다'로 해석한다. der Haushalt(machen, führen) : 집안일(을 하다). *sich um etwas(4) kümmern : 무엇을 처리하다.*

보기 13

| mitnehmen, mitbringen |

64. Martin sagt zu Walter: Ich würde dich gern mal zu einer Sitzung _____. Aber ich weiß nicht, was die anderen sagen werden, wenn ich ein Nicht-Mitglied _____.

65. Wenn man eine Reise macht, muss man genügend Geld _____.

66. Als ich von der Reise nach Haus kam, musste ich natürlich gleich die Geschenke, die ich _____ hatte, auspacken. Die Kinder haben sich so gefreut!

보기 14

| sich setzen, sitzen |

67. Wo möchten Sie _____? Am Eingang oder am Fenster? — Ich glaube, wir _____ _____ an den Tisch in der Ecke.

68. Du möchtest fernsehen? Dann _____ _____ in den Sessel hier; in dem _____ man am bequemsten.

69. Hier im Zimmer ist es mir zu heiß; ich _____ _____ ein bisschen nach draußen auf die Terasse. —Ja, geh mal raus, Ingrid und Walter _____ auch schon da.

정답) 64. mitnehmen, mitbringe 65. mitnehmen 66. mitgebracht
67. sitzen, setzen uns 68. setz dich, sitzt 69. setze mich, sitzen

보기 13

mitnehmen : 사람을 태우고 가다, 데리고 가다, 돈을 가지고 가다, 무엇을 가지고 가다(출발지점이 중요), *mitbringen* : 무엇을 가져 오다(도착지점이 중요)

****

64. würden gern : 무엇을 하고 싶다. die Sitzung : 회의. das Nicht-Mitglied : 비회원. **해석**: 마르틴이 발터에게 말한다 : 나는 너를 회의에 *데려 가고* (mitnehmen) 싶다. 그러나 내가 비회원을 *데려오면*(mitbringen) 다른 사람들이 뭐라고 할지 모르겠다.

65. **해석**: 여행을 하면 돈을 충분히 *가져 가야 한다*(mitnehmen).

66. auspacken : 짐을 풀다 ↔ einpacken : 짐을 꾸리다. sich freuen : 기뻐하다. **해석**: 내가 여행에서 집으로 돌아왔을 때 물론 나는 *가져온*(mitbringen) 선물들을 곧바로 풀어야 했다. 아이들이 무척 좋아했다.

보기 14

sich setzen : 어디에 앉다(전치사+4격 목적어), *sitzen* : 어디에 앉아 있다(전치사+3격 목적어).

****

67. der Eingang : 입구 ↔ der Ausgang : 출구. in der Ecke : 구석에. am Eingang을 보면 *sitzen*이, an den Tisch를 보면 *sich setzen*이 옳음을 알 수 있다.

68. fernsehen : TV를 보다. der Sessel = die Couch : 안락의자. *sich in(= auf) den Sessel setzen* : 안락의자에 앉다. bequem : 편안한, am bequemsten : 가장 편안하게. in dem (Sessel)을 보면 *sitzen*이 적당하다.

69. zu heiß : 너무나 더운. *sich auf die Terasse setzen* : 테라스에 앉다. raus = hinaus, heraus (여기서는 hinaus). *da sitzen* : 거기 앉아 있다.

보기 15

arbeiten, beschäftigen, weiterbeschäftigen, einarbeiten, umschulen

70. Klaus Maier war früher Bäcker; er hat sich _____ lassen und ist Elektrotechniker geworden.

71. Mir ist gekündigt worden. Die Firma sagt, sie könne mich nicht _____, weil man keine Arbeit mehr für mich habe.

72. Fräulein Windeck ist erst seit 14 Tagen bei der Firma, aber sie hat sich schon gut _____; man braucht ihr bald nichts mehr zu erklären.

73. Unsere Abteilung _____ zurzeit etwa 15 Leute; so viele haben die anderen Abteilungen nicht; da _____ höchstens neun bis zehn Personen.

보기 16

überreden, überzeugen

74. Sie glauben nicht, dass das Appartment schon in Ordnung ist? Dann fahren Sie doch mal hin und _____ Sie sich selbst.

75. Mein achtzehnjähriger Sohn will mich dauernd _____, ihm einen Wagen zu kaufen. Als ob ich so viel Geld übrig hätte!

76. Meine Nachbarin kauft nur in dem Laden da an der Ecke. Sie ist _____, dass die Sachen da besser und billiger sind als anderswo. Und natürlich will sie mich immer _____, dass ich auch da kaufe.

정답) 70. umschulen 71. weiterbeschäftigen 72. eingearbeitet
73. beschäftigt, arbeiten 74. überzeugen 75. überreden
76. überzeugt, überreden

보기 15

arbeiten : 일하다. *j-n beschäftigen* : 누구를 고용하다(*j-n anstellen*). *sich mit etwas(3) beschäftigen* : 무엇에 몰두하다. *weiterbeschäftigen* : 계속해서 고용하다. *sich in etwas(4) einarbeiten* : 무슨 일에 익숙해지다. *umschulen* : 재교육시키다.

****

70. <1> der Bäcker : 빵굽는 사람. <2> *sich umschulen lassen* : 재교육을 받다 (재정적 지원을 하는 정부에게 재교육을 시키도록 하다라는 말이기 때문에 lassen이 들어간다.) <3> der Elektrotechniker : 전기기술자.

71. j-m kündigen : 누구에게 계약이 만료되었음을 알리다. Mir ist gekündigt worden : Man hat mir gekündigt의 수동형. **해석** : 나는 해고통지를 받았다. 회사는 나를 더 이상 *계속 고용할 수 없다*고 말한다. 왜냐하면 나에게 줄 일이 더 이상 없다는 것이다.

72. <1> erst : 겨우. <2> bald : 곧. <3> brauchen zu Inf : 무엇을 할 필요가 있다. <4> erklären : 설명하다. **해석** : 빈덱양은 회사에 있은지 겨우 14일 밖에 안된다. 그러나 그녀는 벌써 *일에 익숙해졌다*. 우리들은 그녀에게 곧 더 이상 아무 것도 설명할 필요가 없을 것이다.

73. <1> die Abteilung : 부서, 과. <2> zurzeit : 현재. <3> höchstens : 기껏해야. <4> neun bis zehn : 9내지 10명 **해석** : 우리 과는 현재 약 15명을 *고용하고 있다*. 다른 과는 그렇게 많은 사람들이 없다. 다른 부서에서는 기껏해야 9내지 10명 정도가 *일하고 있다*.

보기 16

j-n zu etwas(3) überreden : 누구에게 무엇을 하라고 설득하다.
j-n von etwas(3) überzeugen : 누구에게 무엇을 확신시키다.

****

74. <1> das Appartment : 아파트. <2> in Ordnung : 잘 정돈된. <3> *sich überzeugen* : 확인하다.

75. <1> dauernd : 계속해서. <2> übrighaben : 여분으로 갖고 있다. <3> als ob + 접속법 2식 : 마치 무엇인 것처럼.

76. <1> der Nachbar : 이웃. <2> der Laden : 가게. <3> an der Ecke : 모퉁이에 있는. <4> anderswo : 다른 곳. **해석** : 나의 이웃은 모퉁이에 있는 그 상점에서만 물건을 산다. 그녀는 거기 물건이 더 좋고 싸다고 *확신하고 있다*. 그리고 물론 그녀는 나도 거기서 사도록 계속 나를 *설득하려고 한다*.

보기 17

schaffen, gelingen

77. Das kann ich nicht alles in zwei Stunden erledigen! —Aber ja, das ist sogar in *einer* Stunde zu _____.

78. Gehen wir morgen in die Oper? —Wenn es dir _____, noch Karten zu bekommen. Soviel ich weiß, ist diese Woche alles ausverkauft.

79. Seit einer Stunde versuche ich, das Hotel in Rom anzurufen, aber bis jetzt ist es mir nicht _____, eine Verbindung zu bekommen.

80. Wie hat Peter das nur _____, in einem so kurzen Aufsatz so viele Fehler zu machen?! —Sei doch nicht so ironisch! Er tut doch, was er kann.

81. Jetzt wird es aber Zeit, dass Klaus kommt; der Zug fährt doch gleich ab! —Das _____ der sicher nicht mehr. Er muss eben mit dem nächsten fahren.

82. Du machst mir viel zu _____.

83. Der Kuchen ist gut _____.

정답: 77. schaffen   78. gelingt   79. gelungen   80. geschafft   81. schafft
82. schaffen   83. gelungen

보기 17

schaffen : 창조하다*(schuf, geschaffen)*, 무엇을 성공적으로 해내다, 달성하다, 하다*(schaffte, geschafft). Es gelingt j-m, zu Inf.* : 누가 무엇을 하는데 성공하다*(sein*과 완료형을 만든다*)*

****

77. <1> in zwei Stunden : 두시간 만에. <2> erledigen : 무엇을 해내다, 해치우다. <3> sogar : 더군다나, 게다가. <4> Das ist sogar in einer Stunde *zu schaffen* = Das muss sogar in einer Stunde geschafft werden = Man muss das sogar in einer Stunde schaffen.

78. <1> die Oper : 오페라. <2> die Karte : 티켓. <3> Soviel ich weiß : 내가 아는 한. <4> ausverkauft : 매진된.

79. <1> versuchen, zu Inf. : 무엇을 하려고 시도하다. <2> die Verbindung : 전화연결. Verbindung bekommen : 전화를 받다

80. <1> der Aufsatz : 작문, 소논문. <2> Fehler machen : 잘못을 저지르다. <3> ironisch : 반어적인, 비꼬는. **해석**: 페터가 어떻게 그렇게 짧은 작문에서 그처럼 많은 잘못을 저지르는 일을 *했을까?!* —그렇게 반어적으로 말하지 마라! 걔는 할 수 있는 것을 하고 있다.

81. Jetzt wird es aber Zeit. : 이제 갈 시간이 되었다, 이제 무엇을 할 시간이 되었다. <2> gleich : 금방. <3> mit dem nächsten Zug : 다음 기차를 타고. **해석**: 이제 클라우스가 올 시간이다; 기차가 곧 떠날 것이다! —걔는 기차를 틀림없이 *잡지 못할 것이다.* 그는 다음 기차를 타고 가야 할 것이다.

82. j-m viel *zu schaffen* machen : 누구에게 할 일을 많이 만들어 주다.

83. der Kuchen : 케잌. **해석**: 케잌이 잘 *되었다.*

보기 18

warten, erwarten, abwarten

84. Heute abend _____ wir Gäste.

85. Um fünf wollte mich mein Freund abholen. Und jetzt ist es schon viertel nach! Jetzt _____ ich noch zehn Minuten, und dann fahre ich nach Haus!

86. (Kaufleute unter sich) —Wie ist die Lage auf dem Weltmarkt? Soll man kaufen oder verkaufen? —Das weiß im Moment kein Mensch. Man muss einfach _____, wie sich die Wirtschaft in der nächsten Zeit entwickelt.

87. Gehen Sie mit essen? —Nein, ich bleibe lieber im Büro. Ich _____ nämlich einen wichtigen Anruf.

88. Im Radio hieß es, dass wir für das Wochenende besseres Wetter _____ können. —Schön wär's.

89. Ich glaube, es hat keinen Zweck, noch länger zu _____. Wir müssen die Besprechung ohne Herrn Lohmann anfangen. Aber warum hat er uns nicht Bescheid gegeben?

90. Was hat der Patient denn? —Ich möchte erst die Ergebnisse der Laboruntersuchungen _____, bevor ich etwas dazu sage.

정답) 84. erwarten   85. warte   86. abwarten   87. erwarte   88. erwarten
89. warten   90. abwarten

보기 18

auf etwas(4) warten : 단순히 시간적인 의미에서 기다리다. *etwas(4) erwarten* : 무엇이 올 것을 알고 기다리다. *abwarten* : 무엇의 결과 등이 나올 때까지 마지막 순간까지 끈기있게 기다리다.

***

84. 해석: 오늘 저녁 우리는 손님을 *기대하고 있다*. (손님하고 약속이 되어 있어 올 것을 알고 기대하고 있음. 타동사임에 주의할 것)

85. <1> abholen : 마중하다. <2> viertel nach : 15분이 지난. **해석** : 내 친구가 나를 5시에 마중나오기로 했다. 그런데 지금 벌써 15분이 지났다. 이제 나는 10분 더 *기다릴 것이다*. 그리고 그다음에는 집에 갈 것이다!

86. <1> Kaufleute unter sich : 상인들이 서로서로. <2> die Lage : 상태, 상황. <3> der Weltmarkt : 세계경제. <3> im Moment : 현재. <4> einfach : 그냥, 단순히. <5> die Wirtschaft : 경제, 경영. <6> in der nächsten Zeit : 다음 번에. <7> entwickeln : 발전시키다. sich entwickeln : 발전하다. 전개되다. **해석** : 세계경제 상황이 어떻습니까? 사야 합니까 팔아야 합니까? ㅡ현재로선 아무도 그걸 모릅니다. 우리는 그냥 앞으로 경제가 어떻게 전개될지 *기다려야만 합니다*.

87. <1> nämlich : 즉, 다시 말한다면, 왜냐하면 ...이기 때문이다(문장 중간에 나온다). <2> der Anruf : 전화. **해석** : 같이 식사하러 가겠습니까? ㅡ아뇨, 저는 사무실에 남겠습니다. 왜냐하면 저는 중요한 전화를 *기다리고 있기 때문입니다* (미리 약속되어 있었음).

88. <1> Im Radio hieß es, dass : 라디오에서 다음과 같이 말했다. <2> das Wochenende : 주말. <3> das Wetter : 날씨. <4> Schön wär's. : 그러면 좋겠다 *(라디오에서의 일기예보이기 때문에 erwarten이 적당함)*

89. <1> der Zweck : 목표, 의도, 의미. keinen Zweck haben : 아무런 의미가 없다. <2> die Besprechung : 회의, 협의. <3> Bescheid geben(= sagen) : 자세한 상황을 알려주다 *(시간적 의미에서 더 기다리는 것이 아무런 의미가 없다는 말임)*

90. <1> der Patient : 환자. <2> das Ergebnis : 결과. <3> die Laboruntersuchung : 실험실 검사 *(실험실 결과가 나올 때까지 끈기있게 기다려야 한다)*

보기 19

halten, denken, finden

91. Jochen : "Was _____ ihr von der Idee, aufs Oktoberfest zu gehen?"
    Walter : "Du, das _____ ich toll!"
    Karin : "Prima, ich hatte auch schon daran _____."

92. Ingrid _____ Volksfeste uninteressant, aber es ist ihr natürlich nicht egal, was ihre Freunde über sie _____. Sie will nicht, dass sie sie für eine langweilige Person _____, und deshalb ist sie schließlich doch mitgegangen.

93. Ein älterer, dicker Mann kam zu ihnen an den Tisch. Karin _____ ihn für ganz schön betrunken. Sie hätte nicht _____, dass sie ihn später noch ganz nett _____ würde.

94. Keiner hat die Lösung des Rätsels _____.

95. Der Dichter _____ eine interessante Rede.

96. Wie _____ Sie über diese Sache?

정답) 91. haltet, finde, gedacht   92. findet, denken, halten
93. hielt, gedacht, finden   94. gefunden   95. hielt   96. denken

보기 19

halten : 정차하다, 잡다, *Wort(Rede) halten* : 약속을 지키다(연설을 하다). *halten A für B : A*를 *B*로 간주하다. *Was halten Sie von etwas(3)?* : 무엇에 대해 어떻게 생각하십니까? *finden* : 잃어버린 것을 찾다, *die Lösung finden* : 해결책을 찾다. *A(목적어) B(목적보어) finden : A*를 *B*로 생각하다. *an etwas(4) denken* : 무엇을 생각하다. *Was denken Sie über etwas(4) oder von etwas(3)?* : 무엇에 대해 어떻게 생각하십니까?

****

91. 해석: Jochen: 10월 축제에 가는 것을 너희들은 *어떻게 생각하니?*
Walter : 야, 그것 참 멋진 *생각이다.* toll : 멋진, 훌륭한, 재미있는.
Karin : 정말 좋다. 난 벌써 *그 생각을 했었어.* prima : 아주 좋은.

92. <1> das Volksfest : 국민축제. <2> uninteressant : 재미없는. <3> egal : 아무래도 괜찮은, 상관없는. <4> deshalb : 그렇기 때문에. <5> schließlich : 결국.

93. <1> betrunken : 취한, schön betrunken : 아주 취한. <2> ganz nett : 아주 친절한. <3> 해석: 한 중년의 뚱뚱한 남자가 그들이 있는 책상으로 왔다. 카린은 그 사람이 아주 취해 있다고 생각했다. 그녀는 자신이 나중에 그 사람을 아주 *친절한* 사람으로 여길 것이라고는 전혀 생각하지 못했을 것이다.

94. <1> die Lösung : 해결책. <2> das Rätsel : 수수께끼. <3> *die Lösung finden* : *해결책을 찾다.*

95. <1> der Dichter : 시인. <2> die Rede : 연설. <3> *die Rede halten* : 연설을 하다. (강의, 발표, 혼잣말 등 혼자하는 말은 halten과 결합한다)

96. 해석: 당신은 이 일에 대해 *어떻게 생각하십니까?*

보기 20

stellen, bestellen, aufstellen, ausstellen, einstellen, vorstellen

97. Darf ich mich _____? Mein Name ist Schmitz.

98. (Beim Umzug, in der neuen Wohnung) —Wohin kommt der Fernseher? —Ach, _____ Sie ihn erst mal da rechts neben den Schrank.

99. Du suchst Arbeit? Dann geh doch mal zur Firma Metzeler! Ich habe gehört, dass die mehrere Facharbeiter für Maschinenbau _____ will.

100. (Im Buchladen) —Das Buch, das Sie suchen, haben wir leider nicht da, aber wir können es für Sie _____.

101. Dieser Maler kann ja wirklich nicht malen; kein Wunder, dass kein Museum bereit ist, seine Bilder _____.

102. Du warst beim Arzt? —Ja, ich bekomme jetzt wegen einer Nervenentzündung vierzehn Tage lang jeden Tag eine Spritze. —Na, ich kann mir _____, dass das nicht gerade angenehm ist!

103. (Auf der Theresienwiese in München) —Guck mal, die haben schon die Bierzelte _____! —Ja, Ende nächster Woche beginnt wieder das Oktoberfest.

104. Mein kleiner Sohn _____ mir oft Fragen, die ich nicht beantworten kann.

105. Bei einer Panne muss zuerst das rote Warndreieck _____ werden.

정답 97. vorstellen 98. stellen 99. einstellen 100. bestellen
101. auszustellen 102. vorstellen 103. aufgestellt 104. stellt
105. aufgestellt

보기 20

> *stellen* : 무엇을 세워 놓다. *bestellen* : 무엇을 주문하다. *aufstellen* : 텐트를 치다. 경고판을 세우다, 리스트를 작성하다, 계획을 세우다. *ausstellen* : 전시하다. *einstellen* : 넣다, 중단하다, 시작하다, 누구를 고용하다(= anstellen). *j-n j-m vorstellen* : 누구를 누구에게 소개하다. *sich etwas(4) vorstellen* : 무엇을 상상하다.

****

97. 해석 : 저를 소개해도 되겠습니까?

98. <1> der Umzug : 이사. <2> Wohin kommt der Fernseher? : 텔레비젼을 어디에 놓지요? <3> der Schrank : 장.

99. <1> dass 뒤의 die는 Firma를 받는 지시대명사이다. <2> mehrere : 몇몇의. <3> der Facharbeiter : 전문노동자. <4> der Maschinenbau : 기계조립.

100. <1> der Buchladen : 책방. <2> leider nicht : 유감스럽게도 무엇이 아니다.

101. <1> der Maler : 화가. <2> das Wunder : 놀라움, 기적. Kein Wunder, dass : dass이하의 사실은 놀랄만한 사실이 아니다. <3> bereit sein (dazu), zu Inf. : 무엇을 할 준비가 되어있다.

102. <1> die Nervenentzündung : 신경염. <2> Spritze bekommen : 주사를 맞다. <3> angenehm : 유쾌한, 즐거운.

103. <1> die Theresienwiese : 테레지엔여왕을 기념하여 만든 뮌헨에 있는 넓은 풀밭. 여기서 10월축제가 거행된다. <2> gucken : 보다. Guck mal! : 한번 봐라! <3> das Bierzelt : 맥주천막.

104. *Frage stellen : 질문하다(= fragen).* 참고 : etwas(4) in Frage stellen : 무엇을 문제삼다.

105. <1> die Panne : 고장(자동차) <2> das Warndreieck : 경고판.

보기 21

mir liegt daran, mir liegt das

106. Könnten Sie heute etwas länger dableiben, Fräulein Conradi? _____ _____ _____, dass diese Briefe noch heute fertig werden.

107. Du hast ja schon wieder eine Fünf in Mathematik! − _____ _____ _____ eben nicht.

108. Warum willst du denn ausgerechnet in einem Kindergarten arbeiten, Inge? − _____ _____ _____ einfach. Ich bin gern mit Kindern zusammen, und die Kinder mögen mich auch, glaube ich.

109. So ein schönes Foto! Hebst du das nicht auf? − _____ _____ nichts _____. Aber du kannst es gern haben, wenn du willst. Hier.

110. Soll Ihr Sohn einmal Jura studieren, Herr Dr. Becker? − _____ _____ sehr viel _____; aber Sie wissen ja, die Jungen tun nicht immer, was die Alten wollen.

111. Warum wollen Sie denn nicht Lehrerin werden? − _____ _____ _____ nicht. Wissen Sie, ich hätte beim Unterricht einfach keine Geduld.

정답) 106. Mir liegt daran   107. Mir liegt das   108. Mir liegt das
109. Mir liegt ... daran   110. Mir liegt ... daran   111. Mir liegt das

보기 21

*liegen*은 여러가지 의미를 지닌다.
1. 누워 있다 : *Er liegt krank im Bett.*
2. 놓여 있다 : *Das Buch liegt auf dem Tisch. Marburg liegt bei Frankfurt.*
3. 원인이 무엇이다 : *Ich weiß nicht, woran es liegt*(나는 그 이유가 무엇인지 모르겠다.)
4. 누구의 재능이나 기호에 맞다 : *Diese Arbeit liegt mir nicht.* (이 일은 내 소질에 맞지 않는다.)
5. 누구에게 달려 있다 : *Es liegt ganz allein an (= bei) dir, ob du teilnimmst.*(네가 참가할지 안할지는 너에게 달려 있다.)
6. 무엇이 중요하다 : *Es liegt mir viel(=etwas) an ihm = Mir liegt (es) an ihm.*(나에게는 그가 중요하다.)

****

106. **해석**: 당신은 오늘 좀 더 오래 여기에 머무를 수 있겠습니까? 콘라디 양? 나에게는 이 편지가 오늘 완성되는 것이 **중요합니다**.

107. <1> eine Fünf : 점수 5.(수사는 명사가 되면 여성이다.) <2> die Mathematik : 수학. **해석**: 너는 또 수학이 5점이구나! —수학은 나의 소질에 맞지 않아.

108. <1> ausgerechnet : 하필이면. <2> der Kindergarten : 유치원. <3> einfach : 단순히, 그냥. <4> j-n mögen : 누구를 좋아하다. <5> Ich glaube : 나는 생각해. **해석**: 잉에야, 왜 너는 하필이면 유치원에서 일하니? —그냥 그게 내 소질에 맞아. 나는 아이들과 같이 있는 것이 좋고, 아이들도 나를 좋아한다고 생각해.

109. <1> aufheben : 보관하다, 지양하다, 좋지 않은 법률 등을 철폐하다. <2> Wenn du willst : 네가 원하면. **해석**: 아주 예쁜 사진이구나. 너 그것을 보관하고 있지 않을래? —그것은 나에게 **중요하지 않아**. 네가 원하면 가질 수 있다. 여기 있다.

110. **해석**: 당신의 아들은 법률을 공부해야 하나요, 베커 박사님? —그것이 저에게는 **아주 중요합니다**. 그러나 당신도 아시겠지만 젊은애들은 항상 나이든 사람들이 원하는 대로 하지 않습니다.

111. <1> beim Unterricht : 가르칠 때. <2> Geduld haben : 참을성이 있다. <3> Wissen Sie : 있잖습니까?. **해석**: 도대체 왜 당신은 선생님이 되지 않습니까? —그것은 내 **취향에 맞지 않습니다**. 있잖습니까, 저는 가르치는데 참을성이 없는 것 같습니다.

보기 22

sich entscheiden, ie, ie (für) : sich entschließen, o, o (zu)

112. Ich weiß nicht, wofür ich mich _____ soll: Beide Angebote sind so attraktiv!

113. Paul will in seinem Beruf weiterkommen. Er hat sich dazu _____, bei seiner alten Firma zu kündigen und einen Fortbildungskurs zu machen.

114. Wenn du das Bild wirklich haben willst, musst du dich sofort zum Kauf _____; zwei oder drei andere Leute sind nämlich auch daran interessiert.

115. Ich habe mich für ein Ingenieur-Studium _____; ich glaube, das liegt mir mehr als Biologie.

116. Frau Wendland hat lange überlegt, ob sie dem Rat der Berufsberaterin folgen soll; aber dann hat sie sich ganz plötzlich dazu _____, sich zur Programmiererin in der Daten-Technik umschulen zu lassen.

정답) 112. entscheiden 113. entschlossen 114. entschließen
     115. entschieden 116. entschlossen

보기 22

sich für etwas(4) entscheiden : 양자 택일의 기로에서 한쪽을 선택하기로 결정하다(참고: *Entscheidung treffen*). *sich zu etwas(3) entschließen* : 회의와 주저끝에 무엇을 하기로 결심하다 (참고: *Entschluss fassen*).

****

112. <1> das Angebot : 제안, 제공품. <2> attraktiv : 매력적인. **해석**: 나는 무엇을 결정해야 할지 모르겠다: 두개의 제안이 아주 매력적이다.

113. <2> wieterkommen : 발전하다. <2> kündigen : 그만두겠다고 이야기하다. <3> einen Fortbildungskurs machen : 보습교육을 받다. die Fortbildung : 재교육, 보습교육. fortbilden : 계속해서 교육시키다.

114. <1> sofort. <2> nämlich : 즉, 다시 말하면, 왜냐하면 무엇이기 때문에 (문장 처음이 아니라 중간에 나옴). <3> an etwas(3) interessiert sein : 무엇에 흥미를 갖고 있는.

115. <1> der Ingenieur : 기술자, 엔지니어. <2> Das liegt mehr mir als Biologie : 나는 식물학보다 그것에 더 소질이 있다. <3> die Biologie : 식물학.

116. <1> sich etwas(4) überlegen : 무엇을 심사숙고하다. <2> der Rat : 충고. <3> etwas(3) folgen : 무엇에 따르다. <3> plötzlich : 갑자기. <4> die Daten-Technik : 전산학. die Daten(복수) : der Datum의 복수, 사실, 자료, 논거. <5> umschulen : 재교육시키다. sich umschulen lassen : 재교육을 받다.

보기 23

wissen, können, kennen, erkennen, kennen lernen

117. _____ du, wer der Herr dort ist? _____ du ihn?

118. Das Foto ist aber wirklich schlecht! Man kann fast nichts _____.

119. Er _____ immer ganz genau, was er will.

120. _____ Sie Auto fahren? Haben Sie einen Führerschein?

121. _____ Sie vielleicht, von wem er das _____?

122. Wir haben uns vor einem Jahr auf einer Party _____.

123. In unserer Exportabteilung werden nur Leute eingestellt, die sehr gut Englisch _____.

124. Ich _____ ihn noch nicht gut genug, um sagen zu _____, ob er für diese Stelle der richtige Mann ist.

125. Ich habe ihn sofort an seinen langen Haaren _____.

126. _____ Sie dieses Gedicht? —Ich _____ es sogar auswendig!

127. Fräulein Moritz _____ zwar ganz gut Maschine schreiben, aber wie man Akten führt, das _____ sie nicht. —Ich glaube, die hat die Stelle nur bekommen, weil die Chefin ihre Familie gut _____.

128. Ich werde am Anfang sicher noch viele Fehler machen! — Das ist doch ganz natürlich; Sie müssen die Arbeit doch erst noch _____.

정답) 117. Weißt, Kennst 118. erkennen 119. weiß 120. Können
121. Wissen, weiß 122. kennengelernt 123. können
124. kenne, können 125. erkannt 126. Kennen, kann
127. kann, weiß, kennt 128. kennen lernen

보기 23

wissen : 어떠한 사실을 알다(이 다음에는 절이 나올 수 있다.), *können*: 무엇을 할 수 있다, 어떤 언어를 할 수 있다, *ein Gedicht auswendig können* : 어떤 시를 외울 수 있다. *kennen* : 누구를 알다, 단어나 지역을 잘 알다. *erkennen* : 인식하다, 식별하다, 알아보다. *kennen lernen* : 모르는 상황에서 누구를 알게 되다.

***

117. 해석: 너는 저기 저사람이 누군지 아니. 너 그사람을 알고 있니?
118. 해석: 그 사진은 정말 좋지 않다. 거의 아무 것도 식별할 수가 없다.
119. 해석: 그는 항상 자신이 원하는 것을 정확하게 알고 있다.
120. der Führerschein : 운전면허증. 해석: 당신은 운전할 수 있습니까? 당신은 면허증이 있습니까?
121. 해석: 당신은 혹시 그사람이 그것을 누구에게서 알았는지 아십니까?
122. 해석: 우리는 일년 전에 한 파티에서 서로 알게 되었다.
123. <1> die Exportabteilung : 수출과. die Abteilung : 과, 부서. <2> j-n einstellen : 누구를 채용하다. 해석: 우리의 수출부에서는 영어를 매우 잘 할 수 있는 사람들만 채용된다.
124. gut genug, um zu Inf. : 무엇을 할만큼 충분히 잘. 해석: 나는 그사람이 이자리에 적합한 사람인지 어떤지 말할 수 있을 정도로 충분히 그사람을 알지 못한다.
125. j-n an etwas(3) erkennen : 누구를 무엇을 보고 식별하다. 해석: 나는 긴 머리카락을 보고 그를 금방 알아보았다.
126. 당신은 이 시를 아십니까? ─나는 (알고 있을 뿐 아니라) 더군다나 (sogar) 그 시를 외울 수 있습니다.
127. <1> Maschine schreiben : 타자 치다. <2> Akten führen: 서류를 정리하다. der Akt : 행위, 연극의 막. die Akte : 서류. <3> zwar A, aber B: A이기는 하지만, 그러나 B이다. 해석: 모리츠양은 타자는 상당히 잘 칠 수 있지만, 그러나 서류정리하는 방법은 모른다.
128. <1> am Anfang : 처음에. <2> Fehler machen : 잘못을 저지르다. <3> natürlich : 당연한. 해석: 나는 처음에는 많은 잘못을 저지를 것입니다. ─그것은 당연합니다; 당신은 우선(erst) 그 일을 배워 알아야 합니다.

보기 24

antworten, beantworten, verantworten

129. Bitte _____ Sie mir auf meine Frage!

130. Hat die Sekretärin den Brief schon _____?

131. Wie lange soll das denn noch dauern, bis er uns auf unser Telegramm _____?

132. _____ Sie bitte die folgenden Fragen zum Dialog!

133. Der Arzt _____ die Operation.

134. Diese Briefe muss ich sofort _____.

135. Du wirst dich für dein Tun _____ müssen.

정답 129. antworten   130. beantwortet   131. antwortet   132. Beantworten
133. verantwortet   134. beantworten   135. verantworten

보기 24

j-m auf etwas(4) antworten = j-m etwas(4) beantworten : 누구의 무엇에 대답하다. 참고 : *Antwort geben. etwas(4) verantworten = sich für etwas(4) verantworten = für etwas(4) verantwortlich sein = für etwas(4) Verantwortung tragen* : 무엇을 책임지다.

****

129. *auf*가 있는 것에 주의하시오!

130. 4격 목적어 *den Brief*가 있기 때문에 *beantworten*이 옳다.

131. <1> wie lange : 얼마나 오랫동안. <2> dauern : 걸리다, 지속하다. <3> das Telegramm : 전보. 여기도 *auf*가 있는 것에 주의하시오!

132. <1> folgend : 다음과 같은. <2> der Dialog : 대화, 문답. die folgenden Fragen(다음과 같은 질문)이라는 *4격 목적어*가 있는 것에 주의하시오!

133. <1> der Arzt : 의사. <2> die Operation : 수술. **해석** : 의사가 수술을 책임진다.

134. <1> der Brief : 편지 <2> sofort : 즉시

135. <1> das Tun : 행동, tun : 행동하다. **해석** : 너는 너의 행동에 대해 책임을 져야할 것이다.

보기 25

hören, hören auf, zuhören, gehören, gehören zu, aufhören

136. (An der Garderobe) —Wessen Mantel ist das hier? —Lassen Sie mich sehen, ja, der _____ mir.

137. Regnet es noch? —Nein, es hat eben _____.

138. (Am Telefon) —Können Sie mich _____? Die Verbindung ist heute mal wieder furchtbar schlecht.

139. Kinder, bitte _____ _____, einen solchen Krach zu machen! Das ist ja nicht auszuhalten!

140. (Unterwegs) —Sehen Sie den Berg da drüben? Der liegt schon auf der anderen Seite der Grenze; der _____ _____ Österreich.

141. Du hast nicht gut _____, sonst könntest du mir jetzt sagen, wovon er erzählt hat.

142. Diese Garage hier _____ _____ dem Haus da nebenan; wir haben leider keine.

143. Meinen Sie, dass er Ihrem Rat folgen wird? —Ja, ich bin sicher. Er _____ _____ mich, seit ich ihn in einer wichtigen Angelegenheit einmal gut beraten habe.

144. Ich habe ihn ganz laut gerufen, aber er hat mich nicht _____.

145. (Im Hotel) —Sind Sie mit einer Reisegesellschaft gekommen? —Ja, ich _____ _____ der Gruppe aus Köln.

정답) 136. gehört   137. aufgehört   138. hören   139. hört auf
140. gehört zu   141. zugehört   142. gehört zu   143. hört auf
144. gehört   145. gehöre zu

> **보기 25**
>
> *hören* : 청각적인 의미에서 무엇을 듣다. *auf j-n hören* : 누구의 말을 듣다. *j-m zuhören* : 누구에게 경청하다. *j-m gehören* : 누구의 것이다. *zu etwas(3) gehören* : 무엇에 속하다. *aufhören* : 무엇이 그치다, 끝나다, 중단하다.

****

136. <1> die Garderobe : 옷장. <2> Wessen Mantel ist das hier? : 이것이 누구의 외투입니까? <3> Lassen Sie mich sehen? : 한번 보구요. <4> *j-m gehören* : 누구의 것이다.

137. <1> regnen : 비가 오다. <2> eben : 바로 조금 전에. <3> *aufhören* : 그치다, 중단하다.

138. <1> Können Sie mich *hören?* : 들리십니까? <2> die Verbindung : 연결. <3> furchtbar : 무시무시한, 무지하게, 아주.

139. <1> Krach machen : 소음을 만들다, 시끄럽게 하다. <2> aushalten : 참다. <3> Das ist ja nicht auszuhalten! = Das kann ja nicht ausgehalten werden!

140. <1> unterwegs : 여행중에. <2> der Berg : 산. <3> da drüben : 저기 저쪽의. <4> die Grenze : 국경, 한계. <4> *Der gehört zu Österreich* : 그건 오스트리아 땅이다.

141. <1> *Du hast nicht gut zugehört* : 너는 잘 경청하지 않았다. <2> sonst : 그렇지 않았으면. <3> von etwas(3) erzählen : 무엇에 관해 이야기하다.

142. <1> die Garage : 차고. <2> da nebenan : 저기 옆의.

143. <1> der Rat : 충고. <2> dem Rat folgen : 충고에 따르다. <3> in einer wichtigen Angelegenheit : 어떤 중요한 일에서. <4> *j-n beraten* : 누구에게 충고하다. sich mit j-m über etwas(4) beraten : 누구와 무엇에 대하여 협의하다.

144. <1> laut : 큰소리로. <2> j-n rufen : 누구를 부르다. <3> *j-n hören* : 누구의 소리를 듣다.

145. <1> die Reisegesellschaft : 단체여행단. <2> *Ja, ich gehöre zu der Gruppe aus Köln* : 예, 저는 쾰른에서 온 여행그룹의 일원입니다.

보기 26

bringen, holen

146. Wenn wir den Traktor brauchen, _____ wir ihn uns vom Nachbarhof. Wenn wir fertig sind, _____ wir ihn wieder zurück.

147. Ich muss ein Paket vom Zoll _____; das liegt da schon seit Tagen! —Und ich muss ein paar Briefe zur Post _____. Da haben wir den gleichen Weg. Gehen wir zusammen?

148. Leihst du mir deinen Schirm? Morgen _____ ich ihn dir wieder mit. —Ich _____ ihn mir gern selbst, wenn du mich zu einer Tasse Kaffee einlädst.

보기 27

brauchen, gebrauchen

149. Ich _____ eine neue Schreibmaschine; die alte ist nicht mehr zu _____.

150. Ich würde gern in London arbeiten; da könnte ich endlich einmal meine Englischkenntnisse _____.

151. (Im Bürogeschäft) —Ich hätte gern Schreibmaschinenpapier. —Wieviel _____ Sie denn?

152. Hier sind die Schlüssel —diesen hier _____ Sie aber nie zu _____; diese Tür ist nämlich immer auf.

정답) 146. holen, bringen 147. holen, bringen 148. bringe, hole
149. brauche, gebrauchen 150. gebrauchen 151. brauchen
152. brauchen, gebrauchen

보기 26

> *bringen* : 어디로 무엇을 가져 오다(가져오는 곳 명시). *holen* : 어디에서 무엇을 가져오다(가져오는 지점 명시).

****

146. <1> brauchen : 필요하다. <2> der Nachbarhof : 이웃농장. <3> fertig sein : 무엇을 끝마치다. **해석** : 트랙터가 필요하면 우리는 그것을 이웃농장에서 *가져오고*, 다 쓰면 우리는 그것을 (이웃농장에) 도로 *가져다 놓는다*.

147. <1> das Paket : 소포. <2> der Zoll : 세관. <3> seit Tagen : 며칠전부터. <4> den gleichen Weg haben : 길이 같다. **해석** : 나는 소포하나를 세관에서 *가져와야* 한다: 그것이 며칠전부터 거기에 놓여 있다. ─그런데 나도 편지 몇개를 우체국으로 *가져가야 한다*. 그러면 우리는 같은 길이구나. 우리 같이 갈까?

148. <1> j-m etwas(4) leihen : 누구에게 무엇을 빌려주다. <2> *j-m etwas(4) mitbringen* : 누구에게 무엇을 가져다 주다. <3> *sich etwas(4) holen* : 무엇을 가져가다. <4> j-n zu etwas(3) einladen : 누구를 무엇에 초대하다.

보기 27

> *brauchen* : 무엇을 필요로 하다. *brauchen nicht zu Inf.* : 무엇을 할 필요가 없다. *gebrauchen* : 무엇을 사용하다.

****

149. <1> die Schreibmaschine : 타자기. <2> Die alte ist nicht mehr zu gebrauchen = Die alte kann nicht mehr gebraucht werden = Man kann die alte nicht mehr gebrauchen = Die alte läßt sich nicht mehr gebrauchen. **해석** : 나는 새로운 타자기가 *필요하다*. 옛날 것은 더 이상 *사용할 수 없다*.

150. <1> würden gern : 무엇을 하고 싶다. <2> die Englischkenntnis *(gebrauchen)* : 영어지식(을 이용하다),

151. <1> hätten gern : 무엇을 사고 싶다. <2> *das Schreibmaschinepapier (brauchen)* : 타자용지(가 필요하다).

152. <1> der Schlüssel : 열쇠. <2> nämlich : 즉, 다시 말하면, 왜냐하면 ... 이기 때문이다. <3> auf : 열려 있는. **해석** : 여기에 열쇠들이 있습니다. 그러나 당신은 여기 이것은 *사용할 필요가 없을* 겁니다. 왜냐하면 이 문은 항상 열려 있기 때문입니다.

보기 28

bieten (o, o) + D/A : bitten (a, e) + A + um A

153. Die Söhne haben Herrn Süverkrüp _____, den Hof zu verkaufen. Ein Hamburger Rechtsanwalt hat eine Menge Geld dafür _____.

154. Das Leben in der Stadt _____ natürlich mehr Abwechslung als das Landleben.

155. (Aus einer Anzeige) —Unsere Firma _____ qualifizierten Kräften gute Bezahlung, ein angenehmes Arbeitsklima und interessante Tätigkeiten. Interessante werden _____, sich bei unserem Personalbüro vorzustellen.

156. Herr Clausen _____, ihn zu entschuldigen. Er kann leider nicht an unserer Besprechung teilnehmen.

157. Für Leute, die sich für Kunst und Kultur interessieren, hat München eine Menge zu _____.

158. Eben hat Franz angerufen. Er _____ mich, dir zu sagen, dass er leider erst eine Stunde später kommen kann.

159. (Aus einer Fernsehkritik) —Die gestrige Sendung _____ leider nicht viel Neues.

정답) 153. gebeten, geboten   154. bietet   155. bietet, gebeten   156. bittet
157. bieten   158. bat   159. bot

제1장 어휘연습 I (동사)-해설 51

보기 28

bieten : 제공하다, 제시하다, 경매 등에서 값을 부르다. j-n um etwas(4) bitten : 누구에게 무엇을 간청하다.

****

153. <1> der Hof : 궁정, 농장. <2> der Rechtsanwalt : 변호사. <3> die Menge : 양, 수량, 다량. **해석** : 아들들이 쥐페어크륍씨에게 농장을 팔라고 간청했다. 함부르크출신의 한 변호사가 그 값으로 (dafür) 많은 돈을 제시했다.

154. <1> natürlich : 자연적인, 물론. <2> die Abwechslung : 기분전환거리. <3> das Landleben : 시골생활. **해석** : 도시생활은 물론 시골생활보다 더 많은 기분전환거리를 제공한다.

155. <1> die Anzeige : 광고. <2> qualifiziert : 능력이 있는. <3> die Kraft : 힘, 노동력, 노동자. <3> die Bezahlung : 지불, 보수. <4> angenehmen : 유쾌한. <5> das Klima : 기후. <6> die Tätigkeit : 활동. <7> Interessante : 관심이 있는 사람들. <8> das Personalbüro : 인사과. <9> sich vorstellen : 소개하다. **해석** : 우리는 능력이 있는 분들에게는 좋은 임금과 쾌적한 노동환경 그리고 재미있는 여가활동들을 제시합니다. 관심 있는 사람들은 우리 인사과에 오셔서 소개하기를 간청합니다. 마지막 문장은 수동태로서 능동문은 다음과 같다. *Wir bitten Interessante (darum) = Interessante werden gebeten (darum)*, sich bei unserem Personalbüro vorzustellen.

156. <1> entschuldigen : 용서하다. <2> die Besprechung : 회의, 협의. <3> an etwas(3) teilnehmen : 무엇에 참여하다. **해석** : 클라우젠씨는 자신을 용서해달라고 간청한다. 그는 유감스럽게도 회의에 참가할 수 없다.

157. <1> sich für etwas(4) interessieren : 무엇에 흥미를 지니다. <2> die Menge : 양, 수량, 많은 양. eine Menge zu bieten haben : 보여줄 것을 많이 가지고 있다.

158. <1> eben : 바로 조금전에. <2> anrufen : 전화하다. **해석** : 바로 조금전에 프란츠가 나에게 전화했다. 그는 자신이 유감스럽게도 한시간 이후에나 올 수 있을 거라고 너에게 말해달라고 나에게 부탁했다.

159. <1> die Fernsehkritik : 텔레비젼에 대한 비평. <2> gestrig : 어제의. <3> die Sendung : 방송. **해석** : 어제의 방송은 유감스럽게도 새로운 많은 것을 제공하지 못했다.

보기 29

halten, behalten, erhalten, aufhalten, untehalten

160. Wann soll ich dir das Buch zurückgeben? —Das kannst du gern _____, wenn es dir gefällt. Ich brauche es nicht mehr.

161. Im Krieg wurde Lübeck stark zerstört, aber einige Teile der historischen Altstadt sind _____ geblieben.

162. (In einem Brief) —Sehr geehrter Herr Schmidt, haben Sie vielen Dank für Ihr freundliches Schreiben vom 2. März, das ich gestern _____ habe.

163. (Während der Fahrt mit dem Zug) —Wie lange hat der Zug in Boppard Aufenthalt? —In Boppard? Aber da _____ der Zug doch gar nicht! Wenn Sie dahin wollen, müssen Sie in Koblenz umsteigen.

164. Ob Elke den Hof _____, wenn ihr Vater mal nicht mehr lebt?

165. Ich habe gehört, dass Sie nach Freiburg reisen!? Wie lange werden Sie *sich* da _____?

166. (Auf einer Party) —Sie wollen Herrn Harbinger sprechen? Der ist da drüben an der Bar. Sehen Sie, er _____ *sich* gerade mit der schlanken blonden Dame in dem roten Kleid.

정답) 160. behalten   161. erhalten   162. erhalten   163. hält   164. behält
     165. aufhalten   166. unterhält

보기 29

halten : 정차하다, 들고 있다. *Was halten Sie von etwas(3)?* : 무엇을 어떻게 생각하십니까? *behalten* : 소지하다, 갖다, 보호하다, 간직하다, 기억하다. *erhalten*: 편지 등을 받다, 보존하다, *erhalten bleiben* : 보존되어 있다. *aufhalten*: 저지하다, 방해하다. *sich aufhalten* : 체류하다. *unterhalten* : 지원하다. *sich mit j-m unterhalten*: 누구와 환담을 나누다.

****

160. <1> zurückgeben : 돌려주다. <2> j-m gefallen : 누구의 마음에 들다. <3> brauchen : 필요로 하다. **해석**: 내가 언제 그 책을 돌려 줄까? — 네 마음에 들면 너는 그 책을 *가져도* 좋다. 나는 그것이 더 이상 필요하지 않다.

161. <1> zerstören : 파괴하다. <2> der Teil : 부분. <3> die Altstadt : 구시가지. <4> *erhalten bleiben* : 보존되어 있다.

162. <1> Haben Sie vielen Dank für etwas(4)! : 무엇에 대해 감사드립니다! <2> das Schreiben : 공식편지, 서한. **해석**: (편지에서) —존경하는 슈미트씨, 제가 어제 *받은* 3월 2일자의 친절한 편지에 대해 감사를 드립니다.

163. <1> die Fahrt : 주행, 여행. <2> Aufenthalt haben : 정차하다. <3> umsteigen : 갈아타다. 두번째 문장 **해석**: 보파르트라고요? 하지만 기차는 거기서 *정차하지 않습니다*. 거기로 가시려면 코브렌쯔에서 갈아타야 합니다.

164. **해석**: 그녀의 아버지가 더 이상 살아있지 않아도 엘케가 농장을 갖고 *있을까*?

165. **해석**: 나는 당신이 프라이부르크로 여행을 떠나신다는 얘길 들었습니다. 당신은 거기서 얼마나 오랫동안 *체류하십니까*?

166. <1> j-n sprechen : 누구와 이야기하다. <2> da drüben : 저기 저쪽에. <3> an der Bar : 술집의 바에. <4> *sich mit j-m unterhalten* : 누구와 환담하다. <5> schlank : 날씬한.

보기 30

aushalten, halten, anhalten, behalten, aufhalten, enthalten, einhalten

167. Können Sie alle Wörter _____, die Sie in dieser Lektion gelernt haben? —Die meisten ja, aber einige davon vergißt man natürlich wieder.

168. (Im Taxi) —Ach, seien Sie doch so nett und _____ Sie einen Moment dort an der Ecke! Ich will mir schnell ein paar Zigaretten aus dem Automaten holen.

169. Durch die schlechte Wirtschaftslage im letzten Jahr ist die schnelle Entwicklung des Landes etwas _____ worden, aber jetzt geht es schon wieder aufwärts.

170. Was _____ Sie von dieser Fernseh-Sendung? —Ich finde sie ganz ausgezeichnet!

171. Dieser Krach ist ja furchtbar! Das kann ja kein Mensch _____?

172. Die Termine müssen _____ werden.

173. Das Paket _____ Wäsche und Kleidung.

174. Die Polizei hat den Wagen _____.

175. Ich konnte mich des Lachens nicht _____.

176. Der Regen _____ 14 Tage _____.

정답) 167. behalten 168. halten 169. aufgehalten 170. halten
171. aushalten 172. eingehalten 173. enthält 174. angehalten
175. enthalten 176. hielt … an

> **보기 30**
>
> *aushalten* : 고통등을 참다. *halten* : 정차하다. *von etwas(3) halten* : 무엇에 대해 어떤 의견을 가지다. *anhalten* : 정차시키다, 시간이 계속되다, 지속되다. *behalten* : 기억하다. *etwas(4) aufhalten* : 무엇을 저지하다, 방해하다. *etwas(4) enthalten* : 내용이 무엇이다. *sich etwas(2) enthalten* : 무엇을 참다, 그만두다. *einhalten* : 기한 등을 지키다.

****

167. <1> ***die Wörter behalten*** : 단어를 외우다, 기억하다. <2> die Lektion : 과. <3> meist : 대부분. <4> vergessen : 잊다.

168. <1> Seien Sie so nett: 부탁입니다, 제발. <2> einen Moment: 잠깐만. <3> ***an der Ecke halten***: 모퉁이에 정차하다. <4> der Automat: 자동판매기. etwas(4) aus einem Automaten holen(= ziehen): 자동판매기에서 무엇을 꺼내다.

169. <1> die Wirtschaftslage: 경제상황. <2> die Entwicklung: 발전. <3> ***aufhalten***: 저지하다. <4> aufwärts gehen: 잘 되어가다, 발전하다.

170. <1> Was halten Sie von dieser Fernseh-Sendung?: 당신은 이 텔레비젼 방송에 대해서 어떻게 생각하십니까? <2> ausgezeichnet: 훌륭한.

171. <1> der Krach: 소음. <2> furchtbar: 무시무시한. <3> ***aushalten***: 참다.

172. <1> der Termin : 기한, 기일, 시간. **해석**: 그 기한은 ***지켜야 한다***.

173. <1> das Paket : 소포, 소하물. <2> die Wäsche : 빨래, 빨래감. <3> die Kleidung : 옷

174. 해석 : 경찰이 자동차를 ***정지시켰다***.

175. 해석 : 나는 웃음을 ***참을*** 수 없었다.

176. 해석 : 그 비는 14일 동안 ***계속되었다***.

보기 31

sich entschuldigen, sich duschen, anrufen, reden, vergessen, erzählen, ausmachen, telefonieren, anmachen, hängen, wecken

177. Ich habe in meiner neuen Wohnung kein Bad, aber du hast doch eins. Kann ich mich bei dir _____?

178. Dein Mantel liegt im Wohnzimmer auf dem Sofa, oder er _____ im Schrank.

179. Du hörst jetzt schon seit zwei Stunden diese schreckliche Musik. Kannst du den Plattenspieler nicht mal _____?

180. _____ doch mal das Licht _____. Man sieht ja nichts mehr.

181. Du stehst doch immer ziemlich früh auf. Kannst du mich morgen um 7.00 Uhr _____?

182. Vielleicht kann ich doch morgen kommen. _____ mich doch morgen mittag zu Hause oder im Büro _____. Dann weiß ich es genau.

183. Du musst dich bei Monika _____. Du hast ihren Geburtstag _____.

184. Mit wem hast du gestern so lange _____? Ich wollte dich anrufen, aber es war immer besetzt.

185. Klaus ist so langweilig. Ich glaube, der kann nur über das Wetter _____.

186. Sie hat mir viel von ihrem Urlaub _____. Das war sehr interessant.

정답) 177. duschen 178. hängt 179. ausmachen 180. Mach ... an
181. wecken 182. Ruf ... an 183. entschuldigen ... vergessen
184. telefoniert 185. reden 186. erzählt

보기 31

sich bei j-m für etwas(4) entschuldigen : 누구에게 무엇에 대해 사과하다. *sich duschen* : 샤워하다. *j-n anrufen* : 누구에게 전화하다. *von etwas(3) reden* : 무엇에 대해 말하다. *vergessen* : 잊다. *von etwas(3) erzählen* : 무엇에 대해 이야기 해주다. *ausmachen* : 불을 끄다, 폐가 되다, 스위치를 끄다. *nichts ausmachen* : 폐가 되지 않다. *mit j-m telefonieren* : 누구와 전화하다. *anmachen* : 불을 켜다, 부착하다. *hängen* : 걸다. *wecken* : 누구를 깨우다.

****

177. <1> das Bad : 욕조. <2> eins: ein-이 das Bad를 대신하여 정관사어미 변화한 것임. **해석**: 새로 이사간 우리집에는 욕조가 없다. 그러나 너의 집에는 있다. 내가 너의 집에서 **샤워할** 수 있겠니?

178. <1> der Mantel : 외투. <2> der Schrank : 장. **해석**: 너의 외투는 거실 소파에 놓여 있거나 혹은 장에 **걸려 있다**.

179. <1> schrecklich : 무시무시한. <2> der Plattenspieler : 전축. **해석**: 너는 두시간전부터 이런 무시무시하게 (시끄러운) 음악을 듣고 있다. 너는 전축을 좀 **끌 수 있겠니?**

180. **해석**: 불을 **켜라**. 아무 것도 보이지 않는다.

181. ziemlich : 상당히. **해석**: 너는 상당히 일찍 일어난다. 너 나를 7시에 **깨울 수 있겠니?**

182. <1> vielleicht : 아마도. <2> genau : 정확하게. **해석**: 아마 나는 내일 올 수 있을 것이다. 나에게 내일 점심때 집이나 사무실에 **전화를 걸어라**. 그때면 나는 정확하게 알게 될 것이다.

183. der Geburtstag : 생일. **해석**: 너는 모니카에게 **사과해야 한다**. 너는 그녀의 생일을 **잊어버렸다**.

184. <1> j-n anrufen : 누구에게 전화하다. <2> besetzt : 점령된, 통화중인. **해석**: 너는 어제 누구와 그렇게 오랫동안 **전화를 했니?** 나는 너에게 전화하려고 했는데 내내 통화중이었다.

185. <1> langweilig : 지루한. <2> das Wetter : 날씨. **해석**: 클라우스는 지루하다. 나는 그가 맨날 날씨에 대해서만 **말한다고** 생각한다.

186. **해석**: 그녀는 나에게 그녀의 휴가에 대해 **이야기 해주었다**. 그것은 아주 재미있었다.

보기 32

sich setzen, sitzen, stehen, liegen

187. Mein Zimmer ist sehr niedrig. Man kann kaum _____.

188. Bitte _____ Sie sich doch!

189. Anja _____ schon im Bett.

190. Ich _____ nicht so gern im Sessel, sondern lieber auf einem Stuhl.

191. Gelsenkirchen _____ bei Essen.

192. Wo _____ der Schnaps denn?

193. Es gab keine Sitzplätze mehr im Theater. Deshalb mussten wir _____.

194. Im Deutschkurs hat Angela sich zu mir _____.

195. Im Restaurant habe ich neben Carlo _____.

196. Deine Brille _____ im Regal.

정답 187. stehen   188. setzen   189. liegt   190. sitze   191. liegt
192. steht   193. stehen   194. gesetzt   195. gesessen   196. liegt

> 보기 32
>
> *sich setzen* : 앉다. *sitzen* : 앉아 있다. *stehen* : 서 있다, 서다. *liegen* : 누워 있다, 뉘어 놓다, 위치하고 있다.

****

187. niedrig : 낮은 ↔ hoch : 높은. <2> kaum : 거의 무엇을 하지 않다.
 해석 : 내 방은 아주 낮다. 사람들은 거의 설 수 없다.

188. **해석** : 앉으십시오!

189. **해석** : 안냐는 벌써 침대에 누워 있다.

190. <1> der Sessel = die Couch : 안락의자. <2> der Stuhl : 의자. **해석** : 나는 안락의자에 앉아있는 것을 좋아하지 않고, 오히려 의자에 앉는 것이 더 좋다.

191. **해석** : 겔젠키르헨은 에센 근처에 놓여 있다.

192. der Schnaps : 소주. **해석** : 도대체 소주가 어디 놓여있지?

193. <1> der Sitzplatz : 좌석. <2> das Theater : 연극, 연극관. **해석** : 연극관에는 좌석이 더 이상 없어서 우리들은 서 있어야만 했다.

194. der Deutschkurs : 독일어 코스. **해석** : 독일어 코스에서 안겔라가 내 옆에 앉았다.

195. **해석** : 레스토랑에서 나는 카를로 옆에 앉아 있었다.

196. <1> die Brille : 안경. <2> das Regal : 서가, 책방. **해석** : 너의 안경이 서가에 놓여 있다.

보기 33

behaupten, bedeuten(1), Bescheid wissen, beweisen, Rolle spielen, bedeuten(2), bereit sein, benutzen

197. Der Mieter hat die Wasserleitung nicht kaputt gemacht. Aber er kann das nicht _____. Deshalb muss er jetzt den Schaden bezahlen.

198. Der Vermieter _____, dass der Mieter den Schaden bezahlen muss. Aber der Mieterverband sagt, dass der Vermieter die Reparatur bezahlen muss.

199. Meine Wohnung _____ mir nicht viel; für Möbel gebe ich kein Geld aus, weil ich sowieso wenig zu Hause bin.

200. Carlo _____ über das Mieterschutzgesetz nicht _____, er kennt es noch nicht.

201. Der Mieter _____ _____, die Wohnung selbst zu renovieren, obwohl er es eigentlich nicht machen muss.

202. Die Wörter "Ansicht" und "Aussicht" _____ nicht dasselbe.

203. Die Dusche kann man nicht _____, sie ist kaputt.

204. In einer Wohngemeinschaft leben meistens sehr verschiedene Leute zusammen, deshalb _____ Toleranz eine wichtige _____.

정답 197. beweisen 198. behauptet 199. bedeutet 200. weiß ... Bescheid
      201. ist bereit 202. bedeuten 203. benutzen 204. spielt...Rolle

보기 33

behaupten : 주장하다. *bedeuten(1)* : 중요하다. *Bescheid wissen* : 무엇을 자세하게 알다. *beweisen* : 증명하다. *Rolle spielen* : 역할을 하다, 중요하다. *bedeuten(2)* : 의미하다. *zu etwas(3) bereit sein* : 무엇을 할 준비가 되어있다, 무엇을 할 마음을 먹고 있다. *benutzen* : 사용하다.

****

197. <1> der Mieter : 집주인. <2> die Wasserleitung : 수도관. <3> kaputt machen : 고장내다. <4> der Schaden : 손해, 해. **해석**: 세입자가 수도관을 고장내지 않았다. 그러나 그는 그것을 **증명할 수 없었다**. 그렇기 때문에 그는 이제 손해를 지불해야 한다.

198. <1> der Vermieter : 집주인. <2> der Mieter : 세입자. <3> der Mieterband : 세입자 연맹. <4> die Reparatur : 수리. **해석**: 집주인은 세입자가 그 손해를 지불해야 한다고 **주장한다**. 그러나 세입자연맹은 집주인이 수리비를 내야한다고 말한다.

199. <1> das Möbel : 가구. <2> ausgeben : 소비하다. <3> sowieso : 어쨌든. **해석**: 내집은 나에게 별 *의미가 없다*. 가구를 사느라고 나는 돈을 쓰지 않는다. 왜냐하면 나는 어쨌든 거의 집에 없기 때문이다.

200. das Mieterschutzgesetz : 세입자 보호법. **해석**: 카를로는 세입자보호법을 잘 알지 못한다. 그는 아직 그것을 알지 못한다.

201. <1> renovieren : 개조하다. <2> eigentlich : 원래. **해석**: 세입자는 원래 그럴 수 없음에도 불구하고 스스로 집을 개조할 *마음을 먹고 있다*.

202. <1> die Ansicht : 의견. <2> die Aussicht : 전망. **해석**: 의견과 전망은 (혹은, Ansicht와 Aussicht는) 똑같은 *의미를 갖고 있지 않다*.

203. <1> die Dusche : 샤워. <2> kaputt : 고장난. **해석**: 우리는 샤워를 *사용할 수 없다*. 그것은 고장났다.

204. <1> die Wohngemeinschaft : 거주공동체. <2> meistens : 대부분. <3> verschieden : 서로 다른, 다양한. <4> die Toleranz : 관용. **해석**: 거주공동체에서는 대부분 매우 다른 사람들이 함께 산다. 그렇기 때문에 관용이 *중요한 역할을 한다*.

보기 34

sehen, ansehen, beobachten, erkennen, betrachten

205. Viele alte Leute können nicht mehr gut _____. Sie brauchen eine Brille.

206. _____ du das schwarze Motorrad dort? Das gehört mir.

207. Ohne Brille kann ich noch nicht einmal meine besten Freunde _____.

208. Die Scheinwerfer sind aber schwach. Man kann ja kaum etwas _____.

209. Er hat das Bild lange _____, weil es ihm so gut gefallen hat.

210. Ich habe Fotos vom Urlaub dabei. Möchtest du sie _____.

211. Ich möchte mir heute Abend einen Film _____.

212. Der Nachbar ist ein komischer Mensch. Er sitzt oft stundenlang am Fenster und _____ mich.

213. Ich _____ das Bild.

214. Er _____ sich als meinen Freund.

정답) 205. sehen   206. Siehst   207. erkennen   208. sehen(erkennen)
209. angesehen   210. sehen(ansehen)   211. ansehen   212. beobachtet
213. betrachte   214. betrachtet

보기 34

etwas(4) sehen : 무엇을 시각적으로 보다. *sich etwas(4) ansehen = etwas(4) besichtigen* : 무엇을 구경하다. *j-n ansehen* : 누구를 빤히 쳐다보다, *etwas(4) ansehen* : 그림 등을 유심히 살펴보다. *beobachten* : 움직이지 않은 상태에서 움직이는 무엇을 관찰하다. *erkennen* : 무엇을 식별하다, 인식하다, 알아보다. *betrachten* : 움직이면서 움직이지 않는 것을 관찰하다, *betrachten A als B* : A를 B로 간주하다.

****

205. <1> nicht mehr : 더 이상 무엇을 하지 못하다. <2> die Brille : 안경. <3> brauchen : 필요하다. **해석** : 많은 노인들은 더 이상 잘 볼 수 없다. 그들은 안경이 필요하다.

206. <1> das Motorrad : 오토바이. <2> j-m gehören : 누구의 것이다. **해석** : 너 저기 검은 오토바이 *보이니*? 그것은 내꺼다.

207. <1> die Brille : 안경. nicht einmal : 무엇 조차도 하지 못하다. **해석** : 안경 없이는 나는 나의 가장 친한 친구들도 *알아보지 못한다*.

208. <1> der Scheinwerfer : 헤트라이트. <2> schwach : 약한 ↔ stark : 강한. <3> kaum : 거의 하지 못하다. **해석** : 헤트라이트 빛이 약하다. 우리들은 정말 아무 것도 *알아볼 수 없다*.

209. <1> das Bild : 그림. <2> j-m gefallen : 누구의 마음에 들다. **해석** : 그는 오랫동안 그 그림을 *구경했다*. 왜냐하면 그것이 그의 마음에 들었기 때문이다.

210. <1> etwas(4) dabei haben : 무엇을 수중에 갖고 있다. <2> die Fotos vom Urlaub : 휴가 때의 사진. **해석** : 나는 휴가 때의 사진들을 갖고 있다. 너 그것들을 보고 싶니?

211. 해석 : 나는 오늘 저녁 영화를 보고 싶다.

212. <1> der Nachbar : 이웃. <2> komisch : 우스운, 이상한. <3> stundenlang : 몇시간 동안. **해석** : 이웃사람은 이상한 사람이다. 그는 자주 창가에 몇시간 동안이나 앉아서 나를 *관찰한다*.

213. 해석 : 나는 그 그림을 *관찰한다*.

214. 해석 : 그는 자신을 나의 친구로 *자처한다*.

보기 35

liegen, legen, sitzen, hängen, stehen, stellen, stecken

215. A: Hast du schon die Hemden in den Koffer _____?
     B: Nein, die _____ noch im Schrank.

216. A: Wo ist der Autoschlüssel?
     B: Der _____ schon im Schloss.

217. A: Weißt du, wo die Kinder sind?
     B: Die _____ schon im Auto.

218. A: Wer hat die Campingstühle vor die Tür _____?
     B: Ich weiß nicht. Jedenfalls _____ sie schon seit gestern da.

219. A: Ist Peter vom Fußballspielen zurück?
     B: Ja, er _____ schon in der Badewanne.

220. A: Hast du den Kleinen schon mal auf die Toilette _____?
     B: Nein, er wollte nicht.

221. A: Sind die Wolldecken im Auto?
     B: Nein, die habe ich gewaschen und zum Trocknen in den Garten _____.

정답) 215. gelegt, hängen(liegen)   216. steckt   217. sitzen
218. gelegt(gestellt), stehen(liegen)   219. sitzt(liegt)   220. gesetzt
221. gehängt

보기 35

liegen : 뉘인 상태로 놓여 있다, 누워 있다, *legen* : 뉘어 놓다, *sitzen* : 앉아 있다, *hängen* : 걸려 있다, 걸다, *stehen* : 서 있는 상태로 놓여 있다, *stellen* : 세워 놓다, *stecken* : 꽂혀 있다, 꽂다.

****

215. <1> der Koffer : 트렁크. <2> das Hemd : 셔츠. <3> der Schrank : 장.
해석 : A : 너는 벌써 옷을 트렁크 안에 **넣어 놓았니?** B : 아니, 그것들은 아직 장농에 놓여 있어(걸려 있어).

216. <1> der Autoschlüßel : 자동차 열쇠. <2> das Schloss : 자물통, 열쇠.
해석 : 자동차 열쇠가 어디 있지? B : 그것은 벌써 자물통에 **꽂혀 있다**.

217. 해석 : A : 너는 아이들이 어디 있는지 아니? B : 걔들은 벌써 자동차에 **앉아 있다**.

218. <1> jedenfalls : 어쨌든. <2> seit gestern : 어제부터. **해석** : A : 누가 캠핑용 의자를 문앞에 **갖다 놓았니?** B : 나는 모르겠어. 어쨌든 그것들은 벌써 어제부터 *거기에 놓여 있어*.

219. <1> zurücksein : 돌아 오다. <2> die Badewanne : 욕조. **해석** : A : 페터가 축구시합에서 돌아 왔니? B : 응, 그는 벌써 욕조에 **앉아(누워) 있어**.

220. <1> die Toilette : 변기. <2> j-n auf etwas(4) setzen : 누구를 어디에 앉히다. **해석** : A : 너는 그 아이를 벌써 화장실에 **앉혔니?** B : 아니 걔가 그럴려고 하지 않았어.

221. <1> die Wolldecke : 모포, 담뇨. <2> waschen : 씻다, 세탁하다. <3> zum Trocknen : 말리기 위해. **해석** : A : 모포가 자동차 안에 있습니까? B : 아뇨, 나는 그것을 빨아서 말리기 위해 정원에 **널어 두었습니다**.

보기 36

zwingen, aufgeben(1), aufgeben(2), einstellen(1), sich verhalten, einstellen(2), gezwungen sein, beschäftigen

222. Wenn Herr K. nicht mehr Auto fahren kann, muss der Betrieb einen neuen Fahrer _____.

223. Damit die Maschinen gut funktionieren, müssen sie jede Woche neu _____ werden.

224. Die Gewerkschaften fordern, dass die Arbeitgeber sich sozial _____.

225. Viele Eltern _____ ihre Kinder, einen Beruf zu lernen, den sie nicht mögen.

226. Georg hat seine Stelle _____. Er hat letzte Woche gekündigt.

227. Der Betrieb machte keine Gewinne mehr. Er war _____, Leute zu entlassen.

228. Ernst hat seinen Plan _____, Drucker zu werden. Er lernt jetzt Automechaniker.

정답 222. einstellen(beschäftigen)   223. eingestellt   224. verhalten
225. zwingen   226. aufgegeben   227. gezwungen
228. aufgegeben

보기 36

j-n zu etwas(3) zwingen : 누가 무엇을 하도록 강요하다. *aufgeben(1)* : 포기하다. *aufgeben(2)* : 편지 등을 부치다. *j-n einstellen (1)* : 누구를 채용하다. *sich verhalten = sich benehmen = handeln* : 행동하다. *einstellen(2)* : 기계등을 조절하다. *gezwungen sein, zu Inf.* : 무엇을 해야 한다. *j-n beschäftigen* : 누구를 고용하다. *sich mit etwas(3) beschäftigen* : 무엇에 몰두하다, 전념하다.

****

222. <1> der Betrieb : 경영, 운전, 회사, 공장. <2> der Fahrer : 운전수. **해석** : K씨가 더 이상 차를 몰 수 없으면 회사는 새 운전수를 **고용해야 한다**.

223. <1> die Maschine : 기계, 비행기. <2> funktionieren : 기능을 발휘하다, 작동하다. <3> jede Woche : 매주. **해석** : 기계가 잘 작동하기 위해 그것은 매주 새로 **조절되어야 한다**.

224. <1> die Gewerkschaft : 노동조합. <2> fordern : 요구하다. <3> der Arbeitgeber : 사용자. **해석** : 노동조합들은 사용자가 사회적으로 **행동하기**를 요구한다.

225. etwas(4) mögen : 무엇을 좋아하다. **해석** : 많은 부모들이 자신의 자식들이 좋아하지도 않는 직업을 배우도록 **강요한다**.

226. <1> die Stelle : 자리, 장소. <2> j-m kündigen : 누구에게 계약이 만료되었음을 알리다. **해석** : 게오르크는 일자리를 **포기했다**. 그는 지난 주에 그만 두겠다고 말했다.

227. <1> der Betrieb : 회사, 공장. <2> der Gewinn : 이윤, 이득. <3> j-n entlassen : 누구를 해고하다. **해석** : 회사는 더 이상 전혀 이윤을 남기지 못했다. 회사는 사람들을 **해고해야 했다**.

228. <1> der Plan : 계획. <2> der Drucker : 인쇄업자. <3> der Automechaniker : 자동차 기술자. **해석** : 에른스트는 인쇄업자가 되려는 자신의 **계획을 포기했다**. 그는 이제 자동차기술자가 되려고 일을 배우고 있다.

보기 37

sichern, erfüllen, erfinden, verursachen, verpassen, entwickeln, einstellen

229. Die Firma hat einen neuen Ticketautomaten _____, der viel besser funktioniert als die alten und sogar Geldscheine wechselt.

230. Die Ingenieure haben ein neues Produktionsverfahren _____, das den neuen Sicherheitsvorschriften entspricht.

231. Die Fabrik hat letzten Monat neue Großaufträge bekommen. Das _____ die Arbeitsplätze für ein halbes Jahr.

232. Die Geschäftsleitung hat viele Pannen _____. Deshalb sind die wirtschaftlichen Erwartungen der Besitzer nicht _____ worden.

233. Der technische Fortschritt _____ viele soziale Probleme, denn die Betriebe _____ immer schnellere Produktionsverfahren und Automaten und _____ immer weniger Angestellte und Arbeiter _____.

234. Der Betrieb hat die Entwicklung des technischen Fortschritts _____, deshalb produziert er jetzt zu teuer und macht keine Gewinne mehr.

정답 229. entwickelt(erfunden)   230. entwickelt(erfunden)
231. sichert   232. verursacht, erfüllt
233. verursacht, entwickeln(erfinden), stellen ... ein   234. verpasst

제1장 어휘연습 I (동사) - 해설 69

보기 37

> *sichern* : 안전하게 하다, 확실하게 하다. *erfüllen* : 희망이나 욕망등을 채우다, 충족시키다. *erfinden* : 발명하다. *verursachen* : 무엇을 야기하다. *verpassen* : 무엇을 놓치다. *entwickeln* : 발전시키다, 전개시키다. *j-n einstellen* : 누구를 채용하다.

****

229. <1> der Ticketautomat : 차표 자동판매기. <2> funktionieren : 작동하다, 기능을 발휘하다. <3> der Geldschein : 지폐. <4> sogar : 그것도, 더군다나. <5> wechseln : 바꾸어 주다. **해석** : 회사는 옛날 것보다 훨씬 더 (viel besser) 기능이 좋고 더군다나 지폐를 교환해주는 새로운 차표 자동판매기를 고안해 냈다.

230. <1> der Ingenieur : 엔지니어. <2> das Verfahren : 방식, 방법, 취급, 처리, 절차. <3> die Sicherheitsvorschrift : 안전규칙. <4> etwas(3) entsprechen : 무엇에 일치하다. **해석** : 엔지니어들이 새로운 안전규칙에 맞는 새로운 생산방식을 만들어냈다.

231. <1> die Fabrik : 공장. <2> der Großauftrag : 대량주문, der Auftrag : 업무, 과업, 숙제, 주문. <3> der Arbeitsplatz : 작업장. **해석** : 공장은 지난 달 새로운 대량주문을 받았다. 그것은 반년동안은 일자리를 *보장해 준다*.

232. <1> die Geschäftsleitung : 경영지도부. <2> die Panne : 사고. <3> die Erwartung : 기대. <4> der Besitzer : 주인. **해석** : 경영지도부가 많은 사고를 *유발했다*. 그래서 소유주의 경영상의 기대가 *충족되지 못했다*.

233. <1> der Fortschritt : 발전. <2> das Produktionsverfahren : 생산방식, 절차. <3> der Automat : 자판기. <4> immer weniger : 점점 더 적은. <5> der Angestellte : 직원, 회사원. **해석** : 기술의 발전은 많은 사회적인 문제들을 *야기한다*. 왜냐하면 기업들은 점점 더 빠른 생산방식들과 자동기계 등을 만들어 내고 그래서 점점 더 적은 수의 직원들과 노동자들을 *고용하기 때문이다*.

234. <1> der Betrieb : 회사, 공장. <2> die Entwicklung : 발전. <3> der Fortschritt : 진보, 발전. <4> deshalb : 그렇기 때문에. <5> der Gewinn : 이익, 이윤. **해석** : 그 공장은 새로운 기술을 만들어 내는 것을 *놓쳤다*. 그래서 그 공장은 이제 생산비가 너무 비싸고 그래서 전혀 더 이상 이윤을 남기지 못하고 있다.

보기 38

ablehnen, bedanken, beleidigen, leisten, unterstützen

235. Obwohl es möglich ist, _____ es die meisten deutschen Männer _____, den Namen ihrer Ehefrau anzunehmen.

236. Katja hat einen Brief an ihre schwedische Freundin geschrieben und sich für das Weihnachtsgeschenk _____.

237. Edda hat ihren besten Freund _____. Er kommt deshalb nicht zu ihrer Hochzeit.

238. Ursula und Volker können sich eine große Hochzeitsfeier nicht _____. Dafür fehlt ihnen das Geld.

239. Die evangelischen Kirchen in der ehemaligen DDR und der BRD _____ die Friedensbewegung.

240. Dieser Arbeiter _____ viel.

241. Er hat den Arm unter das Kinn _____.

242. Der Präsident _____ den Eid auf die Verfassung.

정답   235. lehnen...ab   236. bedankt   237. beleidigt   238. leisten
       239. unterstützten 240. leistet   241. untergestützt 242. leistet

보기 38

> *etwas(4) ablehnen* : 무엇을 거절하다. *sich bei j-m für etwas(4) bedanken* : 누구에게 무엇에 대해 감사하다. *j-n beleidigen* : 누구를 모욕하다. *leisten* : 어떤 일을 해내다, *den Eid leisten* : 선서하다, *sich etwas(4) leisten können* : 무엇을 할만한 경제적인 여유를 갖고 있다. *etwas(4) unterstützen* : 무엇을 지원하다(비분리), 무엇의 밑을 받치다(분리).

****

235. <1> meist : 대부분의. <2> annehmen : 무엇을 가정하다, 받아들이다. 해석 : 그것이 가능함에도 불구하고 대부분의 독일남자들은 자신들의 부인의 성을 취하는 것을 *거부한다*.

236. <1> an j-n einen Brief schreiben : 누구에게 편지를 쓰다. <2> das Weihnachtsgeschenk : 크리스마스 선물. 해석 : 카트야는 그녀의 스웨덴 친구에게 편지를 써서 크리스마스 선물에 대해 *고마움을 표시했다*.

237. die Hochzeit : 결혼식. 해석 : 에다는 그녀의 가장 친한 친구를 *모욕했다*. 그렇기 때문에 그는 그녀의 결혼식에 오지 않을 것이다.

238. <1> die Hochzeitsfeier : 결혼식 피로연. <2> fehlen : 부족하다. 해석 : 우르줄라와 폴커는 성대한 결혼식 피로연을 *감당해낼 수 없다*. 그것을 하기 위해서는 그들에게 돈이 부족하다.

239. <1> evangelisch : 신교의. <2> ehemalig : 그전의, 옛날의. <3> die Friedensbewegung : 평화운동. 해석 : 옛날 동독과 서독의 개신교교회들이 평화운동을 *지원했다*.

240. 해석 : 이 일군은 많은 일을 *해내고 있다*.

241. <1> der Arm : 팔. <2> das Kinn : 턱 해석 : 그는 팔을 턱 밑에 *받쳤다*.

242. <1> der Präsident : 장, 대통령, 회장. <2> der Eid : 선서, *den Eid leisten* : *선서하다*. <3> die Verfassung : 헌법, auf die Verfassung : 헌법에 대고.

보기 39

rasieren, schwitzen, abnehmen, ändern, beschädigen, sitzen, stimmen, blühen, trocknen, atmen, landen

243. Nach 1949 _____ die Zahl der Arbeitslosen schnell _____.

244. Nachdem es _____ worden war, _____ die SPD für das Gesetz.

245. In Hemden aus Nylon kann die Haut nicht _____, deshalb _____ man in solchen Hemden sehr leicht.

246. Durch den Sturm wurden sehr viele Häuser _____.

247. Auf dem Mond wachsen und _____ keine Pflanzen.

248. Am 21. Juli 1969 _____ die ersten Menschen auf dem Mond.

249. Kurt _____ sich nicht mehr, weil er gerne einen Bart haben möchte.

250. Die Hose passt ihr sehr gut. Sie _____ ausgezeichnet.

251. Du kannst die Sonnenbrille _____. Die Sonne scheint doch nicht mehr.

252. Kleidung aus Kunststoffen muss man nur waschen und _____, aber nicht bügeln.

253. Auf den neuen Stühlen _____ man recht bequem.

254. Meine Hosen sind mir zu eng. Ich muss unbedingt zwei Kilo _____.

정답) 243. nahm...ab 244. geändert... stimmte 245. atmen...schwitzt
246. beschädigt 247. blühen 248. landeten 249. rasiert
250. sitzt 251. abnehmen 252. trocknen 253. sitzt
254. abnehmen

보기 39

sich rasieren : 면도하다. *schwitzen* : 땀을 흘리다. *abnehmen* : 체중이 줄어들다, 누구에게서 무엇을 빼앗다, 안경을 벗다 ↔ *aufsetzen* : 안경이나 모자를 쓰다. *ändern* : 변화시키다, *sich ändern* : 변하다. *beschädigen* : 무엇을 손상시키다. *sitzen* : 앉아 있다, 어울리다. *stimmen* : 어울리다, 조화를 이루다. *blühen* : 꽃이 피다. *trocknen* : 말리다, 마르다. *atmen* : 숨을 쉬다. *landen* : 착륙하다.

****

243. die Zahl : 수. **해석** : 1949년 이후 실업자의 수가 빠르게 *감소하였다*.

244. für etwas(4) stimmen = etwas(3) zustimmen : 무엇에 찬성하다.
해석 : 법률이 변경된 다음에 SPD는 그 법률에 *찬성했다*.

245. <1> das Hemd : 셔츠. <2> die Haut : 살갗, 피부. **해석** : 나일론으로 된 셔츠를 입고 있으면 피부는 숨을 쉴 수 없다. 그렇기 때문에 그런 셔츠를 입고 있으면 사람들은 *땀을 쉽게 흘린다*.

246. der Strum : 폭풍우. **해석** : 폭풍우로 매우 많은 집들이 *파손되었다*.

247. <1> der Mond : 달. <2> wachsen : 성장하다. <3> die Pflanze : 식물.
해석 : 달에서는 어떤 식물도 자라서 *꽃을 피우지 않는다*.

248. 해석 : 1969년 7월 21일에 최초의 인간들이 달에 *착륙했다*.

249. der Bart : 수염. **해석** : 쿠르트는 더 이상 *면도를 하지 않는다*. 왜냐하면 그는 수염을 기르고 싶기 때문이다.

250. <1> die Hose : 바지. <2> j-m passen : 누구에게 어울리다. <3> ausgezeichnet : 훌륭한, 출중한, 굉장한. **해석** : 바지가 그녀에게 아주 잘 *어울린다*. 그것은 아주 잘 *어울린다*.

251. <1> die Sonnenbrille : 선글라스. <2> scheinen : 비치다, 빛나다.
해석 : 너는 선글라스를 *벗을 수 있다*. 햇빛이 이제 더 이상 비치지 않는다.

252. <1> die Kleidung : 옷, 의복. <2> der Stoff : 천, 옷감, 물질, 재료. <3> bügeln : 다리다. **해석** : 합성섬유로 된 옷들은 세탁하고 건조만 하면 된다. 다림질은 필요없다.

253. 해석 : 새 의자에는 *앉아 있기가* 정말(recht) 편안하다.

254. <1> die Hose : 바지. <2> eng : 좁은, 협착한, 꽉 끼는. <3> unbedingt : 무조건. **해석** : 내 바지들은 나에게 너무 꽉 낀다. 나는 반드시 *2킬로를 빼야 한다*.

보기 40

> beraten, sich verabschieden, lächeln, überfahren, widersprechen, treten, vorhaben, aufwachen, grüßen

255. aufhören zu schlafen: _____

256. ein Gespräch führen, um zu einer Lösung zu kommen: _____

257. zu jemandem Guten Tag sagen: _____

258. eine Mundbewegung machen, die allgemein als freundliches Zeichen gilt: _____

259. Auf Wiedersehen sagen: _____

260. etwas planen; etwas machen wollen: _____

261. sagen, dass man anderer Meinung ist: _____

262. einen Menschen oder ein Tier mit dem Auto schwer verletzen oder töten: _____

263. weiterfahren, wo man eigentlich halten müßte; z.B. ein Stoppschild _____

264. eine Bewegung mit dem Fuß machen: _____

정답) 255. aufwachen 256. beraten 257. grüßen 258. lächeln
259. sich verabschieden 260. etwas vorhaben 261. widersprechen
262. überfahren 263. überfahren 264. treten

제1장 어휘연습 I (동사) – 해설

보기 40

j-n beraten = j-m raten : 누구에게 충고 하다. *etwas(4) beraten* : 무엇을 협의하다. *sich mit j-m über etwas(4) beraten* : 누구와 협의하다. *sich verabschieden* : 작별인사를 하다. *sich von j-m verabschieden = von j-m Abschied nehmen* : 누구와 헤어지다. *lächeln* : 미소를 짓다. *lachen* : 웃다. *überfahren* : 누구를 치고 그 위로 지나가다, 차를 타고 멈추어야 할곳을 지나 더 나아가다. *j-m widersprechen* : 누구에게 반박하다, 항의하다. *treten* : 발을 내딛다, 걷다, 어디에 들어가다. *etwas(4) vorhaben* : 무엇을 계획하고 있다. *aufwachen* : 깨어나다, *aufwecken* : 깨우다. *j-n grüßen* : 누구에게 인사하다.

****

255. aufhören : 끝나다, 그치다. **해석**: 잠을 자는 것을 끝내는 것: 깨어나다.

256. <1> ein Gespräch führen : 대화를 나누다. <2> die Lösung : 해결책, 해답, zu einer Lösung kommen : 어떤 해결책에 이르다. **해석**: 해결책을 찾기위해 대화를 나누다 : 협의하다.

257. **해석**: 누구에게 인사를 하는 것.

258. <1> der Mund : 입. <2> die Bewegung : 움직임. <3> allgemein : 일반적으로. <4> als A gelten : A로 여겨지다. <5> das Zeichen : 기호, 표시. **해석**: 일반적으로 친절한 표시로 여겨지며, 입을 움직이는 것.

259. **해석**: 작별인사를 하다.

260. **해석**: 어떤 것을 계획하다, 어떤 것을 하려고 하다.

261. **해석**: 다른 의견이라고 말하다.

262. <1> das Tier : 동물. <2> verletzen : 다치게 하다. <3> töten : 죽이다. **해석**: 사람이나 동물을 자동차로 심하게 부상시키거나 죽이다.

263. <1> eigentlich : 원래. <2> halten : 정차하다. <3> das Stoppschild : 일단정지 표지판. das Schild : 표지판, 문패, 가격표. der Schild : 방패. **해석**: 원래 멈추어야 할 곳, 예를 들면 일단정지 표지판을 무시하고 달리다.

264. **해석**: 발로 움직이다.

보기 41

sagen, sprechen, reden, erzählen

265. Er hat nicht _____, wann er kommt.

266. Gestern hat mir meine Großmutter lange von ihrer Kindheit _____.

267. Ich möchte gern mit ihm _____.

268. Dein Bruder hat mir _____, dass du ein Motorrad kaufen willst. Stimmt das?

269. Halt den Mund! Du hast mir gar nichts zu _____! Ich mache, was ich will.

270. Meine Freundin _____ mehrere Fremdsprachen.

271. Das hätten Sie aber auch freundlicher _____ können!

272. Guten Tag, ich bin Vertreter der Firma Bäkol. Könnte ich bitte den Verkaufsleiter _____?

273. Unser Bürgermeister _____ am Sonntag auf dem Marktplatz.

274. Bitte _____ Sie die Geschichte noch einmal; meine Kollegen möchten sie auch gerne hören.

275. Sie sind mit meiner Arbeit unzufrieden? Was wollen Sie damit _____?

정답) 265. gesagt   266. erzählt   267. sprechen(reden)   268. erzählt(gesagt)
269. sagen   270. spricht   271. sagen   272. sprechen
273. spricht(redet)   274. erzählen   275. sagen

보기 41

> *sagen* : 말하다, 입밖에 내다(äußern), 의미하다 → *guten Morgen sagen. Du sollst die Wahrheit sagen. Er hat kein Wort gesagt. Er hat mir gesagt, er komme später. Das Buch sagt mir gar nichts. Das will ich mit meiner Bemerkung nicht sagen* : 내 언급으로 그것을 말하려고 한 것은 아니다, 그런 뜻으로 그런 언급을 한 것이 아니다. *sprechen* : (음이나 단어를) 발음하다, 말하다, 표현하다, (생각을) 말하다, (판단을) 말하다, 대화하다 → *Englisch sprechen. Das Kind lernt sprechen. Kann ich dich einen Augenblick sprechen?. Wir haben lange mit ihm über Politik gesprochen. reden* : 말을 하다, 지껄이다, 대화하다, 논하다, (자기의 생각을 일관성 있게) 말하다, 연설하다 → *Die Leute reden viel* : 사람들은 말이 많다. *Reden ist Silber, Schweigen ist Gold. Du hast gut reden* : 너는 말하기는 쉽다. *erzählen* : 체험이나 동화 등을 이야기하다, 보고하다, 전하다, 말하다.

265. **해석**: 그는 언제 오는지 말하지 않았다.
266. die Kindheit : 어린시절. **해석**: 어제 우리 할머니는 자신의 어린시절에 대해 오랫동안 이야기 해주셨다.
267. **해석**: 나는 그와 이야기하고 싶다.
268. **해석**: 너의 형이 네가 오토바이를 사려고 한다고 나에게 말했다. 그말이 맞니?(Stimmt das?)
269. den Mund halten : 입을 다물다. **해석**: 입을 다물어라! 너는 나한테 전혀 말할 필요가 없다! 나는 내 하고 싶은대로 할거다.
270. **해석**: 내 여자친구는 몇개의 외국어를 말한다.
271. **해석**: 당신은 그것을 더 친절하게 말했어야 했다!
272. <1> der Vertreter : 대리인, 지사장. <2> der Leiter : 안내자. **해석**: 안녕하세요. 나는 베킬회사의 대리인입니다. 제가 판매부장과 이야기할 수 있을까요?
273. <1> der Bürgermeister : 시장. <2> der Maktplatz : 시장광장. **해석**: 우리 시장이 일요일에 시장광장에서 연설을 한다.
274. die Geschichte : 이야기, 역사. **해석**: 미안하지만 그 이야기를 다시 한 번 해 주시겠습니까? 내 동료들도 그 이야기를 듣고 싶어합니다.
275. <1> mit etwas(3) zufrieden : 무엇에 만족한. mit etwas(3) sagen : 무엇을 어떤 뜻으로 말하다. **해석**: 당신은 내 일에 만족하지 않으세요? 당신은 그말을 무슨 뜻으로 하신 겁니까?

보기 42

verlieren, vergessen, verwechseln, mißverstehen, verpassen

276. Ich bin um 14.00 Uhr am Bahnhofskiosk. Wenn wir uns _____, kannst du mich ab 15.00 Uhr im Büro erreichen.

277. Meine beiden Töchter sehen sich sehr ähnlich. Wer sie nicht gut kennt, kann sie leicht _____.

278. Wenn ich mich nicht beeile, _____ ich den Zug.

279. Mein Kollege hat schon wieder betrunken Auto gefahren. Jetzt hat er seinen Führerschein endgültig _____.

280. Du hast recht, die Post ist ja heute geschlossen. Ich hatte ganz _____, dass heute Sonntag ist.

281. Laß uns lieber im Supermarkt einkaufen! In den kleinen Läden _____ man so viel Zeit.

282. Sie haben mich _____. Ich wollte nicht zwei Kilo Äpfel, sondern nur zwei Stück.

283. Bei dem schweren Unfall auf der Autobahn haben acht Menschen ihr Leben _____.

284. Gleich gibt es ein Gewitter, und ich habe meinen Regenschirm zu Hause _____!

285. Der Zeuge will den jungen Mann bei einem Verbrechen beobachtet haben, aber ich glaube, dass er ihn _____.

286. Ich bin ganz sicher, dass mein Bruder mir versprochen hatte, mir am Wochenende sein Auto zu geben. Aber er behauptet jetzt, ich hätte ihn _____!

정답) 276. verpassen 277. verwechseln 278. verpasse 279. verloren
280. vergessen 281. verliert 282. mißverstanden 283. verloren
284. vergessen 285. verwechselt 286. mißverstanden

보기 42

verlieren : 목숨 등 무엇을 잃다, 돈을 잃다, 경기를 지다 ↔ *gewinnen* : 돈을 따다, 경기를 이기다. *vergessen* : 무엇을 잊다. *verwechseln* : 혼동하다. *mißverstehen* : 오해하다. *etwas(4) verpassen* : 무엇을 놓치다, 만나지 못하다 ↔ *auf etwas(4) aufpassen* : 무엇에 주의하다.

****

276. <1> die Kiosk : 판매대, 가판대. <2> erreichen : 무엇을 잡다, 이루다, 전화로 연락이 닿다. **해석**: 나는 2시에 역 가판대에 있을게. 우리가 서로 만나지 못하면, 너는 3시부터 사무실에서 전화로 나와 연락을 할 수 있을 것이다.

277. ähnlich : 비슷한. 내 두딸은 매우 비슷해 보인다. 그들을 잘 알지 못하는 사람은 그들을 **혼동할 수 있다**.

278. sich beeilen : 서두르다. **해석**: 서두르지 않으면 나는 기차를 **놓칠 것이다**.

279. <1> betrunken : 술에 취한. <2> der Führerschein : 운전면허증. <3> endgültig : 최종적인, 최후의, 뒤집을 수 없는. **해석**: 내 동료는 또 취해서 자동차를 몰았다. 이제 그는 자신의 운전면허증을 완전히 **잃어버리게 됐다**.

280. recht haben : 옳다 **해석**: 네가 옳다. 우체국이 오늘 문을 닫았다. 나는 오늘이 일요일이라는 것을 까맣게 **잊어버렸다**.

281. <1> Laß uns + 동사의 원형 : 청유형(상대방이 한사람). <2> der Laden : 상점. **해석**: 우리 수퍼마켓에서 쇼핑하자. 작은 상점들에서는 많은 시간을 **소비한다**.

282. das Stück : 조각, 연극작품. **해석**: 당신은 내 말을 **오해했습니다**. 나는 사과 2킬로를 원한 것이 아니라 단지 두개만 원했습니다.

283. <1> der Unfall : 사고. <2> die Autobahn : 고속도로. **해석**: 고속도로에서 일어난 큰 사고에서 8명의 사람들이 목숨을 **잃었다**.

284. <1> das Gewitter : 뇌우. <2> der Regenschirm : 우산. **해석**: 곧 뇌우가 있을 것이다. 그런데 우산을 집에 놓고 가져오는 것을 **잊어버렸으니**!

285. <1> der Zeuge : 증인. <2> das Verbrechen : 범죄. <3> beobachten : 관찰하다. **해석**: 그 증인은 그 젊은 남자의 범행을 목격했다고 주장한다. 그러나 나는 그가 그남자를 **혼동하고 있다**고 생각한다.

286. <1> versprechen : 약속하다. <2> behaupten : 주장하다. **해석**: 나는 우리 형이 주말에 나에게 자동차를 (빌려)주겠다고 약속한 것을 확신한다. 그러나 그는 지금 내가 그를 **오해했다**고 주장한다.

보기 43

verdienen, stoppen, schalten, verzollen, bremsen, überholen, fürchten, messen

287. Wenn man einen Automatikwagen fährt, braucht man nicht zu _____; man muss nur noch Gas geben und _____.

288. An der Grenze wurden wir gefragt, ob wir etwas zu _____ hätten.

289. Wer betrunken Auto fährt, _____ eine hohe Strafe, finde ich.

290. Ich kann den Lastwagen nicht _____; die Straße ist nicht breit genug.

291. Kurz nach der Kreuzung wurden wir von der Polizei _____, weil wir die rote Ampel überfahren hatten.

292. Nach dem Unfall wurde der Bremsweg _____. Die Länge zeigt, dass der Wagen viel zu schnell gefahren war.

293. Ich _____, dass es heute nacht Eis auf den Straßen gibt. Laß uns lieber mit der Straßenbahn fahren!

정답 287. schalten, bremsen 288. verzollen 289. verdient
290. überholen 291. gestoppt 292. gemessen 293. fürchte

보기 43

verdienen : 돈을 벌다, 무엇을 받아 마땅하다. *stoppen* : 정지하다. *schalten* : 스위치를 돌리다, 기어를 돌리다, 변속하다, 삽입하다, *ausschalten* : 스위치를 끄다 ↔ *einschalten* : 스위치를 켜다. *verzollen* : 관세를 물다. *bremsen* : 브레이크를 밟다. *überholen* : 추월하다. *etwas(4) fürchten = sich vor etwas(3) fürchten = etwas(4) befürchten* : 무엇을 두려워 하다. *messen* : 측정하다, *die Messe* : 미사, 박람회, *das Maß* : 기준, 척도, 정도

****

287. <1> der Automatikwagen : 자동변속 자동차. <2> brauchen nicht zu Inf. : 무엇을 할 필요가 없다. <3> Gas geben : 엑셀레이터를 밟다.
해석: 오토 자동차를 몰면 **변속할** 필요가 없다. 엑셀레이터를 밟고 **브레이크를 밟기만** 하면 된다

288. die Grenze : 국경선, 한계. **해석**: 국경선에서 우리는 **세금을 낼** 물건이 있는지 질문을 받았다.

289. <1> betrunken : 술 취한 채. <2> die Strafe : 형벌, 벌금. **해석**: 음주운전을 하는 사람은 중벌을 받아 **마땅하다고** 생각한다.

290. <1> der Lastwagen : 짐차 ↔ der Personenwagen : 승용차. <2> breit : 넓은 ↔ eng : 좁은. **해석**: 나는 그 짐차를 **추월할 수 없다.** 길이 충분히 넓지 못하다.

291. <1> die Kreuzung : 교차로. <2> die Ampel : 신호등. **해석**: 교차로를 지나자 마자 우리는 경찰의 **제지를 받았다.** 왜냐하면 빨간 신호등을 무시하고 달렸기 때문이다.

292. <1> der Bremsweg : 제동거리. <2> die Länge : 길이. **해석**: 사고가 일어난 뒤에 제동거리가 **측정되었다.** 그 길이로 보아 자동차가 과속을 했다.

293. Laß uns + 동사의 원형 : 무엇을 하자 (상대방이 한 사람일때의 청유형). **해석**: 오늘 밤에 길이 얼까 나는 **걱정이다.** 차라리 전차를 타고 가자.

보기 44

denken, nachdenken, überlegen, kennen, wissen, verstehen

294. In der mündlichen Prüfung war ich zum Schluss so nervös, dass ich die Fragen nicht mehr _____ habe.

295. Ich _____ nicht, wo die Prüfung stattfindet.

296. Wenn ich Angst habe, kann ich nicht richtig _____.

297. Vor der Prüfung sollte man gut _____, was man noch lernen und üben muss.

298. Die Frage in der Prüfung waren ganz einfach; ich habe alle Antworten _____.

299. Mein größter Wunsch wäre, die Prüfungsaufgaben vorher zu _____.

300. Wenn ich an die Prüfung _____, tut mein Magen weh.

301. Er _____ zu schweigen.

302. Ich _____ um sein Geheimnis.

303. Ich _____ etwas von diesem Gerät.

정답) 294. verstanden 295. weiß 296. denken(nachdenken, überlegen)
297. überlegen(nachdenken) 298. gewusst 299. kennen(wissen)
300. denke 301. weiß 302. weiß 303. weiß(verstehe)

보기 44

an etwas(4) denken : 무엇을 생각하다. *über etwas(4) nachdenken* : 무엇을 심사숙고하다. *etwas(4) überlegen = sich etwas(4) überlegen* : 무엇을 숙고하다. *j-n kennen* : 누구를 알다, 장소를 알다, 어떠한 사실을 구체적으로 알다. *wissen* : 어떤 사실을 알다, 외우고 있다, 어떠한 사실을 추상적으로 알다. *wissen zu Inf.* : 무엇을 할 수 있다. *verstehen = begreifen* : 이해하다.

****

294. <1> mündlich : 구두의 ↔ schriftlich : 필기로. <2> zum Schluss : 마지막으로, 마지막에 가서. <3> nervös : 신경과민의, 신경쇠약의. **해석**: 구두시험에서 나는 마지막에 아주 초조해져서 질문을 더 이상 *이해하지 못했다.*

295. stattfinden : 일어나다, 개최되다, 시행하다. **해석**: 나는 시험을 어디서 보는지 *모르겠다.*

296. richtig : 제대로, 올바로. **해석**: 나는 두려우면 제대로 *생각할 수 없다* (심사숙고할 수 없다).

297. sollen의 접속법 2식은 권유와 충고를 나타낸다. **해석**: 시험전에는 무엇을 더 공부하고 연습해야할 지 *심사숙고하는 것이* 좋다.

298. einfach : 사람이 단순한, 문제가 쉬운. **해석**: 시험문제가 아주 간단했다. 나는 모든 답을 *알았다.*

299. <1> der Wunsch : 바램, 욕망. <2> die Aufgabe : 시험, 숙제, 의무, 과업. **해석**: 내 가장 큰 바램은 시험문제를 미리 *아는 것이다.*

300. <1> der Magen : 위. <2> j-m wehtun : 누가 아프다. **해석**: 나는 시험을 *생각하면* 위가 아프다.

301. <1> schweigen : 침묵하다. **해석**: 그는 침묵할 줄 안다(침묵할 수 있다). <2> *wissen zu Inf.* : 무엇을 할 수 있다.

302. <1> das Geheimnis : 비밀. <2> *um etwas(4) wissen* : 무엇을 아주 잘 알다.

303. <1> das Gerät : 도구, 기구, 용기, 장치. <2> *von etwas(3) etwas verstehen(wissen)* : 무엇을 잘 이해하고 있다.

보기 45

denken, nachdenken, überlegen, erkennen, kennen, glauben, wissen, verstehen

304. Ich finde, man hat in einer Prüfung immer zu wenig Zeit zum _____.

305. Ich hatte am Prüfungstag meine Brille vergessen und konnte deshalb die Schrift an der Tafel nicht _____.

306. Kann man an einer Prüfung wirklich _____, ob jemand viel oder wenig _____?

307. Hast du vorher _____, welche Lehrer dich prüfen?

308. Hast du die Lehrer _____, die dich geprüft haben?

309. _____ Sie bitte an Papier und Kugelschreiber, wenn Sie morgen zur Prüfung kommen!

310. Natürlich muss man sich auf die Prüfung vorbereiten. Was hast du denn _____?

정답) 304. Nachdenken(Überlegen)   305. erkennen   306. erkennen, weiß   307. gewusst
308. gekannt   309. Denken   310. geglaubt(gadacht)

보기 45

an etwas(4) denken : 무엇을 생각하다. *über etwas(4) nachdenken* : 무엇을 심사숙고하다. *etwas(4) überlegen = sich etwas(4) überlegen* : 무엇을 숙고하다. *erkennen* : 인식하다, 식별하다, 알아보다. *j-n kennen* : 누구를 알다, 장소를 알다, 어떠한 사실을 구체적으로 알다. *glauben* : 믿다, 무엇의 존재를 믿다(an), 생각하다. *wissen* : 어떤 사실을 알다, 외우고 있다, 어떠한 사실을 추상적으로 알다. *wissen zu Inf.* : 무엇을 할 수 있다. *verstehen = begreifen* : 이해하다.

****

304. Ich finde : 생각하다. **해석**: 나는 시험을 볼 때면 항상 곰곰히 생각할 시간이 거의 없다고 생각한다.

305. <1> die Brille : 안경. <2> die Schrift : 글자, 문자. <3> die Tafel : 칠판. **해석**: 시험보는 날 나는 안경을 가져오는 것을 잊어버렸다. 그래서 나는 칠판의 글자를 알아볼 수 없었다.

306. **해석**: 사람들은 시험으로 누가 많이 알고 적게 아는지를 정말 알아낼 수 있을까요?

307. j-n prüfen : 누구를 시험하다. **해석**: 너는 어느 선생님들이 너를 테스트하는지 미리 알았니?

308. **해석**: 너는 너를 테스트했던 선생님들을 알고 있었니?

309. **해석**: 당신은 내일 시험을 치르러 올 때, 종이와 볼펜을 가져올 생각을 하십시오!

310. sich auf etwas(4) vorbereiten = etwas(4) vorbereiten : 무엇을 준비하다. **해석**: 물론 우리들은 시험 준비를 해야한다. 너는 어떻게 생각했니?

보기 46

übersetzen, aufgeben, produzieren, entlassen, einstellen, liefern, leiten, übernehmen, beschäftigen, verursachen

311. Die Firma hat nicht genug Arbeiter. Es sollen noch dreißig Leute _____ werden.

312. Der alte Chef ist gestorben. Die Firma wird jetzt von seinem Sohn _____.

313. Wegen Rationalisierung im Betrieb mussten hundert Arbeiter _____ werden.

314. Frau B. hat ihre Stelle _____, weil sie sich selbstständig machen will.

315. Herr M. _____ einen Lehrling und zwei Facharbeiter in seiner Werkstatt.

316. Ein Informationsmakler _____ alle Auskünfte, die seine Kunden wünschen.

317. Der Geschäftsführer muss gehen, weil er zu hohe Kosten _____ hat.

318. Mit den neuen Maschinen können höhere Stückzahlen _____ werden.

319. Solange meine Kollegin krank ist, muss ich ihre Arbeit _____.

320. Die Sekretärin muss Briefe aus dem Ausland ins Deutsche _____.

정답 311. eingestellt(beschäftigt)   312. geleitet   313. entlassen
314. aufgegeben   315. beschäftigt   316. liefert   317. verursacht
318. produziert   319. übernehmen   320. übersetzen

보기 46

übersetzen : 번역하다(비분리), 건네주다(분리). *aufgeben* : 포기하다, 편지 등을 부치다. *produzieren = erzeugen = herstellen* : 무엇을 생산하다. *j-n entlassen* : 누구를 해고하다(비교 : *j-m kündigen* : 누구에게 무엇의 계약해지를 알리다). *einstellen = anstellen* : 누구를 채용하다. *liefern* : 누구에게 무엇을 배달하다. *leiten = führen* : 안내하다, 이끌다. *übernehmen* : 넘겨받다 ↔ *übergeben* : 넘겨주다. *beschäftigen* : 누구를 고용하다. *verursachen* : 무엇을 야기하다.

****

311. es는 가주어, 진주어는 noch dreißig Leute이다. **해석**: 그 회사는 노동자가 충분하지 않다. 30명이 더(noch) *채용되어야* 한다.

312. **해석**: 나이든 사장이 죽었다. 그 회사는 이제 그의 아들에 의해 운영될 것이다.

313. <1> die Rationalisierung : 합리화. <2> der Betrieb : 회사, 공장, 기업. **해석**: 경영 합리화 때문에 100명의 노동자들이 *해고 되어야* 했다.

314. <1> die Stelle : 입장, 일자리. <2> sich selbstständig machen : 독립하다. **해석**: B 부인은 그녀의 *일자리를 그만 두었다.* 왜냐하면 그녀는 독립하려고 하기 때문이다.

315. <1> der Lehrling : 견습생. <2> der Facharbeiter : 전문노동자. **해석**: M 씨는 그의 공장에 견습생 한명과 전문노동자 두명을 *고용하고 있다.*(비분리동사)

316. <1> der Makler : 중매인, 부동산 중개인, 거간꾼. <2> die Auskunft = die Information : 정보. <3> der Kunde : 고객. die Kunde : 알림, 고지, 통고. **해석**: 정보중개인은 자신의 고객들이 원하는 정보들을 *제공해 준다.*

317. <1> der Geschäftsführer : 지배인. **해석**: 지배인은 그만두어야 한다 (gehen). 왜냐하면 그는 너무 많은 지출을 *야기했기 때문이다.*

318. <1> die Maschine : 비행기, 기계. <2> die Stückzahl : (일정한 기간 내의) 물품 생산갯수. **해석**: 이 새로운 기계로 더 많은 수의 물품이 *생산될 것이다.*

319. solange = während : 무엇을 하고 있는 동안에. **해석**: 내 여자동료가 아픈 동안에 나는 그녀의 일을 *넘겨받아야 한다.*

320. **해석**: 그 비서는 외국에서 온(aus dem Ausland) 편지들을 독일어로 *번역해야 한다.*

보기 47

> vorbeifahren, schaden, losgehen, bewerben, ausfallen, angehen, abschneiden

321. Ich habe letzte Woche meine Prüfung gemacht. —Ja? Dann erzähl doch mal! Wie ist sie denn _____?

322. Im Moment ist es wirklich sehr schwer, eine Stelle zu finden. Ich habe mich schon bei zwölf verschiedenen Firmen _____.

323. Wenn an einer Unfallstelle schon Hilfe da ist, sollte man nicht aus Neugierde anhalten, sondern langsam _____.

324. Meine Schwester ist sehr ehrgeizig. Bei Prüfungen will sie immer am besten von allen _____.

325. Vor einer Prüfung bin ich immer sehr nervös; aber wenn es dann _____, werde ich ganz ruhig.

326. Noch eine Frage, Herr Bauer. Leben Sie allein, oder wohnt Ihre Freundin bei Ihnen? —Tut mir Leid, aber ich glaube nicht, dass Sie das etwas _____.

327. Wenn man am Tag vor der Prüfung noch lernt, _____ das mehr, als es nützt.

정답 321. ausgefallen   322. beworben   323. vorbeifahren
324. abschneiden   325. losgeht   326. angeht   327. schadet

보기 47

an etwas(3) vorbeifahren(= vorbeigehen) : 무엇을 지나쳐서 가다. 참고 : *bei j-m vorbeifahren* : 차를 타고 누구집에 들르다. *j-m schaden* : 누구에게 해가 되다 ↔ *j-m nützen* : 누구에게 이익이 되다. *losgehen* : 출발하다, 시작하다. *sich um etwas(4) bewerben* : 무엇에 응모하다. *ausfallen* : 빠지다, 시행되지 않다, 어떤 결과가 되다. *j-n angehen* : 누구와 관계가 있다. *abschneiden* : 잘라내다, 차단하다, 시험 등에서 어떤 결과를 내다.

***

321. **해석**: 나는 지난 주에 시험을 치루었다. — 그래? 그렇다면 한번 이야기 해봐! 도대체 *결과가 어땠니?*

322. <1> im Moment : 현재. <2> die Stelle : 일자리, 입장. <3> verschieden : 서로 다른, 다양한. **해석**: 현재 일자리를 잡는다는 것은 정말 어렵다. 나는 벌써 12개의 서로 다른 회사에 *지원했다.*

323. <1> die Unfallsstelle : 사고가 일어난 곳. <2> aus Neugierde : 호기심에서. <3> anhalten : 정차시키다, 정차하다. <4> sollen의 접속법 2식인 sollten은 권유와 충고를 나타내며 우리말로는 '무엇을 하는 것이 좋을 것이다'로 번역한다. **해석**: 사고가 일어난 곳에 도움의 손길이 오면 사람들은 호기심에서 정차하지 말고 천천히 그냥 *지나치는 것이* 좋다.

324. ehrgeizig : 야심이 있는, 공명심이 있는. **해석**: 내 누이는 욕심이 많다. 그녀는 시험에서 항상 모든 사람들 중에서(von allen) *가장 좋은 결과를 내려고 한다.*

325. **해석**: 나는 시험 전에는 항상 신경과민이다(nervös). 그러나 시험이 막상 *시작되면* 마음이 아주 안정된다.

326. **해석**: 바우어씨 또 질문이 있는데요. 당신은 혼자 사십니까, 아니면 당신의 여자친구가 당신 집에 사십니까. — 유감스럽습니다만 나는 그것이 당신과 무슨 *상관이 있다고* 생각하지 않습니다.

327. mehr A als B : B라기 보다는 오히려 A이다. **해석**: 시험 전날에 공부하면 그것은 도움이 되는 것이 아니라 오히려 *해가 된다.*

보기 48

vorbeikommen, klappen, läuten, baden, begegnen, sorgen, unterbrechen, stimmen, aufräumen

328. Ich bekomme heute Abend Besuch; vorher muss ich meine Wohnung _____.

329. Ein guter Gastgeber _____ dafür, dass immer etwas zum Essen und zum Trinken da ist.

330. Wenn man Besuch bekommt, sollte man seine Arbeit _____.

331. Ich glaube, wir bekommen Besuch. Eben hat es an der Tür _____.

332. Ich wohne in der Schillerstraße Nr. 12. Du kannst jederzeit bei mir _____.

333. Heute _____ es leider nicht, aber morgen können wir uns treffen.

334. "Wo hast du deinen neuen Freund kennengelernt?" — "Ich bin ihm auf einem Fest _____."

335. Wenn ich morgens viel Zeit habe, dann _____ ich, anstatt zu duschen.

336. Unsere Gäste sind immer noch nicht da. Sie wollten schon vor einer Stunde kommen. Da _____ doch etwas nicht!

정답 328. aufräumen   329. sorgt   330. unterbrechen   331. geläutet
332. vorbeikommen   333. klappt   334. begegnet   335. bade
336. stimmt

보기 48

bei j-m vorbeikommen : 누구 집에 들르다, *an etwas(3) vorbeikommen* : 무엇을 지나쳐 오다. *klappen* : 성공하다, 잘 되다. *läuten* : 종을 치다(참고 : *lauten* : 무엇이라는 내용이다, 무엇이라고 쓰여 있다). *baden* : 목욕하다. *j-m begegnen* : 누구를 만나다(*sein*과 완료형을 만든다). *für j-n sorgen = sich um j-n sorgen* : 누구를 걱정하다, 돌보다, 애쓰다. *unterbrechen* : 무엇을 중단하다 ↔ *fortsetzen, fortfahren* : 무엇을 계속하다. *stimmen* : 어울리다, 맞다, 일치하다, 찬성하다, 잘 되어 있다. *aufräumen* : 청소하다.

***

328. **해석**: 나는 오늘 저녁에 손님을 맞는다. 그전에 나는 집을 **청소해야** 한다.

329. der Gastgeber : 주인 ↔ der Gastnehmer : 손님. **해석**: 마음씨 좋은 주인은 먹고 마실 것이 항상 있도록 **애쓴다**.

330. **해석**: 방문객이 있으면, 하던 일을 **중단하는** 것이 좋다.(sollten은 권유와 충고를 나타낸다)

331. <1> Es läutet an die Tür. : 초인종이 울리다. <2> eben : 바로 조금 전에. **해석**: 나는 누가 우리를 방문할 거라고 생각한다. 바로 조금 전에 우리집 초인종이 울렸다.

332. **해석**: 나는 쉴러街 12번지에서 살고 있다. 너는 언제든지(jederzeit) 우리집에 들를 수 있다.

333. **해석**: 오늘은 유감이지만 **안된다**. 그러나 우리는 내일 만날 수 있을 것이다.

334. das Fest : 축제. **해석**: '너는 새 친구를 어디서 알게 되었니?' — 나는 축제에서 그를 우연히 만났어.

335. duschen : 샤워하다. **해석**: 내가 아침에 시간이 많다면 샤워를 하는 대신에 목욕을 할 것이다.

336. **해석**: 우리 손님들이 아직도 오지 않았다. 그들은 벌써 한시간 전에 오려고 했다. 뭔가 **잘못된 것이다**.

제 2 장 어휘연습 II (명사)

보기 1

Speisekarte, Kleingeld, Luftpost, Gebühr, Einschreiben, Rezept, Antrag, Taschentuch, Formular, Empfänger, Drucksache, Methode

1. Geldbetrag, den man z. B. für Verwaltungsarbeit bezahlen muss: _____

2. Papier, das man für einen bestimmten Zweck ausfüllen muss: _____

3. Post, die besonders gesichert ist: _____

4. Person, die einen Brief oder ein Paket bekommen soll: _____

5. Schriftlicher Wunsch an eine Behörde oder Verwaltung: _____

6. Mit dieser Aufschrift kann man Bücher billiger mit der Post schicken: _____

7. Geld, aber nicht aus Papier: _____

8. Briefe, Karten und Päckchen, die mit dem Flugzeug geschickt werden: _____

9. Art und Weise, wie etwas geschickt oder gemacht werden: _____

10. Bekommt man vom Arzt, wenn man ein Medikament aus der Apotheke braucht: _____

11. Damit kann man sich in einem Restaurant informieren, was es zu essen und zu trinken gibt: _____

12. Braucht man zum Reinigen der Nase: _____

정답 1. Gebühr   2. Formular   3. Einschreiben   4. Empfänger
5. Antrag   6. Drucksache   7. Kleingeld   8. Luftpost
9. Methode   10. Rezept   11. Speisekarte   12. Taschentuch

제 2 장   어휘연습 II (명사) - 해설

보기 1

> *die Speisekarte* : 메뉴판. *das Kleingeld* : 잔돈. *die Luftpost* : 항공우편. *die Gebühr* : 요금. *das Einschreiben* : 등기. *das Rezept* : 처방, 요리법. *der Antrag* : 신청, 청구, 제안. *das Taschentuch* : 손수건. *das Formular* : 서식, 서류. *der Empfänger* : 수신자. *die Drucksache* : 인쇄물. *die Methode* : 방식.

****

1. <1> der Geldbetrag : 금액. <2> die Verwaltung : 행정. **해석** : 행정업무에 대해 지불해야 하는 금액.
2. <1> das Papier : 종이. <2> bestimmt : 특정한. <3> der Zweck : 목적, 목표, 의미. <4> ausfüllen : 서류를 채우다, 쓰다. **해석** : 특정한 목적을 위해 작성해야 하는 종이.
3. <1> die Post : 우편. <2> besonders : 특별히. <3> sichern : 안전하게 하다. **해석** : 특별하게 안전장치되어 있는 우편물.
4. <1> die Person : 사람. <2> das Paket : 소포. **해석** : 편지나 소포를 받아야 하는 사람.
5. <1> schriftlich : 문서로 하는 ↔ mündlich : 구두의. <2> der Wunsch : 바램. <3> die Behörde : 관청. <4> die Verwaltung : 행정. **해석** : 관청이나 행정부에 대해 문서로 하는 바램.
6. <1> die Aufschrift : 표제어, 레테르, 묘비. <2> schicken : 보내다. **해석** : 이 레테르를 붙이면 책을 우편으로 더 싸게 보낼 수 있다.
7. **해석** : 종이로 만들지 않은 돈.
8. <1> das Päckchen : 소포. <2> das Flugzeug : 비행기. <3> schicken : 보내다. **해석** : 비행기로 보내지는 편지, 엽서 그리고 소포.
9. die Art : 성격, 특성, 천성, 방법, 방식, 예절, 예의. die Weise : 방식, 방법, 형태. **해석** : 어떤 것이 보내지고 만들어지는 방식과 형태.
10. <1> bekommen : 받다. <2> das Medikament : 약. <3> die Apotheke : 약국. **해석** : 약국에서 약이 필요하면 의사에게 받는다.
11. <1> damit : 그것으로, 이것으로. <2> j-n informieren : 누구에게 정보를 주다, sich informieren : 정보를 수집하다, 받다. **해석** : 사람들은 그것으로 식당 안에 먹고 마실 것이 뭐가 있는지 알 수 있다.
12. <1> reinigen : 깨끗하게 하다, 소제하다, 청소하다. <2> die Nase : 코. **해석** : 코를 풀기 위해 필요하다.

보기 2

Waschlappen, Notruf, Kamm, Briefträger, Rückfahrkarte, Nadel, Anmeldung, Briefkasten, Notausgang, Himmel, Hammer, Rasierklinge

13. Benutzt man zusammen mit Seife unter der Dusche oder in der Badewanne: _____

14. Wird von Männern benutzt, die keinen Bart tragen wollen: _____

15. Damit näht man: _____

16. Damit kann man seine Haare in Ordnung bringen: _____

17. Erster Schritt, wenn man an einem Kurs teilnehmen möchte: _____

18. Der Mann, der die Post zu den Leuten bringt: _____

19. Telefonnummer, die man anrufen kann, wenn man dringend Hilfe braucht (z.B. bei Feuer): _____

20. Tür, die man bei Gefahr benutzt, um nach draußen zu kommen: _____

21. Hängt an Hauswänden, damit man Post hineinwerfen kann: _____

22. Werkzeug, mit dem man Nägel in die Wand schlägt: _____

23. Fahrschein für beide Richtungen: _____

24. Ist immer über uns: _____

정답 13. Waschlappen 14. Rasierklinge 15. Nadel 16. Kamm
17. Anmeldung 18. Briefträger 19. Notruf 20. Notausgang
21. Briefkasten 22. Hammer 23. Rückfahrkarte 24. Himmel

보기 2

der Waschlappen : 때밀이 수건, *der Lappen* : 헝겊조각. *der Notruf* : 긴급전화. *der Kamm* : 빗. *der Briefträger* : 우체부. *die Rückfahrkarte* : 왕복표. *die Nadel* : 바늘. *die Anmeldung* : 접수, 신고. *der Briefkasten* : 우편함. *der Notausgang* : 비상구. *der Himmel* : 하늘, 천국. *der Hammer* : 망치. *die Rasierklinge* : 안전면도날, *die Klinge* : 칼날, 면도날(참조 : *die Klingel* : 초인종).

****

13. <1> benutzen : 사용하다. <2> die Seife : 비누. <3> unter der Dusche : 샤워를 하면서. <4> die Badewanne : 욕조. **해석** : 샤워를 하거나 욕조에 있을 때 비누와 함께 사용하는 것.

14. <1> benutzen : 이용하다. <2> der Bart : 수염. **해석** : 수염을 기르고 싶지 않는 남자들이 사용하는 것.

15. die Nadel : 바늘. **해석** : 그것으로 바느질을 한다.

16. etwas(4) in Ordnung bringen : 무엇을 정돈하다, 청소하다. **해석** : 이것으로 사람들은 머리를 손질한다.

17. <1> der Schritt : 발걸음. <2> der Kurs : 코스, 과정. <3> an etwas(3) teilnehmen : 무엇에 참여하다. **해석** : 어떤 과정에 참가하기 위해 처음으로 하는 일.

18. **해석** : 우편물을 사람들에게 갖다주는 사람.

19. <1> j-n anrufen : 누구에게 전화하다. <2> dringend = brennend : 긴급한. <3> die Hilfe : 도움. **해석** : 도움이 긴급하게 필요하면 그곳으로 전화 하는 전화번호.

20. <1> die Gefahr : 위험, bei Gefahr : 위험할 때. <2> benutzen : 이용하다. <3> nach draußen : 밖으로. **해석** : 위험할 때 밖으로 나가기 위해 사용하는 문.

21. <1> hängen : 걸다, 걸려 있다. <2> die Hauswand : 집벽. <3> hineinwerfen : 안으로 던져 넣다. **해석** : 우편물을 던져 넣을 수 있도록 집벽에 걸려 있는 것.

22. <1> das Werkzeug : 연장. <2> der Nagel : 못, 손톱, 발톱. <3> schlagen : 때리다, 못 등을 박아 넣다. **해석** : 벽에 못을 박는 연장.

23. <1> der Fahrschein : 차표, 참고 : der Führerschein : 운전면허증. <2> die Richtung : 방향. **해석** : 양방향을 위한 차표.

24. **해석** : 항상 우리 위에 있는 것.

보기 3

Beginn, Ausstellung, Mißtrauen, Verhältnis, Vertreter, Pflichten, Bescheid, Gegenteil, Rechte, Bedingungen, Künstlerin

25. Die _____ hat ihre neuen Bilder in einer Privat _____ vorgestellt.

26. Zwischen den Lehrern und Schülern in unserer Schule gibt es kein _____. Im _____: Das _____ ist sehr gut.

27. Die Studenten wissen darüber _____, dass die Studien _____ in München vor allem beim _____ des Studiums nicht sehr gut sind. Trotzdem steigt die Zahl der Studienanfänger jedes Jahr.

28. Der Schulleiter hat uns über unsere _____ und _____ als Schüler _____ informiert.

정답 25. Künstlerin....ausstellung   26. Mißtrauen....Gegenteil....Verhältnis
27. Bescheid....bedingungen....Beginn   28. Rechte.....Pflichten....vertreter

보기 3

der Beginn : 시작. *die Ausstellung* : 전시회. *das Mißtrauen* : 불신, 회의. *das Verhältnis* : 관계, 사이. *der Vertreter* : 대표, 대리인, 지사장. *die Pflicht* : 의무. *der Bescheid* : 자세한 상황, 정보. *das Gegenteil* : 반대되는 것, 반대. *das Recht* : 권리. *die Bedingung* : 조건(참고 : die Bedienung : 서비스, 시중). *die Künstlerin* : 예술가.

****

25. <1> das Bild : 그림. <2> vorstellen : 소개하다, 상상하다. **해석** : 그 여미술가는 개인전시회에서 자신의 새로운 그림들을 소개했다.

26. 해석 : 우리 학교에서는 교사와 학생들간에 불신은 없다. 그 정반대다. 관계가 아주 좋다.

27. <1> über etwas(4) Bescheid wissen : 무엇에 대해 자세한 상황을 알다. <2> vor allem : 무엇보다도. <3> trotzdem : 그럼에도 불구하고. <4> das Studium : 공부. <5> die Zahl : 숫자. <6> der Studienanfänger : 대학 초년생. <7> steigen : 올라가다. **해석** : 학생들은 뮌헨의 *학업조건이* 무엇보다도 공부를 *시작할 때는* 그리 좋지 않다는 것을 *잘 알고 있다*. 그럼에도 불구하고 매년 *대학 초년생* 숫자가 증가하고 있다.

28. <1> der Schulleiter : 학교교장. <2> j-n über etwas(4) informieren : 누구에게 무엇에 대해 정보를 주다. **해석** : 교장선생님은 우리에게 *학생대표로서의 권리와 의무를* 알려 주었다.

보기 4

Stecker, Selbstbedienungsladen, Stoff, Zeitschrift, Werbung, Verbraucher, Tonband

29. Texte, Plakate, kurze Fernseh-und Radiosendungen, die dazu dienen, bestimmte Waren besser zu verkaufen: _____

30. Kann man kaufen, wo es auch Illustrierte und Zeitungen gibt: _____

31. Kommt in die Steckdose, wenn man ein elektrisches Gerät einschalten will: _____

32. Geschäft, in dem man sich die Waren selbst aus den Regalen nimmt: _____

33. Fachwort aus der Wirtschaft für "Käufer von Waren". Das Wort "Kunde" bedeutet ungefähr das gleiche: _____

34. Darauf kann man Musik festhalten und dann immer wieder anhören: _____

35. Material, aus dem Kleidungsstücke genäht werden: _____

정답 29. Werbung 30. Zeitschrift 31. Stecker 32. Selbstbedienungsladen
33. Verbraucher 34. Tonband 35. Stoff

제2장 어휘연습 II (명사) - 해설   99

보기 4

der Stecker : 플러그. *der Selbstbedienungsladen* : 셀프서비스 하는 가게. *der Stoff* : 천, 옷감, 물질, 재료. *die Zeitschrift* : 잡지. *die Werbung* : 선전. *der Verbraucher* : 소비자. *das Tonband* : 녹음 테이프, 녹음기.

****

29. <1> das Plakat : 플래카드, 벽보, 선전물. <2> zu etwas(3) dienen : 무엇을 하는데 사용하다, 쓰이다. <3> die Ware : 물품, 상품. **해석** : 특정한 상품들을 더 잘 팔기 위해서 사용하는 텍스트, 플래카드, 텔레비전과 라디오의 짧은 방송들 : 광고.

30. <1> die Illustrierte : 화보, 그림잡지. <2> die Zeitung : 신문. **해석** : 그림잡지와 신문이 있는 곳에서 살 수 있다 : 잡지.

31. <1> die Steckdose : 콘센트. <2> das Gerät : 기계. <3> einschalten : 작동하다 ↔ abschalten : 끄다, 끼워 넣다. **해석** : 전기제품을 작동시키려고 할때 콘센트에 들어가는 것 : 플러그.

32. <1> das Geschäft : 가게, 장사. <2> die Ware : 물건. <3> das Regal : 시렁, 책장, 상품 진열대. **해석** : 스스로 진열대에서 물건들을 꺼내서 사는 가게 : 셀프서비스 가게.

33. <1> das Fachwort : 전문용어. <2> die Wirtschaft : 경제. <3> der Käufer von Waren : 물건을 구입하는 사람. <4> der Kunde : 고객, die Kunde : 알림, 고지. <5> bedeuten : 의미하다. <6> ungefähr : 약, 대략. **해석** : "물품을 구매하는 사람"을 뜻하는 경제 전문용어. "*Kunde*"라는 단어가 대충 그와 같은 의미를 갖고 있다 : 소비자.

34. <1> festhalten : 붙들어 매다(여기서는 녹음하다). <2> anhören : 듣다. **해석** : 거기에 음악을 녹음하면 언제나 다시 들을 수 있다 : 녹음기.

35. <1> das Material : 재료. <2> das Kleidungsstück : 의류. <3> nähen : 바느질하다. **해석** : 그것을 꿰매서 옷을 만드는 재료 : 천.

보기 5

Schild, Marke, Kasse, Parkplatz, Nadel, Garderobe,

36. Gibt es z. B. für Namen an Wohnungstüren, für Warenpreise und für Hinweise im Straßenverkehr: _____

37. Ort, an dem man sein Auto abstellen kann: _____

38. Braucht man zum Nähen und (in etwas anderer Form) als Teil eines Plattenspielers: _____

39. Der Name, den ein Hersteller seinen Waren gibt: _____

40. Dort bezahlt man die Waren, die man haben möchte: _____

41. Dort kann man Jacken und Mäntel aufhängen: _____

정답) 36. Schild 37. Parkplatz 38. Nadel 39. Marke 40. Kasse
41. Garderobe

보기 5

das Schild : 표지판, 문패, 명찰, 가격표. *der Schild* : 방패. *die Marke* : 상표. *die Kasse* : 창구. *der Parkplatz* : 주차장. *die Nadel* : 바늘, 침. *die Garderobe* : 옷장.

****

36. <1> der Warenpreis : 물건값. <2> der Hinweis : 안내, 지시, 참조.
    해석: 예를 들면 집주인의 이름이나 물건값 그리고 거리교통 안내를 위해 있는 것 : 가격표, 표지판.

37. abstellen : 내려놓다, 세워놓다. **해석**: 자신의 자동차를 세워 놓을 수 있는 장소 : 주차장.

38. <1> brauchen : 필요하다. <2> nähen : 꿰매다. <3> etwas : 약간. <4> die Form : 형태, 모양. <5> der Teil : 부분. <6> der Plattenspieler : 전축의 턴테이블. **해석**: 바느질을 하거나 (약간 다른 형태로) 턴테이블의 일부분으로서 필요하다.

39. der Hersteller : 생산자. **해석**: 생산자가 자신의 물품에 붙이는 이름 : 상표.

40. bezahlen : 값을 지불하다. **해석**: 사려고 하는 물건 값을 지불하는 곳 : 창구.

41. aufhängen : 걸어두다. **해석**: 재킷과 외투를 걸어둘 수 있는 곳 : 옷장.

> **보기 6**
>
> Verlust, Polizei, Not, Fall, Regel, Knöpfe, Beschreibung, Unterschrift, Schere, Vertreter,

42. Bevor ich die _____ verstanden habe, kann ich das Gerät nicht bedienen.

43. Das Formular ist richtig ausgefüllt, aber hier fehlt noch Ihre _____.

44. Diesen Vertrag werde ich auf keinen _____ unterschreiben!

45. An meiner Wolljacke fehlen zwei _____.

46. Hast du eine _____, damit ich mir den Bart schneiden kann?

47. Wenn man in _____ ist, ist selten ein Polizist in der Nähe.

48. Wenn er den _____ der Tasche sofort gemerkt hätte, hätte er sie wiederbekommen.

49. Bei ganz kleinen Unfällen muss man nicht die _____ rufen.

50. Heute war ein _____ da, der mir unbedingt eine Versicherung verkaufen wollte.

51. In der _____ gehe ich früh schlafen, aber manchmal wird es auch später.

정답) 42. Beschreibung 43. Unterschrift 44. Fall 45. Knöpfe
46. Schere 47. Not 48. Verlust 49. Polizei 50. Vertreter
51. Regel

보기 6

der Verlust : 손실, 손해. *die Polizei* : 경찰. *die Not* : 궁지, 위기, 궁핍, 비참. *der Fall* : 경우, 사건, 추락. *die Regel* : 규칙, 규율, 규범. *der Knopf* : 단추, 스위치. *die Beschreibung* : 기술, 묘사, 설명서. *die Unterschrift* : 서명. *die Schere* : 가위. *der Vertreter* : 대표, 대리자, 지사장, 위탁상인(보험회사 직원등).

****

42. <1> verstehen : 이해하다. <2> etwas(4) bedienen : 기계를 작동하다, j-n bedienen : 누구에게 시중들다. <3> das Gerät : 기계, 도구, 기구. **해석**: 내가 그 *설명서*를 이해하기 전에는 나는 그 기계를 작동할 수 없다.

43. <1> das Formular : 서류. <2> ausfüllen : 서류를 채우다, ausgefüllt : 채워진. <2> fehlen : 부족하다, 빠져 있다. **해석**: 이 서류는 제대로 작성되었습니다. 그러나 여기에 당신의 *서명*이 빠져 있습니다.

44. <1> der Vertrag : 계약. <2> auf keinen Fall : 어떤 경우에도 무엇을 하지 않다. <3> unterschreiben : 서명하다. **해석**: 이 계약서에 나는 *어떤 경우에도* 서명하지 않을 것이다.

45. <1> die Wolljacke : 모직 재킷. <2> fehlen : 빠지다, 없다, 부족하다.
    해석: 내 모직재킷에 단추 두개가 없다.

46. <1> der Bart : 수염. <2> schneiden : 자르다. **해석**: 내가 수염을 깎게 너 혹시 *가위* 있니?

47. <1> in Not sein : 궁핍하다, 필요하다. <2> in der Nähe : 가까운 곳에.
    해석: 경찰은 *필요하면* 가까이 있는 경우가 드물다.

48. merken : 알아차리다. **해석**: 그가 지갑이 *분실된* 것을 곧바로 알아차렸더라면 그것을 다시 찾았을 것이다.

49. ganz : 아주. **해석**: 아주 작은 사고에서는 *경찰*을 부를 필요가 없다.

50. <1> unbedingt : 무조건. <2> die Versicherung : 보험, 보험회사. **해석**: 오늘 *보험회사 직원*이 와서 나에게 무조건 보험상품을 팔려고 했다.

51. <1> in der Regel : 일반적으로(= gewöhnlich). <2> manchmal : 가끔.
    해석: *일반적으로* 나는 일찍 잠자리에 든다. 그러나 가끔 늦어 지기도 한다.

보기 7

Scheck, Vertrauen, Bargeld, Summe, Scheckkarte, Eindruck, Pillen, Zinsen, Überweisung, Schulden

52. Meinem Kollegen erzähle ich keine persönlichen Dinge; ich habe kein _____ zu ihm.

53. Ich brauche einen Kredit; welche _____ genau, weiß ich allerdings noch nicht.

54. Ein Scheck ist nur zusammen mit einer _____ gültig.

55. Hier können Sie nur mit _____ bezahlen; Schecks nehmen wir nicht.

56. Mein Freund hat zwei Nebenjobs, damit er seine _____ bezahlen kann.

57. Wieviel _____ bezahlst du jeden Monat für den Bankkredit?

58. Mit einem _____ oder einer _____ kann man bargeldlos bezahlen.

59. _____ und andere Medikamente kann man in der Bundesrepublik nicht in Supermärkten kaufen, sondern nur in Apotheken.

60. In den Supermärkten soll man durch große Preisschilder den _____ bekommen, dass alles billig ist.

정답 52. Vertrauen 53. Summe 54. Scheckkarte 55. Bargeld
56. Schulden 57. Zinsen 58. Scheck....Überweisung 59. Pillen
60. Eindruck

보기 7

der Scheck : 수표. *das Vertrauen* : 믿음, 신용. *das Bargeld* : 현금. *die Summe* : 합, 합계, 일정한 금액. *die Scheckkarte* : 수표보증카드. *der Eindruck* : 인상. *die Pille* : 경구용 환약, 알약, 정제. *der Zins* : 이자. *die Überweisung* : 송금. *die Schuld* : 과오, 책임, *die Schulden* : 부채, 빚.

****

52. <1> der Kollege : 동료. <2> erzählen : 이야기하다. <3> persönlich : 개인적인. <4> *zu etwas(3) Vertrauen haben* : 누구를 믿다. **해석** : 내 동료에게 나는 개인적인 일을 전혀 말하지 않는다. 나는 그를 믿지 않는다.

53. <1> der Kredit : 신용, 대출. <2> allerdings : 물론. **해석** : 나는 대출이 필요하다. 금액이 정확히 얼마나 필요한지 나는 물론 아직 모르겠다.

54. <1> zusammen mit etwas(3) : 무엇과 함께. <2> gültig : 유효한. **해석** : 수표는 수표보증카드와 함께 있어야만 유효하다.

55. **해석** : 여기서는 현금으로만 지불할 수 있습니다. 우리는 수표를 받지 않습니다.

56. <1> der Job : 일자리, der Nebenjob : 부업. <2> bezahlen : 지불하다. **해석** : 내 친구는 빚을 갚기 위해 두개의 부업을 갖고 있다.

57. der Bankkredit : 은행대출금. **해석** : 너는 매달 은행대출금에 대한 *이자*를 얼마나 내고 있니?

58. **해석** : 수표나 송금으로 우리는 현금없이 지불할 수 있다.

59. <1> das Medikament : 약. <2> die Apotheke : 약방, 약국. **해석** : 알약이나 다른 약들을 독일에서는 수퍼마켙이 아니라 약국에서만 살 수 있다.

60. <1> das Preisschild : 가격표. <2> sollen은 소문을 나타낸다. **해석** : 수퍼마켙에서 사람들은 커다란 가격표를 보면 모든 물건이 싸다는 인상을 받는다고 한다.

보기 8

Hilfe, Halt, Vorsicht, Achtung, Los, Ruhe, Feuer

61. _____! Diese Lampe war sehr teuer. Stell sie nicht auf den Boden, sonst geht sie vielleicht kaputt.

62. _____, was machen Sie denn da? Lassen Sie meine Freundin in Ruhe!

63. _____! Es brennt! Schnell zu den Notausgängen!

64. _____! Da ist ein Kind ins Wasser gefallen.

65. _____, beeilt euch! Der Zug fährt in fünf Minuten.

66. _____ bitte! Sie stören die anderen Besucher der Bibliothek! Wenn Sie sich unterhalten wollen, gehen Sie bitte in die Cafeteria.

67. _____! Meine Handtasche ist weg!

68. _____! Trinken Sie das Wasser nicht! Das ist kein Trinkwasser.

69. _____ liebe Kunden! Beachten Sie unsere Sonderangebote! Bananen heute besonders billig!

70. _____! Der Hund ist gefährlich!

71. _____, ich will schlafen! Macht doch die Musik leiser!

72. _____, der Zug nach Madrid hat 40 Minuten Verspätung!

정답 61. Vorsicht(Halt) 62. Halt 63. Feuer(Hilfe) 64. Hilfe
65. Los 66. Ruhe 67. Hilfe 68. Halt(Vorsicht) 69. Achtung
70. Vorsicht(Achtung) 71. Ruhe 72. Achtung

보기 8

die Hilfe : 도움, *Hilfe!* : 도와 주세요. *Halt!* : 정지!, 가만!, 잠깐만! *die Vorsicht* : 조심, *Vorsicht!* : 위험하니 조심! *die Achtung* : 주의, 조심, *Achtung!* : 경고!, 주의!, 주의해서 들어라! *Los!* : 가자!, 출발!, 서둘러라!. *die Ruhe* : 안정, 고요, *Ruhe!* : 조용히! *das Feuer* : 불. *Feuer!* : 불이야!

****

61. <1> die Lampe : 전등. <2> der Boden : 바닥. <3> sonst : 그렇지 않으면. <4> kaputtgehen : 고장나다, 잘못되다. **해석:** *조심해라!(잠깐만!)* 이 전등은 아주 비쌌다. 그것을 바닥에다 놓지 마라. 그렇지 않으면 깨질 것이다.

62. j-n in Ruhe lassen : 누구를 내버려 두다. **해석:** *잠깐만요*, 당신 거기서 뭐하는 겁니까? 제발 내 여자친구를 내버려 두시오!

63. **해석:** *불이야!(도와 주세요!)* 불타고 있습니다! 빨리 비상구로 가십시오!

64. **해석:** 도와 주세요! 저기 아이 하나가 물에 빠졌습니다!

65. <1> sich beeilen : 서두르다. <2> in fünf Minuten : 앞으로 5분 후에.
해석: *출발하자, 서둘러라!* 5분 후에 기차가 떠난다.

66. <1> stören : 누구를 방해하다. <2> sich unterhalten : 환담하다. <3> die Cafeteria : 카페테리아. **해석:** *조용히 해주세요!* 당신은 도서관에 온 다른 사람들을 방해하고 있습니다. 당신이 이야기를 나누고 싶으면 카페테리아로 가십시오!

67. wegsein : 집 등이 나가다, 없어지다. **해석:** *도와 주세요!* 내 지갑이 없어졌습니다!

68. das Trinkwasser : 식수. **해석:** *잠깐요!(조심하십시오!)* 그 물을 마시지 마십시오! 그것은 식수가 아닙니다.

69. <1> der Kunde : 고객, die Kunde : 고지, 통지, 알림. <2> etwas(4) beachten : 무엇에 주의하다. <3> das Sonderangebot : 특별공급, 특별세일. **해석:** 고객 여러분 *주목해 주십시오!* 우리들의 특별세일에 주목해 주십시오! 바나나가 오늘 특히 쌉니다!

70. **해석:** *조심하세요!* 그 개는 위험합니다!

71. leise : 소리가 작은 ↔ laut : 소리가 큰. **해석:** *조용히 해라*, 나는 자고 싶다! 음악 소리를 작게 해 줘!

72. die Verspätung : 연착, 지각, 늦음. **해석:** *주의해서 들으십시오!* 마드리드행 기차가 40분간 연착입니다!

보기 9

Aufmerksamkeit, Öffentlichkeit, Wirkung, Ausdruck, Vorsicht, Werbung, Lüge, Wahrheit, Wahl

73. Das Thema Frieden ist nicht nur in den Kirchen, sondern in der ganzen _____ aktuell.

74. Die Kirchen kümmern sich auch um solche soziale Gruppen, die in der Öffentlichkeit meistens wenig _____ finden.

75. Die Diskussionen auf den Kirchentagen bringen zum _____, dass auch die Kirchen politisch aktiv sind.

76. Auf dem Weihnachtspaket stand „_____ Glas! Nicht werfen!"

77. Vor einer _____ hört man von den Politikern viele _____. Die _____ erfährt man meistens erst später.

78. Die Kritik in der Öffentlichkeit hatte wenig _____. Auch dieses Jahr machen viele Geschäfte schon zwei Monate vor dem Weihnachtsfest _____ für Weihnachtsgeschenke.

정답 73. Öffentlichkeit   74. Aufmerksamkeit   75. Ausdruck
76. Vorsicht   77. Wahl, Lügen, Wahrheit   78. Wirkung, Werbung

보기 9

> *die Aufmerksamkeit* : 주의, 관심, 집중. *die Öffentlichkeit* : 공공성, 여론, 사회. *die Wirkung* : 영향, 결과, 효과. *der Ausdruck* : 표현, *etwas(4) zum Ausdruck bringen* : 무엇을 표현하다. *die Vorsicht* : 조심, 주의. *die Werbung* : 선전. *die Lüge* : 거짓말. *die Wahrheit* : 진실. *die Wahl* : 선거.

****

73. <1> der Frieden : 평화. <2> aktuell : 현실감이 있는. **해석**: 평화라는 주제는 교회에서뿐 아니라 전 *사회에서* 시대에 걸맞는 말이다.

74. <1> sich um etwas(4) kümmern : 무엇을 걱정하다, 괴로워 하다. <2> meistens : 대부분. **해석**: 교회는 사회에서 대개 거의 *관심을* 끌지 못하는 사회계층을 위해 애쓴다.

75. <1> der Kirchentag : 교회 헌당일. <2> aktiv : 적극적인 ↔ passiv : 소극적인. **해석**: 교회 헌당일의 토론에서 교회도 정치적으로 적극적이어야 한다고 말한다.

76. <1> das Paket : 소포, 꾸러미. <2> stehen : 쓰여있다. <3> werfen : 던지다. **해석**: 크리스마스 선물소포에는 "*유리 조심! 던지지 마시오!*"라고 쓰여 있었다.

77. erfahren : 알다, 경험하다. **해석**: *선거* 전에 사람들은 정치가들로부터 많은 *거짓말을* 듣는다. 그러나 사람들은 그 *진실을* 대부분 나중에야 비로소 알게 된다.

78. <1> das Geschäft : 상점, 장사. <2> das Fest : 축제. <3> das Geschenk : 선물. **해석**: *여론에서의* 비판은 아무 *효과가* 없었다. 올해도 많은 상점들이 크리스마스 축제 두달 전에 이미 크리스마스 선물을 사라고 *선전* 하고 있다.

보기 10

Forschung, Einzelheit, Erfindung, Augenblick, Charakter, Erklärung(1, 2), Gegenwart, Führung

79. Ein kurzer Moment oder der Moment, den man gerade erlebt, ist ein/der _____.

80. Die persönliche Art eines Menschen, die Summe seiner Eigenschaften, ist sein _____.

81. Das Gegenteil von Gesamtheit: _____

82. Für die Entwicklung der Technik war das Rad die erste große _____ des Menschen.

83. Wenn man etwas nicht versteht, braucht man eine _____.

84. Ein Text, der geschrieben wurde, um eine bestimmte Meinung, eine Absicht oder einen bestimmten Standpunkt klarzumachen, ist eine _____.

85. Ein wichtiger Teil der wissenschaftlichen Arbeit: _____

86. Daran kann (oder muss) man teilnehmen, wenn man ein Museum oder eine Sehenswürdigkeit besucht: _____

87. Die Zeit zwischen Vergangenheit und Zukunft (also die Zeit, in der wir gerade leben) ist die _____.

정답) 79. Augenblick   80. Charakter   81. Einzelheit   82. Erfindung
83. Erklärung   84. Erklärung   85. Forschung   86. Führung
87. Gegenwart

보기 10

die Forschung : 연구, 탐구. *die Einzelheit* : 개별적 사항, 세목, 세밀함, 자세함. *die Erfindung* : 발명 ↔ *die Entdeckung* : 발견. *der Augenblick* : 순간. *der Charakter* : 성격, 특성. *die Erklärung* : 설명(서), 보고(서), 선언(문), 해명(서). *die Gegenwart* : 현재. *die Führung* : 여행안내, 지도부.

****

79. <1> der Moment : 순간, das Moment : 동기, 계기. <2> erleben : 체험하다. **해석** : 짧은 순간 혹은 우리들이 *바로 체험하는* 순간은 Augenblick이다.

80. <1> persönlich : 개인적인. <2> die Art : 방식, 양식, 스타일, 예절. <3> die Summe : 금액, 총액. <4> die Eigenschaft : 특성. **해석** : 한 인간의 개인적인 스타일, 그 사람의 특성 전부가 그 사람의 성격이다.

81. <1> das Gegenteil : 반대, 대립. <2> die Gesamtheit : 전체, 총계. **해석** : *전체의 반대*는 개별이다.

82. <1> die Entwicklung : 발전. <2> das Rad : 바퀴. **해석** : 기술의 발전에서 바퀴는 인류 최초의 위대한 *발명*이었다.

83. **해석** : 사람들이 어떤 것을 이해하지 못하면 *설명*이 필요하다.

84. <1> der Text : 텍스트. <2> bestimmt : 특정한, 분명한. <3> die Meinung : 의견. <4> die Absicht : 의도. <5> der Standpunkt : 입장. <6> klarmachen : 설명하다, 분명하게 하다. **해석** : 특정한 의견이나 의도, 특정한 관점을 설명하기 위해 쓰여진 텍스트는 *설명서*다.

85. <1> der Teil : 부분. <2> wissenschaftlich : 학문적인. **해석** : *학문적인 일에서 중요한 부분* : 연구.

86. <1> an etwas(3) teilnehmen : 무엇에 참여하다. <2> das Museum : 박물관. <3> die Sehenswürdigkeiten : 볼만한 것들, 명승고적. **해석** : 사람들이 박물관이나 명승고적을 방문할 때면 참가할 수 있거나 참가해야 한다. : 여행안내.

87. <1> die Vergangenheit : 과거, vergehen : 시간이 흘러가다. <2> die Zukunft : 미래. <3> also : 그러니까. <4> gerade : 지금. **해석** : *과거와 미래 사이의 시간 (그러니까 우리가 지금 살고 있는 시간)* : 현재.

보기 11

> Urteil, Stück, Versuch, Publikum, Patient, Zufall, Unterhaltung, Klinik, Stimme

88. Ein anderes Wort für Krankenhaus: _____

89. Kranker, der in einem Krankenhaus oder in einer Arztpraxis behandelt wird: _____

90. Die Zuschauer (z.B. im Theater, Kino oder Zirkus) nennt man das _____.

91. Wer gut singen kann, der hat eine schöne _____.

92. Wird von einem Schriftsteller geschrieben und dann im Theater gezeigt: _____

93. Ein anderes Wort für Gespräch: _____

94. Wenn jemand ins Theater, in die Oper oder ins Ballet geht, wünscht man ihm, Gute _____!

95. Wenn jemand sagt, dass er etwas gut oder schlecht findet, dann gibt er ein _____ ab.

96. Verfahren in der Naturwissenschaft, um Theorie zu prüfen: _____

97. Im Leben kann man vieles planen, aber nicht alles; auch der _____ spielt eine große Rolle.

정답) 88. Klinik 89. Patient 90. Publikum 91. Stimme 92. Stück
93. Unterhaltung 94. Unterhaltung 95. Urteil 96. Versuch
97. Zufall

보기 11

das Urteil : 판결. das Stück : 조각, 연극작품, 한 구간(거리). der Versuch : 시도, 실험. das Publikum : 관객(= der Zuschauer). der Patient : 환자. der Zufall : 우연. die Unterhaltung : 환담, 재미있는 이야기, 오락. die Klinik = das Krankenhaus : 병원. die Stimme : 목소리, 투표.

****

88. <1> das Wort : 말, 단어. <2> das Krankenhaus : (종합)병원. **해석**: 병원에 대한 다른 말 : die Klinik.

89. <1> die Arztpraxis : 개업의의 병원. <2> behandeln : 치료하다, 다루다, 취급하다. **해석**: 종합병원이나 개인병원에서 치료받는 환자 : der Patient.

90. <1> der Zuschauer : 청중, 참고 : der Zuhörer : 청중. <2> der Zirkus : 서커스. <3> j-n etwas(4) nennen : 누구를 무엇이라고 칭하다. **해석**: 관객을(예를 들면 연극관이나, 극장 혹은 서커스의) 우리들은 Publikum이라고 부른다.

91. singen : 노래 부르다. **해석**: 노래를 잘 부르는 사람은 아름다운 목소리를 가졌다.

92. <1> der Schriftsteller : 문필가, 작가. <2> j-m etwas(4) zeigen : 누구에게 무엇을 보이다, 가리키다. **해석**: 작가에 의해서 쓰여져서 연극관에서 공연되는 것 : 연극작품.

93. das Gespräch : 대화. **해석**: 대화에 대한 다른 말 : die Unterhaltung.

94. <1> die Oper : 오페라. <2> das Ballet : 발레. **해석**: 누군가가 연극관이나, 오페라 혹은 발레를 보러 가면 우리들은 그에게 *"재미 있게 봐!"*라고 말한다.

95. finden etwas(4) gut : 무엇이 좋다고 생각하다. <2> ein Urteil abgeben : 무엇을 판결하다, 판단하다. **해석**: 누군가가 뭐가 좋다, 혹은 나쁘다고 말한다면 그는 **판단을 내리는** 것이다.

96. <1> das Verfahren : 처리, 방법, 방식, 취급. <2> die Naturwissenschaft : 자연과학. <3> prüfen : 시험하다. **해석**: *이론을 시험하기 위해 자연과학에서 하는 방식* : 실험.

97. <1> planen : 계획하다. <2> eine Rolle spielen : 역할을 하다, 중요하다. **해석**: 사람들은 인생에서 많은 것을 계획할 수 있지만 모든 것을 그럴 수 있는 것은 아니다; 우연도 큰 역할을 한다.

보기 12

der Gegenstand, das Zeug, die Dinge, die Sachen, die Sache, das Ding, die Gegenstände

98. Diese Medizin nehme ich nicht mehr; ich bekomme Kopfschmerzen von _____.

99. In der Ausstellung werden _____ gezeigt, die früher als Kochgeschirr dienten.

100. Ich mag nur klassische Musik. _____ modern_____ macht einem doch Ohrenschmerzen.

101. Ich habe gesehen, wie der Kollege geheime Papiere kopiert hat. _____ gefällt mir nicht.

102. Politikern höre ich nicht mehr zu; die reden doch nur dumm _____.

103. Ein Ballettabend; das ist für mich _____ schönst _____ der Welt!

104. Die Ausstellung über moderne Technik war wirklich ausgezeichnet. Vorher habe ich mich für solch _____ nie interessiert.

105. Von Theater, Kunst und Literatur verstehe ich nicht viel; über solch _____ wurde bei uns zu Hause nie gesprochen.

106. Warum hat der Dr. Faust das Gretchen so schlecht behandelt, obwohl er sie doch gern hatte? _____ verstehe ich einfach nicht.

107. Politik gehört nicht ins Theater, finde ich. Wie denken Sie über dies _____?

정답 98. dem Zeug   99. Gegenstände(Sachen, Dinge)
100. Das moderne Zeug   101. Die Sache   102. dummes Zeug
103. die schönste Sache   104. solche Dinge(solche Sachen)
105. solche Dinge(solche Sachen)   106. Die Sache
107. diese Dinge(diese Sache)

보기 12

der Gegenstand : 물건, 사물(= *das Ding, die Sache*). *das Zeug* : 하찮은 것, 쓸모없는 물건, 쓸데 없는 일(부정적인 의미에서의 '어떤 것'). *das Ding* : 물건, 사물(지칭하기 어렵거나 명칭을 모르는 사물을 가리키며 *die Sache*로 바꾸어 쓸 수 있다 : 이럴 때는 '이런 것들'이나 '저런 것들'로 해석한다), 일, 용무. *die Sache* : 물건, 일(= *die Angelegenheit, Das ist meine Sache!* : 그건 내 일이다!), 사건, 행동.

****

98. <1> die Medizin : 의학, 약. <2> nehmen : 약을 먹다. <3> der Schmerz : 고통. **해석** : 이 약을 더 이상 먹지 않을 것이다 ; 나는 그것을 먹으면 두통이 난다.
99. <1> die Ausstellung : 전시회 <2> zeigen : 보이다. <3> das Kochgeschirr : 조리기구, das Geschirr : 그릇, 식기. <4> dienen : 봉사하다, 사용되다, 이용하다. **해석** : 전시회에서 옛날에 취사용도구로 이용되었던 물건들이 전시되었다.
100. <1> etwas(4) mögen : 무엇을 좋아하다. <2> der Ohrenschmerz : 耳痛(이통). **해석** : 나는 단지 고전음악만을 좋아한다. 현대적인 *것들은* 귀만 아프다.
101. <1> wie : 여러가지의 의미 중 여기서는 dass의 의미를 지니고 있다. <2> geheim : 비밀의. <3> die Papiere : 서류. <4> kopieren : 복사하다. <5> j-m gefallen : 누구의 마음에 들다. **해석** : 나는 동료가 비밀서류를 복사하는 것을 보았다. 그런 *행동은* 내 맘에 들지 않는다.
102. <1> j-m zuhören : 누구에게 경청하다. <2> dumm : 어리석은. **해석** : 나는 정치가들에게 귀를 귀울이지 않는다. 그들은 항상 *어리석은 것만* 말한다.
103. das Ballett : 발레. **해석** : 저녁에 열리는 발레공연 ; 그것은 나에게 가장 멋진 일이다!
104. <1> die Ausstellung : 전시회. <2> ausgezeichnet : 훌륭한, 멋진. <3> vorher : 전에. <4> sich für etwas(4) interessieren : 무엇에 흥미를 느끼다.
    해석 : 현대기술에 대한 전시회가 정말 굉장했다. 전에 나는 *그러한 것들에* 전혀 흥미를 느끼지 못했다 (정확한 물건이 아니라 막연하고 추상적인 것들을 지칭할 때 das Ding과 die Sache의 복수형을 사용한다).
105. <1> von etwas(3) viel(= etwas) verstehen : 무엇을 잘 알다. <2> über etwas(4) sprechen : 무엇에 대해 말하다. **해석** : 연극, 미술 그리고 문학에 대해서 나는 많이 알지 못한다. 그런 *것들에* 대해 우리 집에서는 전혀 말하지 않았다.
106. <1> behandeln : 다루다, 치료하다. <2> j-n gernhaben : 누구를 좋아하다. <3> einfach nicht : 정말 무엇을 하지 못하겠다. **해석** : 파우스트 박사는 좋아하면서도 왜 그렇게 그레트헨에게 잘못 대했을까? 나는 *그런 행동*을 정말 이해 하지 못하겠다.
107. <1> in etwas(4) gehören : 어떤 장소에 맞다, Das Fahrrad gehört nicht in die Wohnung : 자전거는 방 안에 들여올 것이 아니다. <2> Wie(= Was) denken Sie über etwas(4) : 무엇에 대해 어떻게 생각하십니까? **해석** : 정치는 연극에 올려서는 안된다고 생각합니다. 당신은 *이런 것들에* 대해 어떻게 생각하십니까?

보기 13

Start, Mittel, Abschnitt, Sturm, Moped, Fernsehapparat, Wahl, Opposition, Grund und Boden, Illustrierte, Reform, Kleiderbügel, Regenmantel, Grund

108. ein Teil eines Textes: _____
109. das Gerät, in dem man sich zu Hause Filme ansehen kann: _____
110. das Land, das einer Person gehört: _____
111. es wird gedruckt und erscheint regelmäßig: _____
112. der Gegenstand, auf den man z.B. einen Mantel oder eine Jacke hängen kann: _____
113. das Werkzeug oder das Verfahren, mit dem man bestimmte Ziele erreichen kann: _____
114. es hat zwei Räder und einen Motor: _____
115. die Parteien in einem Parlament, die gegen die Regierung sind: _____
116. eine Verbesserung von Gesetzen, Regeln oder Institutionen: _____
117. ein Kleidungsstück für feuchtes Wetter: _____
118. der Anfang einer Entwicklung oder der Beginn eines Wettkampfs im Sport: _____
119. ein sehr starker Wind: _____
120. eine sehr wichtige Entscheidung in einer Demokratie: _____
121. die Ursache für etwas: _____

정답 108. der Abschnitt   109. der Fernsehapparat
110. der Grund und Boden   111. die Illustrierte
112. der Kleiderbügel   113. das Mittel   114. das Moped
115. die Opposition   116. die Reform   117. der Regenmantel
118. der Start   119. der Sturm   120. die Wahl   121. der Grund

> **보기 13**
>
> *der Start* : 출발. *das Mittel* : 수단, 약, 방법. *der Abschnitt* : 장, 절, 과. *der Sturm* : 폭풍우. *das Moped* : 오토바이. *der Fernsehapparat* : TV. *die Wahl* : 선택, 선거. *die Opposition* : 반대, 야당. *der Grund* : 이유. *der Boden* : 바닥, 땅. *Grund und Boden* : 토지, 부동산. *die Illustrierte* : 그림잡지. *die Reform* : 개혁. *der Kleiderbügel* : 옷걸이. *der Regenmantel* : 雨衣(우의).

108. **해석**: 텍스트의 한 부분: 장.
109. <1> das Gerät : 기계, 장치. <2> sich etwas(4) ansehen : 무엇을 보다, 무엇을 구경하다. **해석**: 사람들이 집에서 영화를 볼 수 있는 기계.
110. **해석**: 한 개인 소유의 토지.
111. <1> drucken : 인쇄하다. <2> erscheinen : 출간되다, 나타나다, 무엇처럼 보이다. <3> regelmäßig : 규칙적으로. **해석**: 인쇄되어서 규칙적으로 발행되는 것.
112. der Gegenstand : 대상, 물건. **해석**: 예를 들면 외투나 재킷을 걸어둘 수 있는 것.
113. <1> das Werkzeug : 연장. <2> das Verfahren : 절차, 방식. <3> erreichen : 도달하다, 이루어 내다. **해석**: 사람들이 그것으로 어떤 특정한 목표를 이룰 수 있는 도구나 절차.
114. <1> das Rad : 바퀴. <2> der Motor : 엔진. **해석**: 두개의 바퀴와 하나의 엔진을 갖고 있다.
115. **해석**: 정부에 반대하는 의회 내의 정당들.
116. <1> die Verbesserung : 개선. <2> die Regel : 규칙. <3> das Institution : 기관. **해석**: 법률, 규칙 그리고 연구소들을 개선하는 것.
117. <1> das Kleidungsstück : 의류, 옷. <2> feucht : 습기 있는. **해석**: 비올 때 입는 옷.
118. <1> die Entwicklung : 발전. <2> der Wettkampf : 경기. **해석**: 발전의 시작이나 스포츠에서 경주의 시작.
119. <1> stark : 강한, 심한. <2> der Wind : 바람. **해석**: 아주 강한 바람.
120. die Entscheidung : 결정. **해석**: 민주주의에서 아주 중요한 결정.
121. die Ursache : 원인. **해석**: 어떤 것에 대한 원인.

보기 14

Sitzung, Hinfahrt, Kasten, Rückfahrt, Instrument, Gang, Ampel, Reaktion, Kabine, Urteil, Erinnerung, Mühe

122. Ist ein Mittel zur Regelung des Straßenverkehrs und zeigt die Farben rot, gelb und grün: _____

123. Was man früher einmal erlebt hat und immer noch weiß, nennt man die _____.

124. In großen Häusern heißt so der Raum vor den Wohnungs- oder Zimmertüren: _____

125. So nennt man einen Gegenstand, mit dem man Musik machen kann: _____

126. Ein anderes Wort für das Häuschen, in dem sich öffentliche Telefone befinden: _____

127. Eckiger Gegenstand, der unterschiedlich groß und aus unterschiedlichem Material sein kann. Er dient z.B. zum Sammeln oder Tragen von Dingen; speziell gibt es ihn für Briefe und Getränkeflaschen: _____

128. Was man nicht gern tut und was Zeit und Kraft kostet, das macht _____

129. Wenn man ein Auto, Fahrrad, Bus oder Bahn benutzt, heißen die Wege zum Zielort und wieder nach Hause _____ und _____.

130. Zeigen Mensch oder Tier als Antwort auf ein bestimmtes Ereignis (Gefahr, Überraschung): _____

131. Wenn sich z.B. Betriebsräte oder Mitglieder eines Vereins treffen, um miteinander über bestimmte Fragen zu sprechen, nennt man das eine _____.

132. Am Ende eines Strafprozesses spricht der Richter das _____.

정답) 122. Ampel   123. Erinnerung   124. Gang   125. Instrument
126. Kabine   127. Kasten   128. Mühe   129. Hinfahrt....Rückfahrt
130. Reaktion   131. Sitzung   132. Urteil

보기 14

> *die Sitzung* : 회의. *die Hinfahrt* : 가는 길, 편도여행. *der Kasten* : (우편)함, 상자. *die Rückfahrt* : 되돌아 오는 길. *das Instrument* : 악기, 도구. *der Gang* : 복도, 현관, 진행, 기어. *die Ampel* : 신호등. *die Reaktion* : 반응. *die Kabine* : 전화박스. *das Urteil* : 판결. *die Erinnerung* : 회상, 참고. : *das Gedächtnis* : 기억. *die Mühe* : 수고, 고생.

****

122. <1> das Mittel : 수단, 약. <2> regeln : 조절하다. <3> zeigen : 보여주다. <4> die Farbe : 색. **해석**: *거리교통을 조절하기 위한 수단으로 빨강, 노랑, 초록색의 색깔을 보여준다.*
123. <1> erleben : 체험하다 ↔ erfahren : 경험하다. **해석**: *사람이 옛날에 체험하여 아직도 여전히 알고 있는 것을 우리는 추억이라고 부른다.*
124. **해석**: *큰 집에서 대문이나 방문앞의 공간을 의미한다.*
125. <1> der Gegenstand : 물건, 물체. **해석**: *음악을 연주할 수 있는 물체.*
126. <1> öffentlich : 공적인 ↔ privat : 사적인. <2> sich befinden : 무엇이 있다. **해석**: *그 안에 공중전화가 있는 조그마한 집에 대한 다른 말.*
127. <1> eckig : 모가 난. <2> unterschiedlich : 서로 다른, 여러가지의. <3> das Material : 재료, 자료. zu etwas(3) dienen : 무엇에 사용되다. <4> sammeln : 모으다, 수집하다. <5> speziell : 특히. <6> die Flasche : 병. **해석**: *여러 가지 크기로 되어 있고 여러 가지 재료로 만들어진 각이 진 물체. 그것은 예를 들면 물건을 모으거나 운반할 때 사용한다. 특히 편지나 음료수병을 위한 것들이 있다.*
128. **해석**: *하고 싶지 않고 시간과 돈이 드는 것은 고생스럽다.*
129. <1> benutzen : 이용하다, 사용하다. <2> der Zielort : 목적지. **해석**: *자동차, 자전거, 버스, 혹은 기차를 사용할 때 목적지와 집으로 오가는 길은 Hinfahrt와 Rückfahrt라고 한다.*
130. <1> das Tier : 동물. <2> bestimmt : 특정한. <3> das Ereignis : 사건. <4> die Gefahr : 위험. <5> die Überraschung : 놀라움. **해석**: *사람들이나 동물이 특정한 사건(위험이나 놀라움)에 대해 보이는 것.*
131. <1> der Betriebsrat : 경영협의회. <2> das Mitglied : 회원. <3> der Verein : 서클. <4> mit j-m sprechen : 누구와 이야기하다. **해석**: *예를 들어 경영협의회 회원들과 서클의 회원들이 서로 특정한 문제에 관해 협의하기 위해 만나면 우리는 그것을 회의라고 부른다.*
132. <1> am Ende : 결국, 말미에, 마지막에. <2> das Strafprozess: 형사소송 ↔ das Zivilprozess: 민사소송. <3> der Richter : 판사. **해석**: *형사소송의 마지막에 판사는 판결을 말한다.*

보기 15

Aufregung, Einfahrt, Bruchteil, Krankenwagen, Gang, Einbahnstraße

133. Es war so viel Verkehr in der Straße, dass wir die ganze Zeit im zweiten _____ fahren mussten.

134. Wir stehen direkt vor einer _____, hier können wir nicht parken.

135. Fahrradfahrer kümmern sich oft nicht um die Verkehrsregeln; viele fahren sogar in _____ in die falsche Richtung.

136. Der Unfall passierte in _____ von Sekunden; er war nicht mehr zu verhindern.

137. Bitte erzähl meiner Mutter nichts von dem Unfall. Sie hat ein schwaches Herz und kann deshalb keine _____ vertragen.

138. Sehen Sie nicht, dass der Mann verletzt ist? Rufen Sie schnell einen _____!

정답 133. Gang   134. Einfahrt   135. Einbahnstraße   136. Bruchteilen
137. Aufregung   138. Krankenwagen

보기 15

> *die Aufregung* : 흥분, *j-n aufregen* : 누구를 흥분시키다, *sich über etwas(4) aufregen* : 무엇에 대해 흥분하다. *die Einfahrt* : 고속도로나 개인 주차장등으로 들어가는 진입로, 입구. *der Bruchteil* : 작은 부분, 토막, 부서진 부분, 파편, *in Bruchteilen von Sekunden* : 몇초만에. *der Krankenwagen* : 구급차. *der Gang* : 걸음걸이, 보행, 작동(*in Gang kommen* : 작동하다), 기어 (단), 현관, 복도, 라운드, 한판. *die Einbahnstraße* : 일방통행도로.

****

133. <1> der Verkehr : 교통. <2> die ganze Zeit : 시간 내내. **해석**: 거리는 교통이 아주 혼잡했다. 그래서 우리는 내내 **2단**으로 가야 했다.

134. <1> direkt : 바로. <2> parken : 주차하다. **해석**: 우리는 진입로 바로 앞에 있다. 여기서 우리는 주차할 수 없다.

135. <1> das Fahrrad : 자전거. <2> sich um etwas(4) kümmern : 무엇을 돌보다, 걱정하다, 염려하다. <3> die Verkehrsregeln : 교통법규(복수) <4> sogar : 조차도, 심지어, 더군다나. <5> die Richtung : 방향. **해석**: 자전거를 탄 사람들은 자주 교통법규에 주의하지 않는다. 많은 사람들은 더군다나(sogar) *일방통행도로*에서 다른 방향으로 간다.

136. <1> der Unfall : 사고. <2> passieren = geschehen = sich ereignen : 사건이 일어나다, 발생하다. <3> verhindern : 저지하다, 방해하다. **해석**: 그 사고는 **몇초 만에** 일어났다. 그것을 저지할 수 없었다.

137. <1> j-m etwas(4) erzählen : 누구에게 무슨 이야기를 해주다. <2> schwach : 약한. <3> das Herz : 심장, 마음. <4> vertragen : 소화하다, 참다, 견뎌내다, 이겨내다. **해석**: 우리 어머니에게 사고에 대해 아무 얘기를 하지 마라. 엄마는 심장이 약해서 어떤 **흥분**도 견뎌낼 수 없다.

138. verletzt : 다친. **해석**: 저 남자가 다친 것이 보이지 않습니까? 빨리 구급차를 부르십시오!

보기 16

Arbeitszeit, Aufenthalt, Ausbildung, Entwicklung, Facharbeiter

139. Die technische _____ hat den Beruf des Schreiners sehr verändert. Früher wurde nur mit einfachen Werkzeugen gearbeitet; heute gibt es schon computergesteuerte Maschinen.

140. Nur wer eine gute _____ hat, kann später im Beruf Karriere machen.

141. Die Firma sucht noch einen _____ für die Montageabteilung.

142. Ein Bäcker muss morgens sehr früh aufstehen. Wegen dieser unangenemen _____ wollen kaum noch junge Leute diesen Beruf lernen.

143. Jens Brinkmann wird seinen _____ in Afrika sicher nie vergessen.

정답 139. Entwicklung   140. Ausbildung   141. Facharbeiter
142. Arbeitszeit   143. Aufenthalt

보기 16

die Arbeitszeit : 노동시간. *der Aufenthalt* : 체류, *sich aufhalten* : 체류하다, 머물다. *die Ausbildung* : 교육. *die Entwicklung* : 발전 (= *die Entfaltung*). *der Facharbeiter* : 전문노동자, 숙련공.

****

139. <1> der Schreiner = der Tischler : 목수. <2> verändern : 변화시키다, sich verändern : 변화하다. <3> das Werkzeug : 연장, 도구. <4> computergesteuert : 컴퓨터에 의해서 조종되는, steuern : 조종하다.
해석: 기술의 *발전*은 목수의 일을 아주 변화시켰다. 과거에는 단지 단순한 연장으로 일을 했다. 그런데 오늘날은 벌써 컴퓨터에 의해 움직이는 기계들이 있다.

140. *Karriere machen* : 캐리어를 쌓다, 성공하다. 해석: 단지 좋은 교육을 받은 사람만이 나중에 직업에서 성공할 수 있다.

141. <1> etwas(4) suchen = sich etwas(4) suchen = nach etwas(3) suchen : 무엇을 찾다. <2> die Montage : 조립. <3> die Abteilung : 부서, 과.
해석: 그 회사는 조립과에 필요한 *전문노동자*를 구하고 있다.

142. <1> der Bäcker : 빵굽는 사람. <2> aufstehen : 일어나다. <3> unangenehm : 짜증나는, 유쾌하지 못한. 해석: 빵굽는 사람은 아침마다 아주 일찍 일어나야 한다. 이러한 짜증나는 *노동시간* 때문에 젊은 사람들은 이 직업을 배우려 하지 않는다.

143. <1> sicher : 확실히. <2> vergessen : 잊다. 해석: 옌스 브링크만은 아프리카에서 보낸 *체류기간*을 정말 잊지 못할 것이다.

보기 17

Aufmerksamkeit, Achtung, Verhältnis, Anschluss, Verständnis

144. _____, hier müssen Sie ganz langsam fahren. Es ist ein Kindergarten in der Nähe.

145. Unserem Chef ist es wichtig, dass er ein gutes _____ zu seinen Angestellten hat.

146. Während seiner Rede hatte er die volle _____ der Zuhörer.

147. Die beiden sind sich sehr ähnlich; deshalb haben sie viel _____ füreinander.

148. Unser Sohn hat keine Freunde. Ich frage mich, warum er keinen _____ an andere junge Leute findet.

정답) 144. Achtung   145. Verhältnis   146. Aufmerksamkeit
147. Verständnis   148. Anschluss

보기 17

die Aufmerksamkeit : 주의, 주목. *die Achtung* : 조심, 주의해서 들으시오. *das Verhältnis* : 관계(*zu j-m Verhältnis haben* : 누구와 관계를 맺다). *der Anschluss* : 연결, 교제, 친구관계(*an j-n Anschluss finden* : 누구와 친분관계를 갖다). *das Verständnis* : 이해심(*für etwas(4) od. j-n Verständnis haben* : 무엇이나 누구에게 이해심을 갖고 있다).

****

144. <1> der Kindergarten : 유치원. <2> in der Nähe : 근처에. **해석**: *조심하세요*, 여기서 당신은 천천히 달려야 합니다. 이 근처에 유치원이 있습니다.

145. <1> j-m wichtig sein : 누구에게 중요하다. <2> der Angestellte : 직원. **해석**: 우리 사장에게는 자신의 직원들과 좋은 *관계를* 맺는 것이 중요하다.

146. <1> die Rede : 연설. <2> der Zuhörer = das Publikum : 청중. **해석**: 연설을 하는 동안에 그는 청중의 *관심*을 사로잡았다.

147. ähnlich : 비슷한. **해석**: 그 둘은 성격이 비슷하다. 그렇기 때문에 그들은 서로에게 많은 *이해심*을 갖고 있다

148. **해석**: 우리 아들은 친구가 없다. 나는 왜 그가 다른 젊은 애들과 인간 관계를 맺지 않는지 *의문이 든다*.

보기 18

Methode, Zusammenarbeit, Erfahrung, Eindruck, Dinge (Plural)

149. Ich glaube nicht, dass ein Einstellungstest die richtige _____ ist, den besten Bewerber herauszufinden.

150. Es genügt nicht, dass Sie ein intelligenter Mensch sind. Für uns ist es auch wichtig, dass die _____ mit den Kollegen klappt.

151. Nach meiner _____ mit Prüfungen weiß ich, dass es keinen Sinn hat, bis zur letzten Minute zu lernen.

152. Paul wird morgen geprüft. Ich habe den _____, dass er sehr nervös ist.

153. Im Test wurde ich auch gefragt, ob meine Ehe glücklich sei. Ich finde es nicht richtig, dass man über so persönliche _____ Auskunft geben soll.

정답) 149. Methode 150. Zusammenarbeit 151. Erfahrung
152. Eindruck 153. Dinge

보기 18

die Methode : 방식. *die Zusammenarbeit* : 협동, 협력. *die Erfahrung* : 경험, *die Erlebnis* : 체험. *der Eindruck* : 인상. *das Ding* : 사물, 물건. *die Dinge(복수)* : (막연한) 그것들.

****

149. der Einstellungstest : 입사시험. <2> richtig : 옳은, 적당한. <3> der Bewerber : 응모자, 지원자. <4> herausfinden : 밝혀 내다. **해석**: 나는 입사시험이 가장 좋은 지원자를 가려내는 올바른 **방법**이라고 생각하지 않는다.

150. <1> genügen : 충분하다. <2> intelligent : 영리한. <3> klappen : 어울리다, 성공하다, 잘 되다. **해석**: 당신이 영리한 사람이라는 것만으로 충분하지 않습니다. 우리에게는 동료들과 **협력**이 잘 이루어지는 것도 중요합니다.

151. der Sinn : 의미, 감각. **해석**: 시험에 대한 내 **경험**에 의하면 나는 (시험보기전) 마지막까지(bis zur letzten Minute) 공부하는 것은 의미가 없다는 것을 알고 있다.

152. <1> prüfen : 시험하다. <2> nervös : 신경질적인, 신경과민의. **해석**: 파울은 내일 시험을 치른다. 나는 그가 아주 초조해하는 **인상**을 받고 있다.

153. <1> die Ehe : 결혼. <2> persönlich : 개인적인. <3> Auskunft geben : 정보를 주다. **해석**: 시험에서 나는 내 결혼생활이 행복한지 어떤지 질문받았다. 나는 그런 개인적인 **것들**에 관해 말을 해야 한다는 것은 옳지 않다고 생각한다.

> 보기 19

> Schriftsteller, Titel, Weltkrieg, Regierung, Journalist, Opposition, Künstler, Ziel, Protest, Osten, Nazi, Mehrheit

154. Nach dem Krieg wollte kein Deutscher mehr ein _____ gewesen sein.

155. Die Achtundsechziger hatten das _____, die Gesellschaft zu verändern.

156. Auch der bekannte _____ Heinrich Böll gehörte bis zu seinem Tod zur Friedensbewegung.

157. Die Grünen konnten die Umwelt zu einem der wichtigsten Themen in der Politik machen, obwohl sie keine _____ im Parlament hatten.

158. Nach dem Zweiten _____ wurde Deutschland geteilt.

159. Der _____ von Bürgern und Umweltschützern hat den Bau eines neuen Flughafens in München lange Zeit verhindert.

160. Ein anderer Name für die Achtundsechziger war "APO", eine Abkürzung für "außerparlamentarische _____".

161. In Deutschland wird das Parlament und damit indirekt auch die _____ alle vier Jahre neu gewählt.

162. Ein _____ ist Mitarbeiter einer Zeitung oder einer Zeitschrift.

163. Die Menschen, die im _____ von Berlin lebten, konnten nach dem Bau der Mauer nicht mehr in die Bundesrepublik kommen.

164. Welchen _____ hat das Buch, das Sie gerade lesen?

165. Er kann ganz gut malen, aber ein richtiger _____ ist er nicht.

정답 154. Nazi   155. Ziel   156. Schriftsteller   157. Mehrheit
158. Weltkrieg   159. Protest   160. Opposition   161. Regierung
162. Journalist   163. Osten   164. Titel   165. Künstler

보기 19

der Schriftsteller : 작가. *der Titel* : 제목. *der Weltkrieg* : 세계대전. *die Regierung* : 정부. *der Journalist* : 기자. *die Opposition* : 반대, 야당. *der Künstler* : 예술가(참고 : *künstlich* : 인공적인, *künstlerisch* : 예술가적인, 예술적인). *das Ziel* : 목표. *der Protest* : 항의. *der Osten* : 동쪽. *der Nazi* : 나찌. *die Mehrheit* : 다수.

****

154. wollen은 주장을 나타낸다. **해석**: 전쟁이 끝난 다음에 어떤 독일사람도 더 이상 *나찌였다*고 주장하지 않았다.

155. **해석**: 68세대 사람들은 사회를 변화시키려는 *목표*를 갖고 있었다.

156. <1> bis zu seinem Tode : 그가 죽을 때까지. <2> die Friedensbewegung : 평화운동. <3> zu etwas(3) gehören : 무엇의 일원이다. **해석**: 유명한 *작가* 하인리히 뵐도 죽을 때까지 평화운동의 일원이었다.

157. <1> die Grünen : 녹색당원들. <2> machen A zu B : A를 B로 만들다.
해석: 녹색당원들은 비록 그들이 의회에서 *다수*는 아니지만 환경을 정치의 중요한 테마로 삼았다.

158. teilen : 나누다. **해석**: 2차 *세계대전* 후에 독일은 분단되었다.

159. <1> der Bürger : 시민. <2> der Umweltschützer : 환경보호론자. <3> der Flughafen : 공항. <4> verhindern : 방해하다, 저지하다. **해석**: 시민들과 환경보호론자들의 *저항이* 뮌헨의 새로운 공항건설을 오랫동안 막았다.

160. <1> die Abkürzung : 약어, 축약. <2> außerparlamentarisch : 원외의.
해석: 68세대에 대한 다른 표현은 'APO'였는데 그것은 '*원외야당*'의 약어다.

161. alle vier Jahr = jedes vierte Jahr : 4년마다. **해석**: 독일에서 의회는 그리고 그와 함께 간접적이지만 *정부도* 또한 4년마다 새롭게 선출된다.

162. die Zeitschrift : 잡지. **해석**: *기자*는 신문사나 잡지사의 동료다.

163. die Mauer : 장벽. **해석**: 베를린의 *동쪽*에 살던 사람들은 장벽이 건설된 이후에 더 이상 서독으로 올 수 없었다.

164. **해석**: 당신이 지금(gerade) 읽고 계신 책은 *제목이* 무엇입니까?

165. <1> malen : 그림을 그리다. <2> richtig : 옳은, 정식의, 맞는. **해석**: 그는 그림을 상당히 잘 그릴 수 있다. 하지만 그는 정식 *예술가*는 아니다.

보기 20

Inflation, Öffnungszeiten(Plural), Scheibe, Zigarre, Strom, Luft, Rest, Teppich

166. Nach dem Essen zündete sich mein Großvater immer eine _____ an.

167. Die Wirtschaftskrise in den 20er Jahren hatte in Deutschland eine _____ zur Folge; das Geld war plötzlich nichts mehr wert.

168. Ein Zimmer wirkt gemütlicher, wenn ein _____ auf dem Boden liegt.

169. Kraftwerke, in denen der _____ aus Uran oder Plutonium erzeugt wird, liegen an Flüssen oder Seen, weil man zur Kühlung viel Wasser braucht.

170. Ich glaube, man kann das Museum auch an Sonntagen besuchen. Die genauen _____ kenne ich aber leider nicht.

171. Heute Abend musst du allein essen. Es ist noch ein _____ vom Mittagessen im Kühlschrank.

172. Möchtest du noch eine _____ Brot?

173. Durch die Autos wird die Qualität der _____ in den Städten immer schlechter.

정답) 166. Zigarre 167. Inflation 168. Teppich 169. Strom
170. Öffnungszeiten 171. Rest 172. Scheibe 173. Luft

보기 20

die Inflation : 인플레이션. *die Öffnungszeiten* : 개점시간(복수).
die Scheibe : 유리창 하나, 빵을 얇게 썬 조각. *die Zigarre* : 시가.
der Strom : 대하, 물줄기, 전기. *die Luft* : 공기. *der Rest* : 여분,
나머지. *der Teppich* : 카페트.

****

166. anzünden : 불을 붙이다, 점화하다. **해석**: 식사 후에 우리 할아버지는 항상 *시가에* 불을 붙였다.

167. <1> die Wirtschaftskrise : 경제위기. <2> etwas(4) zur Folge haben : 무슨 결과를 낳다. <3> wert : 가치가 있는. **해석**: 20년대의 경제위기는 독일에서 *인플레이션을* 낳았다. 갑자기 돈이 아무 값어치가 없어졌다.

168. gemütlich : 분위기가 좋은. **해석**: 바닥에 *카페트가* 깔려 있으면 방은 더 아늑해 보인다.

169. <1> das Kraftwerk : 발전소. <2> erzeugen = herstellen = produzieren : 생산하다. <3> kühlen : 식히다, die Kühlung : 냉각. **해석**: 우라늄이나 플루토늄으로 *전기가* 생산되는 발전소는 강이나 바닷가에 놓여 있다. 왜냐하면 열을 식히기 위해서는 많은 물이 필요하기 때문이다.

170. **해석**: 나는 일요일에도 박물관을 관람할 수 있다고 생각한다. 그러나 유감스럽게도 난 정확한 *개장시간은* 알지 못한다.

171. der Kühlschrank : 냉장고. **해석**: 오늘 저녁엔 너 혼자 식사를 해야 한다. 냉장고에 점심때 *먹다 남은* 음식들이 아직(noch) 있다.

172. **해석**: 너 *빵 한조각* 먹겠니?

173. die Qualität 질. ↔ die Quantität : 양. **해석**: 자동차 때문에 도시의 *공기의* 질이 점점 더 나빠지고 있다.

보기 21

Führung, Wirkung, Speck, Quadratmeter, Mal, Gewicht, Vortrag

174. Sonntags essen wir zum Frühstück immer gebratene Eier mit _____.

175. Wer das Deutsche Museum zum ersten _____ besucht, ist beeindruckt.

176. Unsere Wohnung ist nicht groß; sie hat nur 48 _____.

177. Ich habe eine Schmerztablette genommen, aber bis jetzt spüre ich keine _____.

178. Je nach Größe und _____ kosten die Eier zwischen 22 und 27 Pfennig.

179. Das Deutsche Museum ist sehr groß. Ich würde Ihnen deshalb empfehlen, beim ersten Besuch eine _____ mitzumachen.

180. Gestern habe ich einen _____ über die Geschichte der Raumfahrt gehört. Das war sehr interessant.

정답 174. Speck   175. Mal   176. Quadratmeter   177. Wirkung
      178. Gewicht   179. Führung   180. Vortrag

보기 21

> *die Führung* : 가이드, 지도부. *die Wirkung* : 효과, 영향, 결과, 작용. *der Speck* : 비계살, 베이컨. *der Quadratmeter* : 평방 미터. *das Mal* : 횟수, 번. *das Gewicht* : 무게. *der Vortrag* : 강연.

174. <1> das Frühstück : 아침식사. <2> gebraten : 구운. **해석** : 일요일에 우리는 아침식사로 항상 계란후라이와 *베이컨*을 먹는다.

175. j-n beeindrucken = auf j-n Eindruck machen : 누구에게 인상을 주다. **해석** : 독일 국립 박물관을 *처음으로* 방문하는 사람은 깊은 감명을 받을 것이다.

176. **해석** : 우리집은 크지 않다. 그것은 겨우 *48평방미터*다.

177. <1> die Schmerztablette(nehmen) : 진통제(를 먹다) <2> spüren : 느끼다. **해석** : 나는 진통제를 먹었다. 그러나 나는 지금까지(bis jetzt) 그 *효과*를 느끼지 못하고 있다.

178. je nach etwas(3) : 무엇에 따라서. **해석** : 크기와 *무게*에 따라서 달걀 값은 22페니히와 27페니히 사이가 된다.

179. j-m etwas(4) empfehlen : 누구에게 무엇을 추천하다. **해석** : 독일국립박물관은 매우 큽니다. 그래서 나는 당신에게 처음 방문하면 *가이드*를 받으라고 추천하고 싶습니다.

180. die Raumfahrt : 우주여행. **해석** : 나는 어제 우주여행의 역사에 대한 강연을 들었다. 그것은 아주 재미있었다.

보기 22

Himmel, König, Stern, Schmuck, Tat, Fest, Fabrik, Geburt, Neujahr, Ostern, Kalender

181. Meine jüngste Tochter ist zu früh zur Welt gekommen. Bei der _____ wog sie nur vier Pfund.

182. Es gibt nur wenige Länder auf der Welt, die von einem _____ regiert werden.

183. Schon viele Wochen vor _____ werden in den Geschäften Eier und Hasen aus Schokolade verkauft.

184. In unserer Gegend sind viele Menschen arbeitslos, weil die einzige _____ geschlossen wurde.

185. Weihnachten ist ein _____, das in der Familie gefeiert wird. In Deutschland ist es nicht üblich, Freunde oder Bekannte dazu einzuladen.

186. Jedes Kind weiß, dass das Christkind und der Weihnachtsmann im _____ wohnen. Woher der Osterhase kommt, ist leider unbekannt.

187. Das Datum des Nikolaustages muss man nicht im _____ suchen. Es ist immer der 6. Dezember.

188. Meine Freundin trägt gerne _____. Ich werde ihr deshalb ein Paar Ohrringe zum Geburtstag schenken.

189. Die Nacht war völlig dunkel; nicht einmal ein _____ war zu sehen.

190. Meine Kollegin hat im Büro Geld gestohlen. Wegen dieser _____ ist sie entlassen worden.

191. Der erste Tag im Januar wird _____ genannt.

정답 181. Geburt 182. König 183. Ostern 184. Fabrik 185. Fest
186. Himmel 187. Kalender 188. Schmuck 189. Stern
190. Tat 191. Neujahr

제2장 어휘연습 II (명사) - 해설   135

보기 22

> *der Himmel* : 하늘, 천국 ↔ *die Hölle* : 지옥. *der König* : 왕. *der Stern* : 별. *der Schmuck* : 장신구. *die Tat* : 행동, 범죄. *das Fest* : 축제. *die Fabrik* : 공장. *die Geburt* : 출생, 탄생. *das Neujahr* : 신년, 새해, 정월 초하루. *das Ostern* : 부활절, *zu Ostern* : 부활절에. *der Kalender* : 달력.

****

181. <1> zur Welt kommen : 태어나다, j-n zur Welt bringen : 누구를 낳다. <2> wiegen : 무게가 나가다(wog, gewogen), 흔들다(wiegte, gewiegt). **해석**: 내 막내 딸은 너무 일찍 세상에 나왔다. *태어 났을 때* 걔는 단지 4파운드 밖에 나가지 않았다.

182. regieren : 다스리다, 통치하다. **해석**: 지구상에 *왕에 의해* 통치되는 나라는 거의 없다.

183. der Hase : 토끼. **해석**: *부활절* 몇주 전에 벌써 가게에서는 계란과 초코렛으로 만든 토끼들이 팔린다.

184. <1> die Gegend : 지역. <2> einzig : 유일한, 하나밖에 없는. **해석**: 우리 지역에서는 많은 사람들이 일자리를 잃어버렸다. 왜냐하면 하나 밖에 없는 *공장이* 문을 닫았기 때문이다.

185. <1> feiern : 축하하다, 거행하다, 개최하다. <2> üblich : 일반적인, 보통의. <3> j-n zu etwas(3) einladen : 누구를 어디에 초대하다. **해석**: 크리스마스는 가정에서 축하하는 *축제다*. 독일에서는 일반적으로 친구들과 지인들을 초대하지 않는다.

186. <1> das Christkind : 아기예수. <2> der Weihnachtsmann : 산타클로스. <3> der Osterhase : 부활절 토끼(부활절에 토끼가 아이들이나 사람들에게 초코렛 등 선물을 준다고 믿는다). **해석**: 모든 아이들은 아기예수와 산타클로스가 *천국에* 산다고 안다. 그러나 부활절 토끼가 어디서 오는지는 유감스럽게도 알려져 있지 않다.

187. <1> das Datum : 날짜. <2> der Nikolaus : 산타클로스의 다른 이름. **해석**: 니콜라우스날은 *달력에서* 찾을 필요가 없다. 그날은 항상 12월 6일이다.

188. <1> tragen : 걸치다, 들다, 입다, 지니고 다니다. <2> das Paar : 한쌍. <3> der Ohrring : 귀걸이. <4> zum Geburtstag : 생일날에. **해석**: 내 여자친구는 *장신구를* 다는 것을 좋아한다. 그래서 나는 그녀에게 생일에 한쌍의 귀걸이를 선물할 것이다.

189. völlig : 완전히. **해석**: 밤은 아주 깜깜하였다. *별 하나* 조차도 보이지 않았다.

190. <1> stehlen : 훔치다. <2> entlassen : 해고하다. <3> 완료수동의 문장형태는 'sein + 과거분사 + worden'이다. **해석**: 내 동료가 사무실에서 돈을 훔쳤다. *이런 행동* 때문에 그녀는 해고 되었다.

191. **해석**: 1월의 첫째날은 *정월 초하루라고* 불린다.

보기 23

Absender, Prospekt, Reservierung, Jahreszeit, Nachricht, Schreiben, Halbpension, Neuigkeit, Gruß

192. Habt ihr im Hotel auch gegessen? —Nur morgens und abends; das war im Preis inbegriffen, wir hatten _____ gebucht.

193. Im Sommer fahre ich nicht nach Spanien. In dieser _____ ist es mir dort zu heiß.

194. Gisela ist jetzt schon seit vier Wochen im Urlaub. Hast du irgendetwas von ihr gehört? —Nein, ich habe keine _____ von ihr.

195. Schau mal, da ist ein Brief für dich. Wer hat denn geschrieben? —Das weiß ich nicht. Da steht kein _____ darauf.

196. Gestern habe ich Hanna getroffen. Ich soll dir einen schönen _____ von ihr sagen.

197. (Im Reisebüro) Ja, Australien ist ein wunderbares Reiseland. Ich gebe Ihnen hier den neuesten _____. Den können Sie sich zu Hause erst mal ganz in Ruhe anschauen.

198. Die Züge sind über die Feiertage sehr voll. Ohne _____ besteht eine Gefahr, dass man keinen Sitzplatz bekommt.

199. Ist Post für mich gekommen? —Ja, da ist ein _____ von deiner Versicherung.

200. Ich muss dir eine tolle _____ erzählen. Ich habe im Preisausschreibung eine Reise nach Paris gewonnen!

정답) 192. Halbpension 193. Jahreszeit 194. Nachricht 195. Absender
196. Gruß 197. Prospekt 198. Reservierung 199. Schreiben
200. Neuigkeit

보기 23

der Absender : 보내는 사람. *das Prospekt* : 팜플렛. *die Reservierung* : 예약. *die Jahreszeit* : 계절. *die Nachricht* : 뉴스, 소식. *das Schreiben* : 공식편지, 서한, 문서. *der Halbpension* : 아침식사를 포함하여 하루 두끼나 일부만 제공하는 하숙이나 호텔. *die Neuigkeit* : 새로운 사건, 새로운 소식, 새로움, 새것. *der Gruß* : 인사, 안부, *j-n von j-m grüßen* : 누구에게 누구의 안부를 전하다.

****

192. <1> inbegriffen : 포함된. <2> buchen : 예약하다. **해석**: 너희들은 호텔에서 식사했니? — 아침과 저녁만 먹었다. 그것은 가격에 포함되어 있었다. 우리는 *Halbpension*을 예약했었어.

193. **해석**: 나는 여름에는 스페인으로 가지 않는다. 이 *계절*엔 거기는 나에게 너무 덥다.

194. **해석**: 기젤라는 휴가를 간지 벌써 4주가 되었다. 너 그녀로부터 무슨 소식 들었니? — 아니, 나는 그녀로부터 아무런 소식을 받지 못했어.

195. <1> schauen = sehen = gucken : 보다. <2> stehen : 놓여 있다, 씌어 있다. **해석**: 저기 봐라, 너한테 온 편지가 있구나. 도대체 누가 보냈니? — 나도 모르겠어, *보내는 사람*의 이름이 씌어있지 않아.

196. **해석**: 어제 나는 한나를 만났다. 나는 너에게 그녀의 *안부*를 전해야겠다.

197. <1> in Ruhe : 조용히. <2> sich etwas(4) anschauen = sich etwas(4) ansehen : 무엇을 구경하다. **해석**: (여행사에서) 그래요, 호주는 여행하기에 아주 좋은 나라입니다. 내가 여기 당신에게 최근의 *여행팜플렛*을 드리겠습니다. 당신은 그것을 집에서 우선 조용히 살펴보실 수 있을 겁니다.

198. <1> voll : 가득 찬 ↔ leer : 텅 빈. <2> die Gefahr : 위험. <3> bestehen : 있다, 존재하다. <4> der Sitzplatz : 좌석. **해석**: 기차는 휴일기간 내내 (über) 아주 만원이다. *예약하지* 않고는 좌석을 얻지 못할 위험이 있다.

199. die Versicherung : 보험, 보험회사. **해석**: 나한테 온 우편물이 있니? — 응, 저기 네 보험회사에서 온 *편지*가 있다.

200. <1> toll : 멋진, 훌륭한. <2> die Ausschreibung : 공모. <3> gewinnen : 얻다, 따다, 이기다 ↔ verlieren : 잃다, 지다. **해석**: 너에게 굉장한 소식을 말해야겠다. 나는 상금공모에서 파리여행 티켓을 땄다.

보기 24

Zinsen, Konto, Automat, Überweisung, Summe, Scheckkarte, Staatsangehörigkeit, Miete

201. Frau Schachtner muss für ihren Kredit mehr als elf Prozent _____ pro Jahr bezahlen.

202. Der Bankangestellte hat bemerkt, dass Herr Fitzpatrick kein Deutscher ist. Deshalb fragt er ihn nach seiner _____.

203. Manche Leute verstecken ihr Geld in der Wohnung, aber natürlich ist es besser, ein _____ bei einer Bank zu haben.

204. Vor der Bank befindet sich ein _____. Dort kann man Tag und Nacht Geld bekommen.

205. Frau Schachtner verdient 3106 DM. Davon muss sie jeden Monat ungefähr 1800 DM für die _____ ihrer Wohnung und für Versicherungen bezahlen.

206. Herr Fitzpatrick möchte gerne Euroschecks haben. Dafür muss er aber zuerst eine _____ beantragen.

207. Sie wollen bei uns einen Kredit beantragen? An welche _____ haben Sie denn gedacht?

208. Herr Fitzpatrick hat ein Stipendium. Er bekommt jeden Monat eine _____ von der Friedrich-Ebert-Stiftung.

정답) 201. Zinsen   202. Staatsangehörigkeit   203. Konto   204. Automat
205. Miete   206. Scheckkarte   207. Summe   208. Überweisung

보기 24

der Zins : 이자. *das Konto(eröffnen)* : 구좌(를 개설하다). *der Automat* : 자판기, 현금 지급기. *die Überweisung* : 송금. *die Summe* : 금액, 총액. *die Scheckkarte* : 수표발행카드. *die Staatsangehörigkeit* : 국적. *die Miete* : 집세.

****

201. der Kredit : 대출. **해석**: 쇼흐트너 부인은 자신의 대출 *이자*를 일년에 11퍼센트 이상 지불해야 한다.

202. <1> der Angestellte : 직원. <2> bemerken : 언급하다, 말하다, 알아차리다. <3> j-n nach etwas(3) fragen : 누구에게 무엇에 대해 묻다.
해석: 은행직원은 피츠파트릭씨가 독일인이 아니라는 사실을 알아차렸다. 그래서 그는 그의 *국적*을 물어 보았다.

203. verstecken : 숨기다. **해석**: 많은 사람들이 돈을 집에 숨겨둔다. 그러나 물론 은행에 *구좌*를 갖고 있는 것이 더 낫다.

204. sich befinden : 있다, 위치하고 있다. **해석**: 은행 앞에는 *현금지급기*가 있다. 거기서 사람들은 낮이나 밤이나 돈을 빼서 쓸 수 있다.

205. <1> verdienen : 돈을 벌다. <2> ungefähr : 약. <3> die Versicherung : 보험, 보험회사. **해석**: 쇼흐트너부인은 3106마르크를 번다. 그중에서 (davon) 그녀는 매달(jeden Monat) 약 1800마르크를 *집세와* 보험료로 지불해야 한다.

206. <1> der Euroscheck : 유럽 전역에서 쓸 수 있는 수표(유로수표). <2> etwas(4) beantragen = auf etwas(4) Antrag stellen : 무엇을 신청하다.
해석: 피츠파트릭씨는 유로수표를 갖고 싶어한다. 그러나 그러기 위해서 그는 먼저 *수표발행카드*를 신청해야 한다.

207. **해석**: 당신은 우리 은행에서 대출을 신청하시겠습니까? 얼마만큼의 *금액*을 생각하셨습니까?

208. <1> das Stipendium : 장학금. <2> die Stiftung : 재단. **해석**: 피츠파트릭씨는 장학금을 받는다. 그는 매달 프리드리히 에버트 재단으로부터 송금을 받는다.

제 3 장 어 휘 연 습 III (형용사와 부사)

보기 1

> gern, lieber, am liebsten

1. Möchten Sie ein Bier? —Nein, ich nehme _____ ein Glas Wein.

2. Ich finde das Essen in der Mensa nicht schlecht. Ich esse ganz _____ dort.

3. Gehen Sie _____ ins Kino oder ins Theater?

4. Ich gehe _____ ins Theater, aber noch _____ gehe ich ins Kino.

5. Ich unterhalte mich _____ mit netten Leuten.

6. Kommst du mit? —Ja, _____

7. Ich hätte _____ ein Kilo Trauben.

8. Ich habe den Hund _____.

정답) 1. lieber   2. gern   3. lieber   4. gern, lieber   5. gern   6. gern
      7. gern   8. gern

제 3 장 어 휘 연 습 III (형용사와 부사) - 해설

보기 1

> *gern*은 동사와 함께 좋아하다라는 의미를 지닌다. *Ich gehe gern ins Theater*(나는 연극관에 가는 것을 좋아한다). *Ich gehe lieber ins Kino*(나는 극장에 가는 것을 더 좋아한다). *Ich gehe am liebsten in die Oper.*(나는 오페라에 가는 것을 가장 좋아한다.) *gern*은 또한 대답에서 '기꺼이 그러지요'라는 뜻과 '*hätten gern*'으로 '무엇을 사거나 갖고 싶다'라는 뜻을 표현할 수 있다. *j-n gern-haben* : 누구를 좋아하다.

****

1. **해석**: 맥주 한잔 드시겠어요? -아뇨, 저는 *오히려* 와인 한잔 먹겠습니다. ein Glas Wein nehmen: 한잔의 와인을 먹다.

2. <1> finden : 발견하다, 무엇이라고 생각하다. <2> die Mensa : 학생식당. **해석**: 나는 학생식당의 식사가 나쁘지 않다고 생각한다. 나는 거기서 먹는 것을 아주 *좋아한다*.

3. **해석**: 당신은 극장과 연극관 중 어디에 가는 것을 *더 좋아합니까?*

4. **해석**: 나는 연극관에 가는 것을 좋아합니다. 하지만 극장에 가는 것을 훨씬 *더(noch) 좋아합니다.* viel, noch, bei weitem은 비교급을 강조한다.

5. sich mit j-m unterhalten : 누구와 환담하다.
   해석: 나는 친절한 사람들과 이야기하는 것을 *좋아한다.*

6. **해석**: 너 같이 갈래? -그래, *좋아.*

7. die Traube : 포도. **해석**: 포도 1킬로를 사고 싶습니다.

8. der Hund : 개. **해석**: 나는 개를 *좋아한다.*

보기 2

da, das

9. Was ist denn mit Walter los? — _____ weiß ich nicht, aber ich glaube, er hat Probleme.

10. Ich brauche eine Auskunft über Arbeitsmöglichkeiten. Ob das Studentenwerk mir _____ helfen kann?

11. Das Tonbandgerät ist kaputt. Kannst du es reparieren? — _____ tut mir leid, _____ kann ich leider nicht.

12. Was muss man tun, um eine Arbeitserlaubnis zu bekommen? Sind Sie _____ informiert? —Nein, _____ weiß ich leider auch nicht Bescheid.

13. Fragen Sie doch mal beim Auslandsamt; _____ kann man Sie doch sicher informieren.

14. _____ bin ich ganz deiner Meinung.

15. Wer ist _____? —Ich bin es.

16. Er ist reich, aber _____ bin ich nicht.

17. Von _____ an herrschte Ruhe.

정답) 9. Das 10. da 11. Das, das 12. da, da 13. da 14. Da 15. da
16. das 17. da

보기 2

*da*는 '여기, 저기'와 어떤 일이 일어나고 '바로 직후에' 그리고 상황지시어로서 '어떤 일을 하는데 있어서'라는 부사적인 접속사와 이유를 나타내지만 *das*는 앞문장의 일부분이나 전체를 지시하는 지시대명사이다. 따라서 전치사와 지시대명사가 결합한 상태면 '*da(r)* + 전치사' 혹은 *da*를 쓴다.

****

9. Was ist mit j-m los? : 누가 무슨 일이냐? **해석** : 발터가 무슨 일이지? — 나는 그것을 모르겠는데 그에게 문제가 있다고 생각해. 여기서는 wissen 동사의 목적어가 필요하다.

10. <1> die Auskunft = die Information: 정보. <2> die Arbeitsmöglichkeit : 노동가능성. <3> das Studentenwerk : 학생복지처. <4> j-m bei etwas(3) helfen : 누가 무슨 일을 하는 것을 돕다. **해석** : 나는 일할 수 있는 가능성에 대한 정보가 필요하다. 학생복지처가 그럴 수 있도록 나를 도와줄 수 있을까?

11. <1> das Tonbandgerät: 녹음기. <2> reparieren : 수리하다. **해석** : 녹음기가 고장났다. 너 수리할 수 있겠니? — 그것은 유감스럽다, 나는 안됐지만, 나는 그것을 할 수 없다.

12. <1> die Arbeitserlaubnis : 노동허가. <2> j-n über etwas(4) informieren : 누구에게 무슨 정보를 주다. <3> über etwas(4) Bescheid wissen : 무엇에 대해 잘 알다. 참고 : Bescheid geben(= sagen) : 자세한 정보를 주다. Bescheid bekommen : 자세한 정보를 받다. **해석** : 노동허가를 얻기 위해서는 무엇을 해야 합니까? 당신은 *거기에 대해* 정보를 갖고 있습니까? — 아뇨, 저는 유감이지만 거기에 대해서는 잘 모릅니다.

13. das Auslandsamt : 외국인 관청. **해석** : 외국인 관청에 가셔서 한번 물어 보세요. *거기 있는* 사람들이 틀림없이 정보를 줄 수 있을 것입니다.

14. deiner Meinung sein(2격) : 너의 의견이다. **해석** : 그 점에서 나는 완전히 너의 의견과 같다.

15. **해석** : *거기 누구죠?* — 접니다.

16. **해석** : 그는 부자지만 나는 그렇지 못하다.

17. <1> von da an : 그때부터. <2> herrschen : 지배하다, 다스리다. <3> die Ruhe : 휴지, 정지, 휴양, 정적. **해석** : *그때부터* 정적이 흘렀다.

| 보기 3 |

> wohl, schon

18. Wo ist denn mein Führerschein? Ich kann ihn gar nicht finden. —Der wird _____ bei dir im Zimmer liegen.

19. Ob das geht? —Versuchen Sie es doch mal! Das wird _____ gehen.

20. Warum will dieser Student denn bei uns arbeiten? —Der wird _____ Geldprobleme haben.

21. Ich kann am Wochenende nicht zu meiner Mutter fahren, weil ich zu einer Party nach Würzburg möchte. Meinen Sie, dass sie das versteht? —Machen Sie sich keine Sorgen. Die wird das _____ verstehen.

22. Die Entscheidung ist _____ nicht akzeptabel.

23. Habt ihr _____ gefrühstückt? —Nein, noch nicht.

24. Diese Probleme versteht er _____ nicht.

정답) 18. wohl   19. schon   20. wohl   21. schon   22. wohl   23. schon
24. wohl

제3장 어휘연습 III (형용사와 부사) - 해설 145

> 보기 3
>
> *werden*과 함께 *wohl*은 단순한 추측을, *schon*은 확신이 들어있는 강한 추측을 표현한다. 그리고 *wohl*은 *vielleicht*처럼 *werden* 없이도 추측을 나타내기도 하며 *schon*은 *bereits*처럼 '벌써'라는 뜻을 지니기도 하며, 그것의 부정은 *noch nicht* 이다.

18. der Führerschein : 운전 면허증. **해석** : 도대체 내 운전면허증이 어디있지? 나는 그것을 전혀 찾을 수 없어. —그것은 *아마* 네 집 방에 있을 거야.(단순한 추측)

19. <1> Das geht : 그것이 가능하다. <2> versuchen : 시도하다. **해석** : 그것이 가능할까요? —한번 시도해 보십시오! 그것은 *틀림없이* 가능할 것입니다. (강한 확신이 들어 있는 추측)

20. **해석** : 왜 그 학생이 우리 회사에서 일하려고 하지요? —그 학생은 *아마* 금전적인 문제가 있을 겁니다. (단순한 추측)

21. <1> am Wochenende : 주말에. <2> sich Sorgen machen : 걱정하다. **해석** : 나는 주말에 우리 어머님에게 갈 수 없습니다. 왜냐하면 나는 뷔르쯔부르크의 파티에 가고 싶기 때문입니다. 당신은 우리 어머님이 그것을 이해하실거라고 생각하십니까? —걱정하지 마십시오. 그분은 그것을 *틀림없이* 이해하실겁니다. (강한 추측)

22. <1> die Entscheidung : 결정, <2> akzeptabel : 받아들여 질 수 있는 **해석** : 이 결정은 *아마* 받아들여지지 않을 것이다.

23. frühstücken : 아침식사를 하다, zu Mittag essen : 점심을 먹다, zu Abend essen : 저녁을 먹다. *noch nicht : schon의 부정*

24. **해석** : 그는 *아마* 이 문제를 이해하지 못할 것이다.

보기 4

erst, nur

25. Was, der Mann ist _____ 30? Ich dachte, der wäre viel älter.

26. Mein Freund ist _____ seit kurzem in Deutschland, aber er spricht schon ganz gut Deutsch.

27. Kannst du heute nachmittag um vier zu uns kommen? — Nein, um vier, das geht leider nicht. Ich bin _____ um fünf im Büro fertig. Und ich kann _____ eine halbe Stunde bleiben. Ich habe leider _____ sehr wenig Zeit.

28. Ich habe immer montags Unterricht. — _____ einmal in der Woche?

29. _____ heute habe ich gehört, dass Walter als Fahrer arbeiten will.

30. Ich kann dir _____ 10 Mark leihen, mehr habe ich leider nicht dabei.

31. Sie können _____ am Mittwoch einziehen; das Zimmer wird nicht früher frei.

32. Können Sie ganztags arbeiten? — Nein, _____ halbtags. Und ich kann auch _____ nächste Woche anfangen.

33. Wieviel verdient man bei Ihnen? _____ 800 Mark? Nein, dann interessiert mich diese Stelle nicht.

34. Entschuldige, dass ich dich _____ jetzt anrufe; ich hatte einfach keine Zeit.

정답) 25. erst 26. erst 27. erst, nur, nur 28. Nur 29. Erst 30. nur
31. erst 32. nur, erst 33. Nur 34. erst

제3장 어휘연습 III (형용사와 부사) - 해설   147

보기 4

*erst*는 시간의 출발점을 나타내며 '비로소'라는 의미나 나이에서 '겨우'라는 의미를 나타내며, *nur*는 수나 양을 제한하며 '만, 밖에'라고 번역된다.

****

25. 해석 : 뭐라고, 그사람이 겨우(erst) 30이라고? 나는 그사람이 훨씬(viel) 더 나이가 들었을 거라고 생각했는데.

26. 해석 : 내 친구는 최근에야 비로소 독일에 왔다. 하지만 그는 벌써 독일어를 아주 잘 한다.

27. 해석 : 너는 오늘 오후 4시에 우리에게 올 수 있니? — 아니, 4시는 불가능해. 나는 사무실에서 5시에야 비로소 일을 끝마친다. 그리고 나는 단지 30분간만 머물 수 있다. 유감스럽지만 나는 시간이 아주 조금밖에 없어.

28. 해석 : 나는 항상 월요일에 수업이 있다. — 일주일에 한번만?

29. 해석 : 오늘에야 비로소 나는 발터가 운전수로 일하려 한다는 것을 들었다.

30. 해석 : 나는 너에게 10마르크 밖에 빌려줄 수 없다. 더 이상은 유감스럽게도 갖고 있지 않다.

31. 해석 : 당신은 수요일에야 비로소 이사들어 올 수 있습니다. 그방은 그 전에는 비지 않습니다.

32. 해석 : 당신은 하루종일 일할 수 있습니까? — 아뇨, 단지 반나절만요. 그리고 저는 또한 다음 주가 되어야 비로소 시작할 수 있습니다.

33. <1> j-n interessieren : 누구의 흥미를 끌다. <2> die Stelle : 일자리.
    해석 : 당신회사에서는 얼마 받는다구요? 800마르크밖에 받지 못한다구요? 아닙니다, 그러면 저는 이 자리에 흥미가 없습니다.

34. 해석 : 지금에야 비로소 너에게 전화를 걸어서 미안하다 ; 나는 정말 시간이 없었다.

보기 5

runter, unten, rauf, oben, rüber, her, rein, drinnen

35. Beim Pförtner: Ich muss _____ in den sechsten Stock. Da _____ ist doch das Personalbüro, nicht wahr?

36. Wenn ich nach Haus komme, nehme ich nie den Lift, sondern ich gehe immer die Treppe _____. Das ist eine gute Übung!

37. Ich wohne _____ im ersten Stock, meine Eltern _____ im fünften.

38. Wenn Sie _____ in den Hof gehen, geben Sie bitte dem Pförtner den Schüssel hier.

39. Kaum war er angekommen, ging er sofort ins Haus _____.

40. Als ich rief, er solle doch schnell zu mir _____ schwimmen, antwortete er nicht.

41. Draußen war es Kalt, während es _____ warm war.

42. Die Polizei ist hinter dem Täter _____.

정답) 35. rauf, oben 36. rauf 37. unten, oben 38. runter 39. rein
40. rüber 41. drinnen 42. her

보기 5

*hin*은 화자에서 다른 방향으로, *her*는 화자쪽으로의 방향과 무엇을 따라갈 때 사용하는 부사이다. *herunter, hinunter = runter. hinauf, herauf = rauf, herüber, hinüber = rüber. hinein, herein = rein. unten* : 아래에. *oben* : 위쪽에. *gegenüber* : 맞은 편에. *drinnen* : 안에 ↔ *draußen* : 밖에.

****

35. <1> der Pförtner : 수위. <2> der Stock : 층, 단장, 지팡이. <3> das Personalbüro : 인사과. <4> nicht wahr? : 그렇지 않니? **해석** : 수위실에서 : 나는 6층으로 올라가야 합니다. 거기가 인사과죠, 그렇죠?

36. <1> der Lift : 승강기. <2> die Treppe : 계단. <3> die Übung : 연습. **해석** : 저는 집으로 오면 승강기를 전혀 타지 않고, 항상 계단을 올라갑니다. 그것은 좋은 연습이죠!

37. der Stock : 층. **해석** : 저는 *아래쪽* 1층에 살고, 우리 부모님은 *위쪽* 5층에서 사십니다.

38. 해석 : 당신이 마당으로 *내려가시면* 수위에게 여기 이 열쇠를 주십시오!

39. Kaum : 부사적 접속사를 '무엇을 하자마자'라는 뜻으로 주절보다 보통 한시제 앞선다. **해석** : 그는 도착하자마자 즉시 그 집으로 *들어갔다*.

40. <1> rufen : 부르다. <2> schwimmen : 수영하다. **해석** : 내가 그에게 우리 쪽으로 수영해서 *건너오라고* (접속법 1식) 말했지만 그는 대답이 없었다.

41. 해석 : 안은 따뜻했지만 밖은 추웠다.

42. 해석 : 경찰이 범죄자를 *추적하고* 있다.

보기 6

gern, gut

43. Ich habe Jochen sehr _____.

44. Die Bilder gefallen mir _____.

45. Ich kann Sie _____ verstehen.

46. Ich würde _____ mal wieder ins Kino gehen.

47. Bitte, können Sie mir helfen? —Aber _____!

48. Ich bin nicht _____ allein.

49. Wir arbeiten _____ und _____ zusammen.

50. Ich mag nicht _____ abends noch im Büro sitzen und arbeiten.

51. Dieser Tee ist _____. —Ja, ich trinke ihn auch _____.

52. Seien Sie so _____ und warten Sie!

53. Die Arbeit ist so _____ wie erledigt.

54. Der Kaufmann hat _____ gewogen.

55. Es wird noch eine _____ Weile dauern.

정답 43. gern 44. gut 45. gut 46. gern 47. gern 48. gern
49. gut (und) gern 50. gern 51. gut, gern 52. gut 53. gut
54. gut 55. gute

보기 6

j-n gernhaben : 누구를 좋아하다. *würden gern* : 무엇을 하고 싶다. *Gern!* : 기꺼이 그러지요!, 그래 좋아!(강한 긍정). 동사 + *gern* : 무엇을 하는 것을 좋아하다. *gut und gern* : 충분히. *gut* : 잘, 아주. 명령문 앞의 *Sei so gut*은 '제발 부탁인데' 혹은 '제발'로 번역한다. 그리고 *gut*은 '족히, 충분히'라는 뜻을 지니기도 한다. *so gut wie* : 무엇이나 다름없는.

****

43. j-n gernhaben : 누구를 좋아하다. **해석**: 나는 요흔을 매우 *좋아한다*.

44. 해석: 그 그림들은 *내맘에 꼭 든다*.

45. 해석: 나는 당신을 잘 이해할 수 있습니다.

46. würden gern : 무엇을 하고 싶다. **해석**: 나는 다시 극장에 *가고 싶다*.

47. 해석: 당신은 나를 도와주실 수 있습니까? -*기꺼이 그러지요!*

48. 해석: 나는 혼자 있는 것을 *좋아하지 않는다*.

49. gut und gern : 충분히. **해석**: 우리들은 *충분히* 협력할 것이다.

50. 해석: 나는 저녁에 사무실에 앉아서 일하는 것을 *좋아하지 않는다*.

51. 해석: 이 차는 좋다. -그래, 나도 그차를 마시는 것을 *좋아한다*.(나는 그차를 즐겨 마신다.)

52. 해석: *제발 좀 기다려 주십시오!*

53. erledigen : 끝마치다, 해치우다. go gut wie A : A와 마찬가지의. **해석**: 그 일은 끝난거나 *다름 없다*.

54. wiegen : 무게를 재다, 무게가 나가다(wog, gewogen), 흔들다, 흔들리다 (wiegte, gewiegt). **해석**: 그 상인은 무게를 *후하게* 주었다.

55. die Weile : 기간, 꽤 긴 시간, 한참. **해석**: 그것은 아직도(noch) *한참* 걸릴 것이다.

| 보기 7 |

> meinetwegen, deinetwegen, seinetwegen, ihretwegen, unseretwegen, euretwegen

56. Sind Sie die Dame, die Herrn Hartmann sprechen will? —Ja, ich bin _____ extra aus Köln hierher gekommen.

57. Erst wollte ich nicht mitgehen, aber Karin und Jochen hatten _____ so lange warten müssen, da wollte ich sie nicht im Stich lassen.

58. Warum habt ihr nicht gesagt, dass ihr im Restaurant essen wollt?! Jetzt habe ich _____ schon eine Pizza gemacht! Die eßt ihr doch so gern!

59. Ich kann Sie gern nach Haus bringen, Fräulein Kirchhoff! — Nein danke, ich möchte nicht, dass Sie _____ einen so großen Umweg machen müssen.

60. Wo warst du denn? Ich bin _____ gekommen.

61. _____ kannst du den Schmuck kaufen!

정답) 56. seinetwegen   57. meinetwegen   58. euretwegen
59. meinetwegen   60. deinetwegen   61. Meinetwegen

보기 7

> 누구때문에 라는 표현은 독일어로 '소유대명사+etwegen'이다. *meinet-wegen* : 나때문에, *deinetwegen* : 너 때문에. 또한 *Meinetwegen!*은 대답에서 *'Ich habe nichts dagegen!'*이라는 의미를 갖는다.

****

56. <1> j-n sprechen : 누구와 면담하다. <2> extra : 별도로, 특별히, 고의로. **해석** : 당신이 하르트만씨와 면담하고자하는 부인입니까? — 예, 저는 그분 때문에 쾰른에서 여기로 특별히 왔습니다.

57. <1> erst : 처음에는. <2> j-n im Stich lassen : 곤경에 처한 누구를 떠나다. **해석** : 원래 나는 같이 가려고 하지 않았다. 그러나 카린과 요혼이 *나때문에(meinetwegen)* 그렇게 오랫동안 기다려야만 했다. 그래서 나는 그들을 곤경에 처하게 하고 싶지 않았다.

58. 해석 : 왜 너희들은 식당에서 식사하려고 한다고 말하지 않았니? 지금 나는 *너희들 때문에(euretwegen)* 피자를 만들었는데! 너희들은 피자먹는 것을 좋아하잖니!(gern)

59. <1> j-n nach Hause bringen : 누구를 집에 바래다 주다. <2> Umweg machen : 우회하다. **해석** : 내가 당신을 기꺼이 집으로 바래다 주겠습니다. 키르히호프양! — 고맙지만 괜찮습니다. 저는 당신이 *저때문에* 그렇게 멀리 돌아가야 하는 것을 원하지 않습니다.

60. 해석 : 너 어디 있었니? 나는 너 때문에 왔다.

61. der Schmuck : 귀걸이 등 장신구, schmücken : 장식하다. **해석** : *나와 상관없이* 너는 그 장신구를 살수 있다! (나는 네가 장신구를 사는 것에 *반대하지 않는다*)

제3장 어휘연습 III (형용사와 부사)

보기 8

bequem, gemütlich, hübsch

62. Was für _____ Blumen!

63. Die Schuhe sind zwar nicht sehr elegant, aber sehr _____.

64. Ich möchte heute nicht ausgehen; bei mir zu Haus, mit der Familie, den Kindern, ist es doch am _____.

65. In *das* Hotel gehe ich nicht noch mal; es war sehr kalt und un_____ dort.

66. Das machen wir! Das ist eine _____ Idee!

보기 9

unbedingt, überhaupt

67. Ich verstehe _____ nicht, warum du in den Ferien _____ nach Spanien willst. Wenn man kein Spanisch kann, macht das doch _____ keinen Spaß!

68. Müssen Sie Ihr Radio _____ so laut stellen, junger Mann?! Sie vergessen wohl, dass Sie Nachbarn haben!! —Aber nein, _____ nicht. Ich wollte Ihnen nur mit Musik eine kleine Freude machen. —Sie haben Humor!

69. Er ist _____ selten zu Hause.

정답 62. hübsche 63. bequem 64. gemütlichsten 65. (un)gemütlich
66. hübsche 67. überhaupt, unbedingt, überhaupt
68. unbedingt, überhaupt 69. überhaupt

제3장 어휘연습 III (형용사와 부사) - 해설   155

보기 8

bequem : 옷, 신발, 의자 등이 편안한. *gemütlich* : 분위기가 좋은, 기분좋은, 편안한, 아늑한. *hübsch* : 귀여운, 예쁜, 좋은, 멋진.

****

62. 해석 : 얼마나 *예쁜* 꽃들인가!

63. 해석 : 그 구두는 매우 우아하지는 않지만(zwar), 하지만(aber) 매우 *편안하다*.

64. 해석 : 나는 오늘 외출하고 싶지 않다. 우리집에, 가족들, 즉 아이들과 같이 있을 것이다. 그것이 *가장 기분좋다*.

65. 해석 : 나는 그 호텔에 다시 가지 않을 것이다. 거기는 매우 춥고 *분위기가 좋지 않았다*.

66. 해석 : 우리 그렇게 하자! 그것 참 좋은 아이디어다!

보기 9

unbedingt : 무조건. *überhaupt* : 일반적으로, *überhaupt nicht* : 전혀 무엇이 아니다.

****

67. Spaß machen : 재미있다. 해석 : 나는 왜 니가 방학때 스페인으로 가려고 하는지 *전혀 이해하지 못하겠다*. 스페인어를 못하면 아무 재미없다!

68. 해석 : 젊은이, 당신은 무조건 라디오를 그렇게 크게 틀어야만 합니까?! 당신은 이웃이 있다는 사실을 잊고 계시는 것 같군요!! - 아뇨, *전혀 그렇지 않습니다*. 나는 당신을 음악으로 즐겁게 해드리려고 했습니다. - 당신은 유모어가 있으시군요!

69. 해석 : 그는 일반적으로 집에 있는 경우가 드물다.

보기 10

immerhin, eben, sowieso

70. Ich glaube, wir müssen gehen. —Ja, _____.

71. Das ist ja kein sehr tolles Zeugnis, Helga! —Aber das Abitur habe ich _____ bestanden. Mehr wollte ich doch gar nicht.

72. Mein Mann hilft mir zwar nie bei der Hausarbeit, aber seit kurzem bezahlt er _____ eine Putzfrau, die einmal in der Woche kommt. Das ist schon besser als gar nichts.

73. _____ jetzt brauchen wir Geld.

74. Der Tag war neblig, und überhaupt, er hatte _____ keine Zeit zum Spazierengehen.

보기 11

etwa, etwas

75. Sprechen Sie bitte _____ deutlicher, sonst kann man Sie nicht verstehen.

76. Es wird noch _____ eine halbe Stunde dauern, bis Sie an der Reihe sind, Herr Schmidt. Der Doktor ist gerade beschäftigt.

77. Ich zahle gern _____ mehr, wenn ich dafür _____ wirklich Gutes bekomme.

78. Es sind _____ drei Kilometer bis zum Bahnhof.

정답 70. eben 71. immerhin 72. immerhin 73. Eben 74. sowieso
75. etwas 76. etwa 76. etwas, etwas 78. etwa

제3장 어휘연습 III (형용사와 부사) - 해설 157

보기 10

> *immerhin* : 양에는 차지 않지만 어쨋든. *eben* : 바로 조금전에, 바로 (단어를 강조), *Ja, eben* : 그래요, 그렇습니다. *sowieso* : 어쨋든.

****

70. **해석**: 나는 우리가 이제 가야한다고 생각합니다. -예, 그렇습니다.

71. <1> toll: 좋은, 멋진. <2> das Zeugnis : 성적, 성적증명서. <3> bestehen : 합격하다. **해석**: 헬가야, 그것은 아주 좋은 성적이 아니다! -그러나 *부족하지만 어쨋든* 나는 아비투어에 합격했다. 나는 전혀 더 이상 원하지 않았다.

72. <1> j-m bei etwas(3) helfen : 누가 무엇을 하는 것을 도와주다. <2> seit kurzem : 최근부터. <3> einmal in der Woche : 일주일에 한번.
    해석: 내 남편은 절대로 내가 집안일을 할때 도와주지 않는다. 그러나 최근부터 *양에는 차지 않지만 어쨋든* 그는 일주일에 한번 오는 파출부 비용을 대준다. 그것은 아무 것도 하지 않는 것보다는 낫다.

73. **해석**: 바로 지금 우리는 돈이 필요하다.

74. <1> neblig : 안개 낀. <2> überhaupt : 일반적으로, 전혀 무엇이 아니다, 특히. **해석**: 그날은 안개가 끼었다. 특히 *어쨋든* 그는 산보할 시간이 없었다.

보기 11

> *etwa* : 약(수나 양을 나타내는 부사앞에 나온다). *etwas* : '무엇'이라는 뜻을 지닌 부정대명사로 사용되기도 하지만 부사앞에 나와서 '약간'이 라는 뜻을 지니기도 한다.

****

75. deutlich: 분명한, 명확한. **해석**: 약간 더 분명하게 말씀해 주십시오. 그렇지 않으면 우리들은 당신 말씀을 알아들을 수 없습니다.

76. <1> dauern: 지속하다, 계속되다. <2> an der Reihe sein: 차례가 되다. <3> beschäftigt: 바쁜. **해석**: 당신 차례가 되려면 아직도 약 30분은 걸릴 것 입니다, 슈미트씨. 의사선생님은 지금(gerade) 바쁩니다.

77. **해석**: 내가 정말 좋은 것을 얻는다면 기꺼이 약간 더 지불하겠습니다.

78. **해석**: 역까지는 약 3킬로미터입니다.

보기 12

mehr, mehrere, mehrmals

79. Christian weiß _____ über Kunst als seine Klassenkameraden.

80. An diesem Tag haben _____ Schüler den Test im Arbeitsamt gemacht, nicht nur Christian.

81. Ich musste _____ anrufen, bis ich endlich einen Termin bekam.

82. Auf meine Anzeige in der *Frankfurter Allgemeinen* habe ich _____ gute Angebote bekommen.

83. Diese Wohnung ist natürlich sehr einfach, aber wenn man was Besseres will, muss man auch _____ ausgeben.

84. Dieses Wort hat _____ Bedeutungen; die muss man gut auseinander halten.

85. Wir haben ihn _____ gefragt, ob er mitkommen will, aber er hat sich bis heute noch nicht entschlossen.

정답) 79. mehr   80. mehrere   81. mehrmals   82. mehrere   83. mehr
      84. mehrere   85. mehrmals

제3장 어휘연습 III (형용사와 부사) - 해설 159

보기 12

mehr : *viel*의 비교급. *mehrere* : 몇개의, 이 다음에 형용사가 나오면 둘다 강변화를 한다. *mehrmals* : 몇번.

****

79. <1> über etwas(4) viel wissen : 무엇에 대해 많이 알다. <2> der Klassenkamerad : 학급동료. 비교급을 표현하는 *als*가 있는 것에 주의하시오.

80. 해석 : 이날 크리스티안 뿐 아니라 **몇몇** 학생들이 노동청에서 테스트를 받았다.

81. <1> j-n anrufen : 누구에게 전화하다. <2> endlich : 마침내. <3> der Termin : 약속시간, 기한. 해석 : 마침내 차례가 될 때까지 나는 **몇번** 전화를 해야했다.

82. <1> die Anzeige : 광고. <2> das Angebot : 공급. 해석 : 프랑크푸르트 알게마이네의 나의 광고에 대해 나는 **몇개의** 좋은 제안을 받았다.

83. ausgeben : 지출하다. 해석 : 이집은 물론 매우 단순하다. 그러나 더 좋은 것을 원한다면 **더 많이** 지출해야 한다.

84. <1> die Bedeutung : 의미. <2> auseinander halten : 구별하다. 해석 : 이 단어는 **몇개의** 의미를 갖고 있다. 우리들은 이것을 잘 구분해야 한다.

85. <1> mitkommen : 같이 가다. <2> bis heute : 오늘날까지. <3> sich zu etwas(3) entschließen : 무엇을 하기로 결심하다. 해석 : 나는 그가 함께 가려고 하는지 **몇번** 물어 보았다. 그러나 그는 오늘날까지 아직 결심을 하지 못했다.

160　제3장 어휘연습 III (형용사와 부사)

보기 13

einige, einzeln, eigen, einzig

86. So was Dummes! Da habe ich aus Versehen den Schirm eines Kollegen mitgenommen und meinen _____ liegengelassen.

87. So ein Pech! Heute Abend sind wir in die Oper eingeladen, und mein _____ guter Anzug ist noch in der Reinigung, und mein _____ weißes Hemd ist in der Wäsche. Sonst trage ich doch nur Jeans und Pullover!

88. Seid ihr zusammen hergekommen? —Nein, _____ mit verschiedenen Taxis. —Na, ihr habt wohl zuviel Geld, was?

89. Ich kann noch nicht nach Haus; ich habe hier noch _____ wichtige Briefe zu beantworten.

90. Ein _____ Mensch erreicht nicht viel, aber wenn wir uns zusammentun, z. B. in einer Gewerkschaft, dann kann man schon etwas erreichen.

91. Klaus hat jetzt ein _____ Haus; letzte Woche hat er den Kaufvertrag unterschrieben.

92. In _____ Tagen werde ich mit meiner Doktorarbeit fertig sein; dann wird aber gefeiert!

정답　86. eigenen　87. einziger, einziges　88. einzeln　89. einige
　　　90. einzelner　91. eigenes　92. einigen

제3장 어휘연습 III (형용사와 부사) - 해설   161

보기 13

einige : 몇개의(이 다음에 형용사가 나오면 *mehrere*처럼 둘 다 강변화 한다). *einzeln* : 개별적인, 단독의. *eigen* : 자신의, 고유한, 독특한. *einzig* : 유일한, 하나밖에 없는.

****

86. <1> so was Dummes : 그런 어리석은 일. <2> aus Versehen = versehentlich : 실수로. <3> der Schirm : 우산. <4> mitnehmen : 가져오다. <5> liegenlassen : 놓아두다. **해석** : 이런 어리석은 일이 있나! 내가 거기서 실수로 동료의 우산을 가져오고 *내 자신의* 것은 두고 왔다.

87. <1> das Pech : 피치, 역청, 불운. <2> der Anzug : 옷, 의복. <3> die Reinigung : 청소, 소독, 세탁소. <4> die Wäsche : 빨랫감, 세탁물, 세탁, in der Wäsche : 세탁중의. <5> sonst : ① 그렇지 않으면 : Tu es jetzt, sonst ist es zu spät. : 지금 그것을 해라, 그렇지 않으면 너무 늦을 것이다. ② 그밖에 : Kommt sonst noch jemand? ③ 옛날에, 그전에(= früher) : Er hat es wie sonst gemacht. **해석** : 이런 낭패가 있나! 오늘 저녁 우리는 오페라에 초대를 받았다. 그런데 내 *하나 밖에 없는* 괜찮은 양복은 세탁소에 있고, 내 *하나밖에 없는* 흰와이셔츠도 세탁중이다. 다른 때라면(= sonst) 나는 진바지와 폴라티만 입을텐데!

88. <1> zusammen : 함께 ↔ einzeln: 단독의, 개별적인. <2> verschieden : 서로 다른, 다양한. **해석** : 너희들 같이 왔니? —아니 *각자* 다른 택시를 타고 왔어. —야, 너희들 돈이 많구나, 응?

89. haben zu Inf. : 무엇을 해야 한다. **해석** : 나는 아직 집에 갈 수 없다; 나는 여기서 아직 *몇몇* 중요한 편지에 답장을 써야한다.

90. **해석** : *개별적* 인간은 많은 것을 이루어내지 못한다. 그러나 우리가 함께 한다면, 예를 들면 노동조합에서, 우리들은 어떤 것을 이루어낼 수 있다.

91. <1> der Kaufvertrag : 구매계약. <2> unterschreiben : 서명하다. **해석** : 클라우스는 이제 *자기 자신의* 집을 가지고 있다; 지난 주에 그는 구매계약서에 서명했다.

92. <1> in einigen Tagen : 앞으로 며칠 후에(미래) <2> mit etwas(3) fertig werden : 무엇을 끝마치다. <3> feiern : 거행하다, 축제를 벌이다, 축하하다. **해석** : 앞으로 *며칠* 지나면 나는 박사학위논문을 끝마칠 것이다; 그러면 나는 정말 잔치를 할것이다.

보기 14

"-ig" oder "-lich"

93. Diese Medizin muss man dreimal täg_____ nehmen.

94. *Der Spiegel*, Deutschlands bekanntestes Nachrichtenmagazin, erscheint wöch_____.

95. Sie können von hier aus stünd_____ mit dem Zug nach Bonn fahren.

96. Franz schrieb mir, dass er gerade von einer zweimonat_____ Reise nach Südamerika zurückgekehrt sei.

97. Manfred, der siebenjähr_____ Sohn von Frau Sievert, hatte kürzlich einen Unfall.

98. Der jähr_____ Kongress der Fachärzte für Chirurgie findet diesmal in Berlin statt.

99. Die wöch_____ Arbeitszeit in der Bundesrepublik beträgt für die meisten Arbeitnehmer 40 Stunden.

100. Für den Beruf als Elektriker muss man eine dreijähr_____ Lehre machen.

정답 93. (täg)lich 94. (wöch)entlich 95. (stünd)lich
96. (zweimonat)igen 97. (siebenjähr)ige 98. (jähr)liche
99. (wöchent)liche 100. (dreijähr)ige

> 보기 14
>
> 시간을 나타내는 명사에 '-ig'가 첨가되면 시간의 양을, '-lich'가 첨가되면 반복적인 상황을 나타낸다. 보기 : *zweitägige Reise* : 이틀동안의 여행. *täglich* : 날마다.

****

93. <1> Medizin nehmen : 약을 먹다. <2> *dreimal täglich* : 날마다 세번.

94. <1> bekannt : 알려진, 유명한. <2> das Nachrichtenmagazin : 시사잡지. <3> erscheinen : 나타나다, 출간되다, 누구에게 무엇처럼 보이다(= vorkommen) <4> *wöchentlich* : 매주.

95. <1> von hier aus : 여기서부터. <2> *stündlich* : 매시간마다.

96. <1> *zweimonatige Reise* : 두달 동안의 여행. <2> von etwas(3) zurück- kehren : 무엇으로부터 돌아 오다.

97. <1> *siebenjähriger Sohn* : 일곱살짜리 아들. <2> *kürzlich* : 최근에.

98. <1> *der jährliche Kongress* : 해마다 열리는 회의. <2> der Facharzt : 전문의. <3> die Chirurgie : 외과. <4> stattfinden : 개최되다.

99. <1> *die wöchentliche Arbeitszeit* : 주당 노동시간. <2> betragen : 양이나 수가 얼마에 달하다.

100. <1> der Elektriker : 전기기사. <2> *eine dreijährige Lehre* : 3년 동안의 견습기간.

보기 15

nämlich, trotzdem

101. Ich bin zu spät gekommen; ich habe _____ meinen Bus verpasst.

102. Er versteht überhaupt nichts von dieser Arbeit; _____ hat er die Stelle bekommen. —Kein Wunder, er ist _____ mit dem Chef verwandt.

103. Elke hat immer viel Arbiet und wenig Freizeit. _____ will sie den Hof behalten. Das Landleben gefällt ihr _____.

104. Elke und Horst wußten, dass sie sehr verschiedene Interessen haben. _____ haben sie sich verlobt. (Sie haben sich _____ sehr gern.)

105. Den Film brauchst du dir nicht anzusehen. Der ist _____ völlig uninteressant. —Ich werde ihn mir wohl _____ ansehen müssen. Meine Frau will _____ unbedingt hin.

정답) 101. nämlich 102. trotzdem, nämlich 103. Trotzdem, nämlich
104. Trotzdem, nämlich 105. nämlich, trotzdem, nämlich

보기 15

nämlich: 즉, 다시 말하면, 왜냐하면 무엇이기 때문이다(문장 중간에 나온다). *trotzdem* : 그럼에도 불구하고(= *dennoch*). 예문 : *Einmal in der Woche, nämlich am Dienstag geht er kegeln* : 일주일에 한번, 즉 화요일에 그는 볼링을 치러 간다.

****

101. verpassen = versäumen : 기차 등을 놓치다. **해석** : 나는 너무 늦게 왔다. *왜냐하면* 기차를 놓쳤기 *때문이다*.

102. <1> von etwas(3) nichts verstehen(= wissen) : 무엇을 전혀 모르다. <2> das Wunder : 놀라움, 기적. <3> mit j-m verwandt sein : 누구와 친척이다. **해석** : 그는 이 일에 관해 전혀 아무 것도 모른다. 그럼에도 불구하고 그는 자리를 얻었다. ―전혀 놀랄 일이 아니다. *왜냐하면* 그는 사장과 친척이기 *때문이다*.

103. <1> der Hof : 마당, 궁정, 농장. <2> behalten : 소지하다, 갖다, 보유하다, 기억하다. <3> das Landleben : 시골생활. **해석** : 엘케는 일은 많고 자유시간은 없다. 그럼에도 불구하고 그녀는 농장을 갖고 있으려 한다. *왜냐하면* 그녀는 시골생활이 마음에 들기 *때문이다*.

104. <1> verschieden : 서로 다른, 다양한. <2> das Interesse : 이해, 관심사. <3> sich verloben : 약혼하다. <4> gernhaben : 좋아하다. **해석** : 엘케와 호르스트는 관심사가 서로 매우 다르다는 사실을 알았다. 그럼에도 불구하고 그들은 약혼을 했다.(*왜냐하면* 그들은 서로 매우 좋아하기 *때문이다*)

105. <1> sich etwas(4) ansehen : 무엇을 구경하다. <2> völlig : 완전히. <3> uninteressant : 재미없는. <4> unbedingt : 무조건. **해석** : 너는 그 영화를 볼 필요가 없다. *왜냐하면* 그것은 아주 재미가 없기 *때문이다*. ―그럼에도 불구하고 나는 그것을 보아야만 한다. *왜냐하면* 내 처가 무조건 보러 가려고 하기 *때문이다*.

166 제3장 어휘연습 III (형용사와 부사)

보기 16

> bescheiden, dick, müde, gefährlich, traurig, vorsichtig, schmutzig, nervös, ruhig, arm, sparsam, pünktlich

106. Ingeborg wiegt zuviel. Sie ist zu _____.

107. Erich hat sehr wenig Geld, er ist _____.

108. Viele Leute haben Angst, wenn sie Punks sehen. Sie glauben, Punks sind _____.

109. Meine kleine Tochter wäscht sich nicht gerne. Sie ist meistens _____.

110. Silvia gibt wenig Geld aus. Sie ist eine _____ Hausfrau.

111. Herr Berg kommt nie zu früh und nie zu spät. Er ist immer _____.

112. Peter erzählt selbst sehr wenig, er hört lieber zu. Er ist ein sehr _____ Mensch.

113. Albert regt sich über alles auf. Er ist ziemlich _____.

114. Hans schläft oft sehr schlecht. Deshalb ist er morgens oft _____.

115. Jörg lacht sehr selten. Meistens sieht er sehr _____ aus.

116. Veronika fährt immer langsam und passt gut auf. Sie ist eine _____ Autofahrerin.

117. Frau Wertz hat selten Wünsche. Sie ist meistens _____.

정답) 106. dick   107. arm   108. gefährlich   109. schmutzig
110. sparsame   111. pünktlich   112. ruhiger   113. nervös
114. müde   115. traurig   116. vorsichtige   117. bescheiden

보기 16

bescheiden : 겸손한, 사양하는. *dick* : 뚱뚱한, 두꺼운. *müde* : 피곤한. *gefährlich* : 위험한. *traurig* : 슬픈. *vorsichtig* : 조심스러운. *schmutzig* : 더러운. *nervös* : 신경질적인. *ruhig* : 조용한. *arm* : 가난한. *sparsam* : 절약하는. *pünktlich* : 정확한.

****

106. wiegen : 무게가 나가다, 무게를 재다(wog, gewogen), 흔들다(wiegte, gewiegt). **해석**: 잉게보르크는 몸무게가 너무 나간다. 그녀는 너무 *뚱뚱하다*.

107. **해석**: 에리히는 돈이 아주 조금 밖에 없다. 그는 *가난하다*.

108. <1> der Punk : 펑크족. <2> glauben : 믿다, 생각하다. **해석**: 많은 사람들이 펑크족을 보면 무서워한다. 그들은 펑크족이 *위험하다*고 생각한다.

109. <1> waschen : 씻다, 세탁하다. <2> meistens : 대부분. **해석**: 내 어린 딸은 씻는 것을 좋아하지 않는다. 그녀는 대개 *지저분하다*.

110. ausgeben : 지출하다. **해석**: 실비아는 돈을 잘 쓰지 않는다. 그녀는 *알뜰한* 주부다.

111. **해석**: 베르크씨는 너무 일찍 오지도 않고 너무 늦게 오지도 않는다. 그는 항상 *정확하다*.

112. <1> erzählen : 이야기하다. <2> zuhören : 경청하다. **해석**: 페터는 스스로 이야기를 잘 하지 않는다. 그는 오히려 경청을 한다. 그는 아주 *조용한* 사람이다.

113. <1> sich über etwas(4) aufregen : 무엇에 흥분하다. <2> ziemlich : 상당히. **해석**: 알버트는 모든 것에 흥분한다. 그는 상당히 *신경질적이다*.

114. schlafen : 잠을 자다. **해석**: 한스는 자주 잠을 잘 자지 못한다. 그래서 그는 아침에 자주 *피곤하다*.

115. <1> lachen : 웃다. <2> selten : 거의 무엇을 하지 않는다. <3> meistens : 대부분. <4> aussehen : 무엇처럼 보이다. **해석**: 요르크는 거의 웃지 않는다. 대부분 그는 매우 슬퍼 보인다.

116. auf etwas(4) aufpassen : 무엇에 주의하다. **해석**: 베로니카는 항상 천천히 달리며 주의깊다. 그녀는 *조심스런* 운전자다.

117. <1> selten = kaum : 거의 무엇이 아니다. <2> der Wunsch : 바램, 욕망. <3> meistens : 대부분. **해석**: 베르츠 부인은 욕심이 거의 없다. 그녀는 대개 *겸손하다*.

|보기 17|

> gelegentlich, ab und zu, ohne weiteres, überhaupt, eigentlich

118. Meistens bin ich gern mit anderen Leuten zusammen, aber _____ möchte ich doch alleine sein und meine Ruhe haben.

119. Ich bin gerne allein, aber über _____ Besuch freue ich mich.

120. Diesen Mietvertrag kannst du _____ unterschreiben; der ist in Ordnung.

121. Hast du _____ gewusst, dass dieses Haus schon 250 Jahre alt ist?

122. Du willst ein Haus kaufen? Hast du _____ so viel Geld?

123. Die Miete ist zwar teuer, aber ich kann sie _____ bezahlen.

124. Ich wohne hier nicht schlecht, aber _____ werde ich eine ruhigere Wohnung suchen.

정답 118. gelegentlich(ab und zu)   119. gelegentlichen   120. ohne weiteres
121. überhaupt(eigentlich)   122. überhaupt(eigentlich)
123. ohne weiters   124. gelegentlich

보기 17

gelegentlich : 때때로, 가끔, 때가 되면, 상황이 허락하면. *ab und zu* : 가끔, *ohne weiteres* : 즉시, 지체하지 않고. *überhaupt* : 일반적으로, 도대체(의문문에서), *überhaupt nicht* : 전혀 무엇이 아니다, *eigentlich* : 도대체(의문문), 원래.

****

118. <1> meistens : 대부분. <2> die Ruhe : 안정, 편안함. **해석** : 대부분 나는 다른 사람들과 함께 있는 것을 좋아한다. 그러나 나는 *가끔*은 혼자서 안정을 취하고 싶다.

119. **해석** : 나는 혼자 있는 것을 좋아한다. 그러나 나는 *가끔* 누가 방문하는 것은 기쁘다.

120. <1> der Mietvertrag : 임대계약. <2> unterschreiben : 서명하다. <3> in Ordnung sein : 잘 되어 있다. **해석** : 이 임대계약서에 너는 *즉시* 서명할 수 있다. 그것은 잘 되어 있다.

121. **해석** : 너는 *도대체* 이집이 250년이나 되었다는 것을 알았니?

122. **해석** : 너는 집을 사려고 하니? 너는 *도대체* 돈이 그렇게 많이 있니?

123. <1> die Miete : 집세. <2> zwar A, aber B : A이긴 하지만 B이다.
    해석 : 집세가 비싸기는 하지만, 그러나 나는 그것을 *즉시* 지불할 수 있다.

124. sich etwas(4) suchen = erwas(4) suchen = nach etwas(3) suchen : 무엇을 찾다. **해석** : 나는 여기서 나쁘지 않게 잘(nicht schlecht) 살고 있다. 그러나 *때가 되면* 나는 더 조용한 집을 찾을 것이다.

보기 18

fort/weg, herein, hinaus, zurück, wieder, zusammen, vorbei, hinunter/herunter, weiter

125. An Silvester gehen die Leute auf die Straße _____, wo viele ein privates Feuerwerk machen.

126. Einige Eltern erzählen ihren Kindern, dass das Christkind aus dem Himmel auf die Erde _____ steigt und Geschenke bringt.

127. Obwohl immer mehr Leute keine wirklichen Christen mehr sind, wird das Weihnachtsfest trotzdem _____ bestehen.

128. Am Weihnachtsabend sitzt meistens die ganze Familie _____ und feiert Weihnachten.

129. Die Kinder dürfen erst dann in das Zimmer mit den Geschenken und dem Tannenbaum kommen, wenn der Weihnachtsmann wieder _____ gegangen ist.

130. Die Zahl der Leute, die regelmäßig in die Kirche gehen, geht jedes Jahr _____.

131. Am Weihnachtsabend denkt Katja nur eins: "Wann werde ich endlich ins Weihnachtszimmer _____ gerufen?"

132. Dieses Jahr spielte unser Nachbar den Nikolaus. Die Kinder haben ihn nicht _____ erkannt.

133. Manche Kinder glauben, dass das Christkind oder der Weihnachtsmann in jedem Haus _____ kommt und Geschenke bringt.

정답) 125. hinaus   126. hinunter(herunter)   127. weiter   128. zusammen
129. fort(weg, hinaus, weiter)   130. zurück   131. herein
132. wieder   133. vorbei

보기 18

> *fort* : 어떤 곳으로 가버린, 잇달아 계속하여, *in einem fort* : 계속하여, 연속하여 / *weg* : 어디로 부터 멀어져간, 떠난 결과로 없어진, *weg sein* : 없어지다. *herein* : 내부로, 안으로. *hinaus* : 밖으로, 그이후로. *zurück* : 뒤로, *zurück sein* : 뒤돌아 오다. *wieder* : 다시. *zusammen* : 함께 ↔ *einzeln* : 단독으로. *vorbei* : 지나친, *an etwas(3) vorbeigehen* : 무엇을 지나쳐 가다. *hinunter* : 아래로(내려가다) / *herunter* : 아래로(내려오다), *weiter* : 계속하여.

****

125. <1> an Silvester : 섣달 그믐날에. <2> privat : 사적인 ↔ öffentlich : 공적인. <3> das Feuerwerk : 불꽃(놀이). **해석**: 섣달 그믐날에 많은 사람들이 개인적으로 불꽃놀이를 하는 *거리로 나간다*.

126. <1> das Christkind : 아기예수. <2> der Himmel : 하늘, 천국. <3> steigen : 올라가다. <4> das Geschenk : 선물. **해석**: 몇몇 부모들은 자식들에게 아기예수가 하늘에서 *땅으로 내려와서* 선물들을 가져온다고 이야기 해준다.

127. <1> immer mehr : 점점 더 많은. <2> der Christ : 기독교. <3> trotzdem : 그럼에도 불구하고. <4> bestehen : 남아 있다, 존재하다. **해석**: 비록 점점 더 많은 사람들이 더 이상 진짜 기독교도는 아니지만, 그럼에도 불구하고 크리스마스 축제는 *계속해서 남아 있을* 것이다.

128. <1> meistens : 대부분. <2> feiern : 축하하다, 거행하다. **해석**: 크리스마스날 이브에 대부분 전가족이 *함께 앉아서* 크리스마스를 축하한다.

129. <1> dürfen : 해도 된다(허가). <2> erst : 비로소. <3> der Tannenbaum : 전나무. <4> der Weihnachtsmann : 산타클로스. **해석**: 아이들은 산타클로스가 다시 *떠난 후에야* 비로소 선물과 트리가 있는 방안으로 들어올 수 있다.

130. <1> die Zahl : 수. <2> regelmäßig : 규칙적인. **해석**: 규칙적으로 교회에 가는 사람들의 수가 매년 *감소한다*.

131. <1> endlich : 마침내. <2> rufen : 부르다. **해석**: 크리스마스날 이브에 카트야는 단지 하나만을 생각한다 : "마침내 언제 난 크리스마스 선물이 있는 방안으로 *불리워질까?*" 하는 생각말이다.

132. <1> den Nikolaus spielen : 니콜라우스 역을 하다. <2> j-n wieder erkennen : 누구를 다시 알아보다. **해석**: 올해에는 우리 이웃 사람이 산타클로스 역을 했다. (하지만) 아이들이 그사람을 *알아보지 못했다*.

133. <1> glauben : 믿다, 생각하다. <2> in jedem Haus vorbeikommen : 모든 집을 지나가면서 들르다. **해석**: 많은 아이들이 아기예수 혹은 산타클로스가 모든 *집을 돌며* 선물을 가져온다고 믿는다.

보기 19

fertig, fest, hoch, kaputt, leer, tot, offen, lieb

134. Hast du das Essen schon _____? Ich bin sehr hungrig.

135. Die alte Frau ist nicht natürlich gestorben. Sie wurde von einem Auto _____ gefahren.

136. Lassen Sie das Fenster bitte _____. Es ist so heiß hier im Zimmer.

137. Trinkst du das Glas noch _____, oder soll ich die Milch weggießen?

138. Der Aufzug ist leider kaputt, wir müssen die Treppen _____ gehen.

139. Vorsicht, halte das Kind _____. Es läuft sonst auf die Straße.

140. Mit 50 bekommt Frau Buss schon Rente, sie hat sich wirklich _____ gearbeitet.

141. Zuerst habe ich den Hund nicht gemocht, aber dann habe ich ihn _____ gewonnen.

정답 134. fertig 135. tot 136. offen 137. leer 138. hoch 139. fest
140. kaputt 141. lieb

보기 19

> *fertig* : 끝마친. *fest* : 딱딱한, 고체의, 꽉, 확실히 ↔ *lose* : 느슨한, 움직이지 않는. *hoch* : 높은 ↔ *niedrig* : 낮은. *kaputt* : 고장난, (사람이) 녹초가 된. *leer* : 비어 있는 ↔ *voll* : 가득 찬. *tot* : 죽은, 죽을 정도로 다친 ↔ *lebendig* : 살아 있는. *offen* : 열린, 미해결의 ↔ *geschlossen* : 닫힌. *lieb* : 사랑스러운.

****

134. <1> etwas(4) fertig haben : 무엇을 끝마치다. <2> hungrig : 배고픈 ↔ satt : 배부른. **해석** : 당신 식사 *다 됐어?* 나 아주 배고픈데.

135. **해석** : 그 노인은 물론 죽지는 않았다. 그 노인은 자동차에 치어 *치명상을 입었다.*

136. <1> etwas(4) offen lassen : 무엇을 열어둔 채로 두다. <2> heiß : 더운. **해석** : *창문을 열어두십시오.* 여기 방안이 아주 덥습니다.

137. weggießen : 쏟아 버리다. **해석** : 너 이 잔을 *다 마실거니*, 아니면 우유를 쏟아 버릴까?

138. <1> der Aufzug : 엘리베이터. <2> die Treppe : 계단. <3> hochgehen : 올라가다. **해석** : 유감스럽게도 엘리베이터가 고장났다. 우리는 계단을 올라가야 한다.

139. <1> die Vorsicht : 조심. <2> j-n festhalten : 누구를 꽉 잡다. **해석** : 조심해라, 그 아이를 *꽉 잡아라.* 그렇지 않으면 그 아이는 길거리로 뛰어 간다.

140. <1> mit 50 (Jahren) : 50세의 나이에. <2> die Rente : 연금. <3> wirklich : 정말. **해석** : 50세의 나이에 부스부인은 벌써 연금을 받는다. 그녀는 정말 녹초가 되도록 열심히 일했다.

141. <1> zuerst : 처음에 ↔ dann : 그 다음에. <2> j-n mögen : 누구를 좋아하다. <3> *j-n liebgewinnen* : *누구를 좋아하게 되다.* **해석** : 처음에는 나는 개를 좋아하지 않았다. 그러나 나는 나중에 개를 좋아하게 되었다.

제3장 어휘연습 III (형용사와 부사)

보기 20

erst, nur, etwa, wenigstens, schon, bloß, mindestens, selbst, vor allem, sogar, besonders, gerade, höchstens, ungefähr

142. Marianne und Martin kennen sich _____ vier Jahre, aber _____ im letzten Jahr haben sie eine gemeinsame Wohnung gemietet.

143. Bettina war über 45 Jahre alt, als ihre Tochter Ursula geboren wurde. Alle Leute fanden, dass sie viel zu alt sei. _____ die Ärzte haben nicht geglaubt, dass sie noch ein Kind bekommen kann.

144. Edda und Johannes haben die Hochzeit _____ mit ihren Eltern gefeiert. Alle anderen Verwandten waren nicht eingeladen.

145. Die Leute gehen immer seltener in die Kirche. _____ die Protestanten klagen darüber, denn ihre Kirchen sind sonntags fast leer.

146. Man kennt die Zahl nicht genau. Doch man vermutet, dass _____ 42% aller Bundesdeutschen Katholiken sind.

정답 142. schon(ungefähr), erst, 혹은 erst, schon
143. Sogar(Selbst, Vor allem, Besonders)   144. nur(bloß)
145. Vor allem(Besonders, Gerade)
146. etwa(mindestens, wenigstens, höchstens, nur, bloß, gerade)

제3장 어휘연습 III (형용사와 부사) - 해설 175

보기 20

> *erst* : 비로소, 겨우. *nur* : 단지. *etwa* : 약, 가령 예를 들면(= *zum Beispiel*). *wenigstens* : 최소한도. *schon* = *bereits* : 벌써. *bloß* : 단지(= *nur*). *mindestens* : 최소한도. *selbst* : 스스로, 몸소, 조차도. *vor allem* : 무엇보다도. *sogar* : 더군다나, 조차도(= *selbst*). *besonders* : 특히. *gerade* : 곧은(*auf gerader Straße*), 조금 전에, 지금, 바로(*Gerade vor einer Woche hat das Fest stattgefunden*), 특히(*Gerade das wollte ich*), 가까스로(*Wir kamen gerade rechtzeitig an*), 참고 : *Geradeaus!* : 똑바로 가십시오!(길을 알려 줄때). *höchstens* : 기껏해야. *ungefähr* : 약.

****

142. <1> j-n kennen : 누구를 알다. <2> gemeinsam : 공통의, 공동의. <3> mieten : 집을 빌리다. **해석** : 마리안네와 마르틴은 *벌써(약)* 4년동안 알고 지내고 있다. 그러나 지난 해에야 *비로소(벌써)* 그들은 공동의 집을 빌렸다.

143. <1> gebären : 낳다, 태어나다. <2> viel zu alt : 너무 나이가 든. <3> ein Kind bekommen : 아이를 낳다. **해석** : 베티나는 그녀의 딸 우르줄라가 태어났을 때 45살이 넘었다. 모든 사람들이 그녀가 나이가 너무 많다고 생각했다. *의사들 조차도(특히 의사들이)* 그녀가 또 아이를 낳을 것이라고는 생각하지 않았다.

144. <1> die Hochzeit : 결혼식. <2> feiern : 거행하다, 축하하다. <3> der Verwandte : 친척. <4> j-n zu etwas(3) einladen : 누구를 어디에 초대하다. **해석** : 에다와 요하네스는 그들의 부모님만 모시고 결혼식을 올렸다. 모든 다른 친척들은 초대하지 않았다.

145. <1> immer seltner : 점점 더 드물게. <2> über etwas(4) klagen : 무엇에 대해 불평하다. <3> die Kirche : 교회. <4> fast : 거의. <5> leer : 비어 있는 ↔ voll : 가득 찬. **해석** : 사람들은 점점 더 교회에 나가지 않는다. 특히 신교도들이 그것을 한탄한다. 왜냐하면 일요일에 그들의 교회가 거의 비어있기 때문이다.

146. <1> die Zahl : 수. <2> vermuten : 추측하다. **해석** : 우리들은 숫자는 정확하게 얼마인지 모르지만 전체 독일국민의 *약(최소한도, 기껏해야, 단지, 가까스로)* 42%가 카톨릭교도라는 것은 안다.

보기 21

schon, noch, erst, genau, höchstens, wenigstens

147. Um 5.00 Uhr schläft Friedrich Still _____. Frank Michel steht dann _____ auf. _____ um 9.00 Uhr steht Frieda auf.

148. Anne Hinkel geht _____ um 21.00 Uhr schlafen. Dann tanzt Frieda Still _____. Klaus geht _____ um 2.00 Uhr schlafen.

149. _____ um 1.00 Uhr geht Frieda Still schlafen. Klaus Bergwe trinkt dann _____ Bier. Anne Hinkel und Frank Michel schlafen dann _____.

150. A: Wieviel wollen Sie für das Geschenk ausgeben?
B: _____ 60,-Mark, mehr nicht, lieber weniger.

151. Es kommen zwar leider immer weniger Leute in die Kirchen, aber _____ auf den Kirchtagen kommen sehr viele Menschen zusammen.

152. _____ um 24.00 Uhr am Silvesterabend, nicht früher und nicht später, füllt man die Gläser mit Sekt und wünscht sich 'Ein gutes Neues Jahr.'

정답) 147. noch, schon, Erst   148. schon, noch, erst   149. Erst, noch, schon
150. Höchstens   151. wenigstens   152. Genau

보기 21

schon : 벌써, *noch* : 아직도, *erst* : 비로소, 겨우(시간의 출발점)
genau : 정확히, *höhstens* : 기껏해야, *wenigstens* : 최소한도.

****

147. <1> schlafen : 잠을 자다. <2> aufstehen : 일어나다. **해석**: 5시에 프리드리히 슈틸은 *아직도* 잠을 자고 있다. 프랑크 미헬은 그때(dann) *벌써* 일어난다. 프리다는 9시에야 *비로소* 일어난다.

148. <1> schlafen gehen : 잠을 자러 가다. <2> tanzen : 춤을 추다. **해석**: 안나 힌켈은 21시에 *벌써* 잠을 자러 간다. 그때면 프리다 슈틸은 *아직도* 춤을 추고 있다. 클라우스는 2시에야 *비로소* 잠을 자러 간다.

149. **해석**: 프리다 슈틸은 1시에야 *비로소* 잠을 자러 간다. 클라우스 베르크베는 그때 *아직도* 맥주를 마시고 있다. 안네 힌켈과 프랑크 미헬은 그때 *벌써* 잠을 자고 있다.

150. <1> das Geschenk : 선물. <2> ausgeben : 지출하다. <3> mehr nicht, lieber weniger : 더 많지는 않고 오히려 더 적게. **해석**: A : 당신은 선물값으로 얼마나 지출하려고 하십니까? B : *최대한도* 60마르크요, 더 많지는 않고, 오히려 더 적으면 좋지요.

151. <1> zwar A, aber B : A이긴 하지만 오히려 B이다. <2> der Kirchtag : 교회의 헌당일. <3> zusammenkommen : 모이다, 만나다. **해석**: 유감스럽지만 점점 더 적은 수의 사람들이 교회에 간다. 그러나 *최소한도* 교회의 헌당일에는 매우 많은 사람들이 모인다.

152. <1> der Silversterabend : 12월 31일 저녁. <2> nicht früher und nicht später : 더 이르지도 않고 더 늦지도 않게. <3> füllen A mit B : A를 B로 채우다. <4> der Sekt : 샴페인. **해석**: *정확하게* 12월 31일 저녁, 24시에 더 이르지도 늦지도 않게 사람들은 샴페인으로 잔을 채우고 "좋은 새해가 되길" 기원한다.

178 제3장 어휘연습 III (형용사와 부사)

보기 22

kühl, roh, hart, bitter, lebendig, kalt, bequem, falsch

153. Person: ohne Gefühl, herzlos
     Fleisch: nicht gekocht, nicht gebraten ⇨ _____

154. Person: lügt oft, man kann ihm/ihr nicht vertrauen
     Rechnung: stimmt nicht, hat einen Fehler ⇨ _____

155. Person: ohne Gefühl, ohne Mitgefühl
     Brot: alt und trocken ⇨ _____

156. Person: bewegt sich nicht viel; arbeitet nicht gern
     Sessel: man sitzt gut darin ⇨ _____

157. Person: vom Leben und den Menschen enttäuscht; ohne Freude
     Medizin: unangenehmer Geschmack ⇨ _____

158. Person: ohne Gefühl, ohne Herz
     Wetter: niedrige Temparatur; man friert ⇨ _____

159. Person: zeigt wenig Gefühl; ist nicht herzlich
     Sommer: nicht warm genug ⇨ _____

160. Person: aktiv; voller Lebenskraft
     Fisch: schwimmt; ist nicht tot ⇨ _____

정답 153. roh   154. falsch   155. hart   156. bequem   157. bitter
158. kalt(kühl)   159. kühl   160. lebendig

제3장 어휘연습 III (형용사와 부사) - 해설   179

보기 22

> *kühl* : 서늘한, 사람이 차가운. *roh* : 사람이 거친, 날것의, 익지 않은.
> *hart* : 무정한, 가혹한, 딱딱한. *bitter* : 맛이 쓴, 괴로운, 아픈, 쓰라린.
> *lebendig* : 활기찬, 활발한, 살아있는. *kalt* : 추운, 사람이 차가운, 몰인정한. *bequem* : 편안한, 사람이 게으른. *falsch* : 거짓의, 사기의, 교활한, 틀린.

****

153. 해석 : 사람 : 감정이 없는, 냉혹한, 무정한(=herzlos). 고기 : 익히지 않은, 굽지 않은 : ***roh***.

154. 해석 : 사람 : 자주 속인다, 믿을 수 없다(lügen : 속이다, j-m vertrauen : 누구를 믿다.) 계산 : 맞지 않다, 잘못이 있다(die Rechnung : 계산, stimmen : 어울리다, 맞다, der Fehler : 잘못) : ***falsch***

155. 해석 : 사람 : 감정이 없는, 동정심이 없는(ohne Mitgefühl). 빵 : 오래되고 마른(trocken) : ***hart***

156. 해석 : 사람 : 많이 움직이지 않는다(bewegen : 움직이게 하다) ; 일하는 것을 좋아하지 않는다. 안락의자 : 거기에 앉기가 좋다 : ***bequem.***

157. 해석 : 사람 : 삶과 사람에게 실망한(von etwas(3) enttäuscht sein : 무엇에 실망하다) ; 기쁨이 없는. 약 : 유쾌하지 못한 맛(angenehm : 유쾌한. das Geschmack : 맛) : ***bitter.***

158. 해석 : 사람 : 감정이 없는, 가혹한. 날씨 : 낮은 온도, 몸이 얼다(frieren) : ***kalt, kühl.***

159. 해석 : 사람 : 감정을 거의 보이지 않는다, 다정다감하지(herzlich) 못하다, 여름 : 충분히 따뜻하지 못한 : ***kühl.***

160. 해석 : 사람 : 적극적이다, 활력이 넘친다. 물고기 : 헤엄치다, 죽지 않다 : ***lebendig.***

보기 23

blass, schwach, ruhig, offen, sparsam, weich, locker, schlecht

161. Person: entspannt, natürlich
 Sahnekuchen: leicht, luftig, zart ⇨ _____

162. Person: sagt, was er/sie denkt; ist ehrlich, aber nicht immer höflich
 Tür: geöffnet; nicht geschlossen ⇨ _____

163. Person: spricht wenig, hört lieber zu; ist selten nervös oder aufgeregt
 Hotelzimmer: man hört keinen Lärm von der Straße
 ⇨ _____

164. Person: böse; kein guter Charakter
 Milch: so alt, dass man sie nicht mehr trinken kann
 ⇨ _____

165. Person: hat nicht viel eigenen Willen; tut meistens, was andere wollen
 Licht: nicht hell genug, zu dunkel ⇨ _____

166. Person: gibt wenig Geld aus
 Kühlschrank: braucht wenig Elektrizität; der Betrieb kostet nicht viel ⇨ _____

167. Person: sehr gefühlvoll, weiblich
 Pullover: angenehm zu tragen, nicht hart ⇨ _____

168. Person: ungesunde Gesichtsfarbe; ohne Sonnenbräune
 Bild: hat durch Alter oder Licht seine Farben oder Linien verloren
 ⇨ _____

정답   161. locker   162. offen   163. ruhig   164. schlecht   165. schwach
       166. sparsam   167. weich   168. blass

보기 23

> *blass* : 창백한, 희미한, 빛바랜. *schwach* : 사람이 약한, 빛이 희미한. *ruhig* : 사람이 조용한, 말이 없는, 거리가 조용한. *offen* : 개방적인, 솔직한, 숨김없는, 문이 열린, 문제가 미해결의. *sparsam* : 아끼는, 절약하는, 경제적인. *weich* : 부드러운, 유연한, 유약한, 다감한, 온화한. *locker* : 단단하지 않은, 느슨한, 늘어진, 자유로운, 방종한, 경솔한. *schlecht* : 나쁜, 도덕적으로 나쁜, 우유 등이 상한.

****

161. 해석 : 사람 : 긴장이 풀린, 자연스러운. 크림과자(die Sahne : 크림) : 가벼운, 통기성이 있는(luftig), 부드러운(zart) : ***locker***

162. 해석 : 사람 : 자신이 생각하는 것을 말하다, 솔직하다(ehrlich), 그러나 항상 공손한(höflich) 것은 아니다. 문 : 열려 있는, 닫혀있지 않은 : ***offen.***

163. 해석 : 사람 : 말을 별로 하지 않는다, 오히려 경청하다(j-m zuhören : 누구의 말에 경청하다), 신경질을 거의 내지 않고(nervös : 신경질적인) 흥분도 거의 하지 않는다(j-n aufregen : 누구를 흥분시키다). 호텔방 : 거리의 소음이 들리지 않는다 : ***ruhig.***

164. 해석 : 사람 : 사악한, 좋은 성격이 아닌. 우유 : 오래 되어서 더 이상 마실 수 없다 : ***schlecht***

165. 해석 : 사람 : 자신의 줏대가 없다. 대부분 다른 사람들이 원하는 대로 한다. 빛 : 충분히 밝지(hell) 못하다, 너무 어두운 : ***schwach.***

166. 해석 : 사람 : 돈을 거의 지출하지 않는다(ausgeben : 지출하다). 냉장고(der Kühlschrank) : 전력소비가 별로 없다. 작동하는데(der Betrieb : 작동) 비용이 많이 들지 않는다 : ***sparsam.***

167. 해석 : 사람 : 매우 감성적인, 여성적인(weiblich ↔ männlich). 스웨터 : 입기가 편안한, 거칠지 않은 : ***weich.***

168. 해석 : 사람 : 건강하지 못한 피부색(die Farbe : 색). 햇빛에 그을린 갈색 피부(die Sonnenbräune)가 없는. 그림 : 오래되고 빛을 받아서 색깔이나 선이 잘 보이지 않는 : ***blass.***

보기 24

praktisch, einfach, komisch, ordentlich, faul, großzügig, sicher

169. Person: nicht sehr klug; denkt nicht viel
Aufgabe: leicht, nicht schwierig ⇨ _____

170. Person: hat keine Lust zum Arbeiten
Apfel: nicht mehr essbar; hat braune Stellen ⇨ _____

171. Person: gibt gern Geld für andere aus; macht viele Geschenke
Haus: mit großen Räumen und viel Platz; nicht eng
⇨ _____

172. Person: merkwürdig; man weiß nicht, was man von ihm/ihr denken soll
Film: lustig, man kann darüber lachen ⇨ _____

173. Person: räumt gerne auf und putzt gerne
Wohnung: alle Dinge sind aufgeräumt und auf ihrem Platz
⇨ _____

174. Person: kann gut mit den Händen arbeiten; kann viele Dinge selbst tun
Waschmaschine: spart Arbeit, ist nützlich ⇨ _____

175. Person: ist nicht ängstlich; weiß, was er/sie will
Lift: technisch gut geprüft; keine Unfallgefahr
⇨ _____

정답) 169. einfach   170. faul   171. großzügig   172. komisch
173. ordentlich   174. praktisch   175. sicher

보기 24

praktisch : 실무적인, 실용적인, 편리한. *einfach* : 사람이 단순한, 쉬운, 어렵지 않은. *komisch* : 남을 웃기는, 이상한, 음식이 상한. *ordentlich* : 단정한, 착실한, 정돈된. *faul* : 게으른, 썩은. *großzügig* : 인색하지 않은, 아량이 있는, 대규모의, 대형의. *sicher* : 자신감이 있는, 안전한.

****

169. 해석 : 사람 : 영리하지 못한, 많이 생각하지 않는. 숙제(die Aufgabe) : 쉬운, 어렵지 않은 : ***einfach***.

170. 해석 : 사람 : 일할 마음이 없는. 사과 : 더 이상 먹을 수 없는, 갈색을 띤 부위를 갖고 있는 : ***faul***.

171. 해석 : 사람 : 다른 사람들을 위해 돈을 기꺼이 지출하다(ausgeben). 선물을 많이 하다. 집 : 큰 공간이나 장소를 지닌, 좁지(eng) 않은 : ***großzügig***.

172. 해석 : 사람 : 이상한, 기묘한(merkwürdig). 그 사람이 무슨 생각을 하는 지 알 수 없는. 영화 : 즐거운, 그것을 보고 웃을 수 있다 : ***komisch***.

173. 해석 : 사람 : 정돈을 잘하고 청소를 잘하다(aufräumen : 정돈하다, 청소하다). 집 : 모든 물건들이 정돈되어 있고 제자리에 놓여 있는(auf ihrem Platz) : ***ordentlich***.

174. 해석 : 사람 : 손으로 일을 잘 할 수 있다. 많은 일들을 스스로 할 수 있다. 세탁기 : 수고를 덜어준다(sparen : 절약하다) 유용하다(nützlich ↔ schädlich) : ***praktisch***.

175. 해석 : 사람 : 초조해 하지 않는(자신감이 있는), 그가 원하는 것을 안다 (사람이 확실하다). 엘리베이터 : 기술적으로 잘 검사를 받은(prüfen : 시험하다). 사고의 위험이 없는(die Gefahr : 위험) : ***sicher***.

보기 25

zurück, gegenüber, blass, neulich, glatt, drinnen, fällig, kurz

176. das Gegenteil von einer kräftigen Farbe: eine _____ Farbe

177. in einem Raum sitzen: _____ sitzen

178. eine Rechnung, die unbedingt jetzt bezahlt werden muss: eine _____ Rechnung

179. im Vergleich mit der alten Regierung: _____ der alten Regierung

180. eine Fläche, auf der man nicht einmal Staub fühlen kann: eine _____ Fläche

181. mit wenigen Worten: _____ gesagt

182. über die Schulter nach hinten schauen: _____ schauen

183. vor kurzer Zeit: _____

정답) 176. blasse 177. drinnen 178. fällige 179. gegenüber
180. glatte 181. kurz 182. zurück 183. neulich

> **보기 25**
>
> *zurück* : 뒤로. *gegenüber* : 맞은 편에 있는, 무엇에 비하여. *blass* : 창백한, 희미한, 빛바랜. *neulich* : 최근에. *glatt* : 매끄러운, 원활한, 참고 : *die Glatze* : 대머리. *drinnen* : 안에 ↔ *draußen* : 바깥의. *fällig* : 일정한 시점에 지불을 해야 할. *kurz* : 짧은, *kurz gesagt* : 간단히 말해서.

****

176. <1> das Gegenteil : 반대. <2> kräftig : 강한, 힘있는. <3> die Farbe : 색깔. **해석**: 강렬한 색깔의 반대 : *희미한 색깔*.

177. der Raum : 방, 공간. **해석**: 어떤 공간 안에 앉아 있다 : *안에 앉아 있다*.

178. <1> die Rechnung : 계산서, 계산. <2> unbedingt : 무조건. **해석**: 무조건 지금 지불되어야 하는 계산서 : *지불기한에 따라 지불해야 할(fällig) 계산*.

179. **해석**: 옛날 정부와 비교하여(im Vergleich mit etwas(3) od. zu etwas(3) : 무엇과 비교하여) : *옛날 정부에 비하여(gegenüber)*.

180. <1> die Fläche : 표면, 면적. nicht einmal : 무엇 조차도 아니다. <3> der Staub : 먼지. <4> fühlen : 먼지. **해석**: 먼지 조차도 느낄 수 없는 표면 : *매끄러운 표면*.

181. **해석**: 간단히 말해서 : *짧게 말해서*.

182. <1> die Schulter : 어깨. <2> nach hinten : 뒤쪽으로. <3> schauen : 보다. **해석**: 어깨 너머로 뒤를 보는 것 : *뒤를 보다*.

183. **해석**: 요즘에 : *최근에(neulich = in der letzten Zeit)*

보기 26

schlimm, furchtbar, scheußlich, entsetzlich, unerträglich, ekelhaft, schrecklich

184. Wie geht's? Sind die Schmerzen noch _____?

185. Was ist denn mit der Suppe passiert? Die schmeckt ja _____!

186. Heute nacht hatte ich einen _____ Traum.

187. Tut mir leid, aber wenn du Bernhard einlädst, dann komme ich nicht zu deiner Party. Den finde ich nämlich wirklich _____.

188. Ruhe! Wer macht denn diesen _____ Lärm?

189. Du wirst es nicht glauben, aber als Kind war ich _____ dünn. Unsere Nachbarn dachten bestimmt, ich bekäme zu Hause nichts zu essen.

190. Mach das Fenster auf, schnell! Hier riecht es ja _____!

191. .... Und so stand ich also da, ohne Kleider, ohne Pass, ohne Geld. Du kannst mir glauben, das war eine _____ Situation.

192. Marianne soll einen ganz _____ Unfall gehabt haben. Jedenfalls liegt sie seit Samstag im Krankenhaus.

정답 184. schlimm(scheußlich)   185. ekelhaft
186. schrecklichen(furchtbaren, entsetzlichen)   187. unerträglich
188. unerträglichen   189. schrecklich(furchtbar, entsetzlich)
190. ekelhaft   191. schlimme(scheußliche)
192. schlimmen(scheußlichen)

제3장 어휘연습 III (형용사와 부사) - 해설   187

보기 26

> *schlimm = scheußlich* : 상황, 고통, 사고 등이 심한, 고약한, 기분 나쁜. *furchtbar = schrecklich = entsetzlich* : 무서운, 무시무시한(형용사나 부사를 강조). *unerträglich* : 신경을 거슬르는 모든 것을 참을 수 없는(계속되는 소음, 계속 지속되는 고통, 호감이 가지 않는 사람), *ekelhaft* : (상한 음식, 이상한 냄새, 장갑이 없으면 만지고 싶지 않은 물건들) 욕지기가 나는, 메스꺼운, 구역질이 나는.

****

184. 해석: 어떻게 지내니. 고통이 아직도 *심하니?*(고통)

185. <1> passieren : 사건 등이 일어나다. <2> schmecken : 맛이 있다, 맛이 나다. **해석**: 스프가 어떻게 된거니? 스프가 *메스꺼운* 맛이 난다(맛이 이상한).

186. der Traum : 꿈. **해석**: 오늘 밤에 나는 *무시무시한* 꿈을 꾸었다(아주 무서운).

187. <1> j-m leid tun : 누구에게 유감이다. <2> nämlich : 즉, 다시 말하면, 왜냐하면 무엇이기 때문이다(문장 가운데 나옴). **해석**: 미안하다. 하지만 네가 베른하르트를 초대한다면 난 너의 파티에 가지 않을 거야. 왜냐 하면(nämlich) 나는 개가 정말 *참을 수 없다*고 생각하기 때문이다(사람을 참을 수 없는).

188. 해석: 조용히 해라! 도대체 누가 이런 *참을 수 없는* 소음을 내고 있니?(계속되는 소음)

189. 해석: 너는 믿지 않을 거야. 그러나 나는 어렸을 때(als Kind) *무지무지하게* 말랐었다. 우리 이웃들은 분명히(bestimmt) 내가 집에서 전혀 못 얻어 먹을 거라고 생각했다(형용사를 강조).

190. <1> aufmachen : 문을 열다. <2> riechen : 냄새가 나다, 냄새를 맡다. **해석**: 빨리 창문을 열어라! 여기서 *메스꺼운* 냄새가 난다(이상한 냄새).

191. 해석: ... 그리고 나는 그렇게 거기에 서 있었다. 옷도 없고, 여권도 없고 돈도 없이. 너는 그것이 *끔찍한* 상황이었다는 것을 알 수 있을 것이다(상황).

192. jedenfalls : 어쨌든. **해석**: 마리안네는 아주 *끔찍한* 사고를 당했다고 한다(소문의 sollen). 어쨌든 그녀는 토요일 부터 병원에 누워 있다(사고).

제 4 장 어 휘 연 습 IV (종합)

보기 1

> vorbereiten, Betriebsrat, nämlich, ausmachen, trotzdem, Sitzung, Gehaltserhöhung.

1. Meine Wirtin ist ja sehr nett: _____ würde ich lieber im Studentenheim wohnen. Da ist man unabhängiger.

2. So? Auf einer _____ warst du so lange?! Seit wann findet die denn in Kneipen statt, mein Lieber?

3. Jetzt bin ich schon drei Jahre bei der Firma und habe immer noch keine _____ bekommen! — Wenden Sie sich doch mal an den _____!

4. Würde es Ihnen was _____, heute nachmittag noch mal anzurufen? Ich habe jetzt leider überhaupt keine Zeit.

5. Eine Auslandsreise muss man gut _____, Pass und Visum gut besorgen, den Flug rechtzeitig buchen usw.

6. Die Bräuers müßten wir mal einladen: die finde ich _____ besonders nett.

정답 1. trotzdem   2. Sitzung   3. Gehaltserhöhung, Betriebsrat
 4. ausmachen   5. vorbereiten   6. nämlich

제 4 장 어휘연습 IV (종합) - 해설

보기 1

> *etwas(4) vorbereiten = sich auf etwas(4) vorbereiten* : 무엇을 준비하다. *der Betriebsrat* : 경영협의회(회사나 공장안에 설치된 노동자단체, 파업권은 없음). *nämlich* : 즉, 다시 말하면, 왜냐하면 무엇이기 때문이다(문장 가운데에 나옴). *j-m ausmachen* : 누구에게 폐가 되다. *j-m nichts ausmachen* : 누구에게 폐가 되지 않다. *trotzdem = dennoch* : 그럼에도 불구하고. *die Sitzung* : 회의. *die Gehaltserhöhung* : 월급인상. *das Gehalt* : 월급, *der Gehalt* : 내용.

****

1. <1> die Wirtin : 여주인. <2> nett = freundlich : 친절한. <3> würden gern : 무엇을 하고 싶다. <4> das Studenten(wohn)heim : 기숙사. <5> unbahängig : 독립적인. **해석**: 우리 여주인은 정말(ja) 매우 친절하다 : *그럼에도 불구하고 나는 기숙사에서 살고 싶다. 거기가 더 독립적이다.*

2. <1> So? : 그래요?. <2> die Kneipe : 술집. <3> stattfinden : 예정된 것이 개최되다, 열리다. <4> mein Lieber? : 여보?(lieb이 형용사 어미변화하여 명사가 되었음) **해석**: 그래요? 당신이 그렇게 오랫동안 *회의에* 참석했다고요?! 언제부터 회의가 술집에서 열리지요, 여보?

3. <1> bei der Firma sein : 회사에 근무하고 있다. <2> sich an j-n wenden : 누구에게 도움을 청하다. **해석**: 나는 벌써 3년동안 회사에 근무하고 있지만 전혀 월급이 인상되지 못하고 있다. —*경영협의회에 도움을 청해 보십시오!*

4. <1> j-n anrufen : 누구에게 전화하다. <2> überhaupt nicht : 전혀 무엇이 아니다. <3> würden은 겸손한 표현에 사용한다. **해석**: 오늘 오후에 다시 전화하면 *폐가 될까요?* 지금은 유감스럽게도(leider) 전혀 시간이 없습니다.

5. <1> etwas(4) besorgen : 무엇을 구입하다, 주선하다, 조달하다. <2> rechtzeitig : 제때에. 참고 : frühzeitig : 이르게. gleichzeitig : 동시에. <3> buchen = reservieren : 예약하다. **해석**: 외국여행은 잘 *준비해야 한다.* 여권과 비자를 잘 챙기고 비행기를 제때에 예약하는 등등 말이다.

6. <1> die Bräuers : Bräuer씨 가족 전체. <2> j-n nett finden : 누가 친절하다고 생각하다. **해석**: 우리는 브로이어씨 가족을 초대해야 할 것이다: *왜냐하면 나는 그들이 특히 친절하다고 생각하기 때문이다.*

보기 2

Überstunden, merken, ungeduldig, aufhören, Zweck, Eindruck

7. Ich habe nicht vor, mit der Arbeit _____, wenn ich heirate. Mir macht mein Beruf wirklich Freude. Und außerdem verdiene ich als zweisprachige Sekretärin gar nicht schlecht.

8. Jetzt habe ich schon zehnmal bei ihm zu Hause angerufen, aber niemand antwortet. Glauben Sie, es hat _____, wenn ich noch mal versuche?

9. Morgen muss ich mich bei der Firma vorstellen. —Dann geh aber lieber nicht in diesen alten Jeans, sondern zieh dich ein bisschen "konservativer" an! Das macht einen besseren _____.

10. Wann kommt Manfred denn endlich? Ich habe keine Lust, noch länger zu warten! —Sei doch nicht so _____; du weißt doch, dass er nicht immer pünktlich um fünf Feierabend machen kann.

11. (Ein Industriefacharbeiter) —Ich verdiene DM 1800 brutto im Monat; im vergangenen Jahr hatte ich viel mehr, weil ich immer viele _____ gemacht habe. Das geht jetzt leider nicht mehr, weil die Firma nicht mehr so viel Arbeit für uns hat.

12. (Abends, bei Bekannten) —Was, schon zehn?! Es war so interessant bei Ihnen, dass ich gar nicht _____ habe, wie spät es schon ist. Jetzt muss ich aber wirklich gehen!

정답 7. aufzuhören   8. einen Zweck   9. Eindruck   10. ungeduldig
11. Überstunden   12. gemerkt

보기 2

die Überstunden : 초과근무. *etwas(4) merken* : 무엇을 알아 차리다. *sich etwas(4) merken* : 무엇을 기억하다. *ungeduldig* : 초조하게, 안달을 하는. *mit etwas(3) aufhören* : 무엇을 그치다, 중단하다. *der Zweck* : 목표, 의미. *keinen Zweck haben* : 의미가 없다. *der Eindruck* : 인상. *auf j-n Eindruck machen* : 누구에게 인상을 주다.

****

7. <1> etwas(4) vorhaben : 무엇을 계획하다. <2> j-n heiraten : 누구와 결혼하다. <3> j-m Freude machen : 누구를 즐겁게 해주다. <4> außerdem : 그 외에도. <5> verdienen : 돈을 벌다. **해석** : 나는 결혼하면 일을 그만 둘 생각을 하고 있지 않다. 내 직업이 나는 즐겁다. 그리고 두개의 언어를 구사하는 비서로서 나는 전혀 적게 벌지 않는다.

8. <1> j-n anrufen : 누구에게 전화하다. <2> versuchen : 시도하다. **해석** : 지금 나는 그의 집에 열번이나 전화를 했습니다, 하지만 아무도 응답을 하지 않았습니다. 당신은 제가 다시 한번 시도하는 것이 *의미가 있다고* 생각하십니까?

9. <1> sich vorstellen : 자신을 소개하다, 인터뷰하다, sich etwas(4) vorstellen : 무엇을 상상하다. <2> in diesen alten Jeans : 이 오래된 진을 입고. <3> sich anziehen : 옷을 입다. <4> konservativ : 보수적으로. **해석** : 내일 나는 그 회사에서 인터뷰를 해야한다. ―그렇다면 오히려 이 오래된 진을 입고 가지 말고 "더 보수적으로" 입어라! 그것이 *더 좋은 인상을* 줄 것이다.

10. <1> keine Lust haben, zu Inf. : 무엇을 할 마음이 없다. <2> der Feierabend : 일과시간이 끝난 이후의 시간, 퇴근. **해석** : 만프레트는 언제나 오니? 나는 이제 더 오래 기다릴 마음이 없다! ―그렇게 *초조해하지* 말아라! 너도 그가 언제나 정확하게 5시에 퇴근을 하지 못한다는 것을 알고 있잖니.

11. <1> der Facharbeiter : 전문노동자. <2> verdienen : 벌다. <3> brutto : 전체의 ↔ netto : 본봉의. <4> vergangen : 지나간 ↔ kommend : 돌아오는. <5> leider nicht : 유감스럽게도 무엇이 아니다. <6> Das geht : 그것은 가능하다. **해석** : 나는 한달에 총 1800마르크를 번다 : 지난 해에는 나는 더 많이 벌었다. 왜냐하면 나는 늘 *초과근무를* 많이 했기 때문이다. 그러나 그것은 이제 불가능하다. 왜냐하면 회사는 우리한테 줄 일거리가 더 이상 많이 없기 때문이다.

12. <1> der Bekannte : 지인. <2> interessant : 재미있는. <3> gar nicht = überhaupt nicht : 결코 무엇이 아니다. so A, dass B : A해서 B이다. **해석** : (저녁에 알고 지내는 사람들 집에서) ―뭐요, 벌써 열시라고요?! 당신집에서 정말 재미있어서 나는 몇시인지 전혀 *알아차리지* 못했습니다. 이제 나는 정말 가야 합니다.

보기 3

Leid tun, sowieso, Ahnung, schaden, während, lassen, lang- weilig.

13. Hast du eine _____, wovon der eben geredet hat? —Nein, ich habe auch kein Wort verstanden.

14. (Vor einer Reise) —Nimm ruhig ein bisschen mehr Geld mit: das kann nie _____. —Du hast an sich ganz recht, aber leider habe ich nicht mehr!

15. (Kollegen) —Wir machen es immer so: _____ er beim Essen ist, bleibe ich im Büro und passe ich aufs Telefon auf; und wenn er zurückkommt, gehe ich essen.

16. Fräulein Mayer war ja ganz schön erkältet! Mir hat sie richtig _____, das armes Mädchen, mit diesem schrecklichen Husten!

17. (Zimmerwirtin) —Ja, das Zimmer hat keine Zentralheizung, aber jetzt ist ja _____ bald Sommer, und nächsten Winter _____ ich Gasheizung hier installieren, im Moment habe ich kein Geld dafür.

18. (Gespräch über eine Fernsehsendung) —Haben Sie den Krimi gestern gesehen? War der nicht spannend? —Spannend?! Nein, im Gegenteil, ich fand ihn so _____, dass ich ihn gar nicht zu Ende gesehen habe.

정답 13. Ahnung   14. schaden   15. während   16. Leid getan
17. sowieso, lasse   18. langweilig

보기 3

> *j-m Leid tun* : 누구에게 유감이다. *sowieso* : 그러지 않아도 어쨋든. *die Ahnung* : 예감. *von etwas(3) ahnen* : 무엇에 대해 예감하다. *j-m schaden* : 누구에게 해롭다. *während* : 무엇을 하는 동안, 반면에(상반되는 의견을 나타낸다). *lassen* : 하도록 시키다, 허락하다, 놓아두다. *langweilig* : 지루한.

****

13. <1> eine Ahnung haben : 알다, 예감을 갖다. <2> von etwas(3) reden : 무엇에 대해 말하다. <3> eben : 조금전에. **해석** : 너 저 사람이 조금 전에 무엇에 관해 말했는지 *알겠니?(감을 잡겠니?)* —아니, 나도 한마디도 이해하지 못했어.

14. <1> ruhig : 조용히. <2> ein bisschen = ein wenig : 약간. <3> mitnehmen : 가지고 가다, 누구를 차에 태우고 가다. <4> schaden : 해가 되다. <5> an sich : 원래, 자체. <6> recht haben : 옳다. **해석** : (여행전에) —아무 말 말고(ruhig) 돈을 조금 더 가져 가라 : 그것이 *해가 될 리*는 없다. —네 말 자체는 옳다, 하지만 유감스럽게도 나는 더 이상 갖고 있지 않다.

15. <1> der Kollege : 동료. <2> auf etwas(4) aufpassen : 무엇에 주의하다. **해석** : —우리는 항상 다음과 같이 한다 : 그가 식사를 *하는 동안에*, 나는 사무실에서 전화를 받는다; 그리고 그가 돌아오면 나는 식사하러 간다.

16. <1> erkältet sein : 감기들다. <2> schön : 아름다운, 상당한, 큰, 많은. <3> richtig : 올바른, 정말. <4> j-m Leid tun : 누구에게 유감이다, 안타깝다. <5> schrecklich : 무시무시한. <6> der Husten : 기침. **해석** : 마이어 양은 아주 심하게 감기에 걸렸어. 정말 *안타까웠다*. 가여운 아가씨야, 아주 지독한 기침을 하더라!

17. <1> die Wirtin : 여주인. <2> die Zentralheizung : 중앙난방. <3> die Gasheizung : 가스난방. <4> installieren : 설치하다. <5> im Moment : 현재. **해석** : (방여주인) —그래요, 그방은 중앙난방이 아닙니다. 그러나 어쨋든 곧 여름이 될 것이고, 다음 겨울에는 저는 가스 난방을 설치하도록 할 것입니다, 현재 저는 그것을 할 돈이 없습니다.

18. <1> die Fernsehsendung : 텔레비젼 방송. <2> der Krimi : 범죄영화나 소설. <3> spannend : 재미있는. <4> Nein, im Gegenteil : 아뇨, 정반대입니다. <5> zu Ende : 마지막까지. <6> so A, dass B : A해서 B이다.
해석 : 당신은 어제 범죄영화를 보았습니까? 그것은 재미있지 않았나요? —재미있었다고요?! 아뇨, 정반대입니다. 나는 너무 (so) *지루해서* 끝까지 보지 않았습니다.

보기 4

umschulen, entlassen, führen, organisieren, dabei, Reklamation

19. Wir würden gern eine Betriebsfeier machen! —Das sind doch über hundert Personen; sowas muss wirklich gut _____ werden, sonst gibt es ein Durcheinander.

20. Herr Meier ist _____ worden, weil er immer im Büro geschlafen hat. Jetzt muss er sich eine neue Stelle suchen. — Ach, der Chef konnte ihn bloß nicht leiden!

21. (Im Radiogeschäft) —Sie haben eine _____? —Ja, gestern habe ich den Apparat hier bei Ihnen gekauft, und heute tut es das Ding schon nicht mehr!

22. Die meisten Leute halten es für normal, dass der Mann berufstätig ist und die Frau den Haushalt _____.

23. Wenn ein Beruf nicht mehr gefragt ist und jemand, der dafür ausgebildet ist, keine Arbeit findet, kann er sich _____ lassen und in einem ganz anderen Beruf weiterarbeiten.

24. Ist das nicht wieder mal "typische Frau"? Marianne hat sich eine furchtbar teure Ski-Ausrüstung gekauft, _____ kann sie überhaupt nicht Ski fahren! —Wieso, das kann man doch lernen.

정답 19. organisiert   20. entlassen   21. Reklamation   22. führt
     23. umschulen   24. dabei

보기 4

> *umschulen* : 재교육시키다. *j-n entlassen* : 누구를 해고하다. 비교
> : *j-m kündigen* : 누구에게 계약이 만료되었음을 알리다, 통고하다.
> *führen* : 안내하다, 이끌다. *Haushalt führen*(= *machen*) : 집안
> 일을 하다. *organisieren* : 조직하다. *dabei* : 그와 동시에, 그럼에도
> 불구하고(이 다음 문장은 도치문장임). *die Reklamation* : 반환청구,
> 비교 : *die Reklame* : 광고.

****

19. <1> würden gern : 무엇을 하고 싶다. <2> die Betriebsfeier : 공장축제. <3> über hundert Personen : 100명이 넘는. <4> sowas : 그런 것. <5> das Durcheinander : 혼란, 뒤죽박죽. **해석** : 우리는 공장축제를 하고 싶다! —사람이 100명이 넘는다; 그런 것은 정말 잘 *조직되어야* 한다. 그렇지 않으면 혼란이 있을 것이다.

20. <1> j-m kündigen : 누구에게 계약이 만료되었음을 알리다. <2> j-n leiden können = j-n mögen = j-n gernhaben : 누구를 좋아하다. **해석** : 마이어씨가 *해고되었다*. 왜냐하면 그는 항상 사무실에서 잠을 잤기 때문이다. 이제 그는 새로운 일자리를 찾아야 한다. —아하, 사장이 그를 좋아하지 않았습니다.

21. <1> das Geschäft : 상점, 장사. <2> der Apparat : 장치, 기계. <3> das Ding : 물건, 사물. <4> tun : 하다, 행하다, 작동하다. **해석** : (라디오 가게에서) —당신은 *반환청구*를 하시는 겁니까? —예, 어제 저는 당신 가게에서 라디오를 샀는데, 오늘 벌써 이것이 더 이상 작동되지 않습니다!

22. <1> meist : 대부분의. <2> halten A für B : A를 B로 간주하다. <3> normal : 정상적인. <4> berufstätig : 직업을 갖고 있는. <5> den Haushalt führen : 집안일을 하다. **해석** : 대부분의 사람들은 남편은 직업을 갖고, 아내는 *집안일*을 하는 것을 정상이라고 여긴다.

23. <1> gefragt : 수요가 있는. <2> ausgebildet : 교육을 받은. <3> sich umschulen lassen : 재교육을 받다. **해석** : 어떤 직업이 더 이상 수요가 없고 그것을 하기 위해 교육을 받은 사람이 일자리가 없으면, 그는 *재교육을 받고* 완전히 다른 직업에서 계속 일할 수 있다.

24. <1> typisch : 전형적인. <2> furchtbar : 무서운, 무지무지하게. furchtbar teuer : 엄청나게 비싼. <3> die Ausrüstung : 장비. <4> dabei : 그때, 그와 동시에, 그럼에도 불구하고. **해석** : 그녀는 "전형적인 여자" 아니니? 마리안네는 전혀 스키를 못 *타는데도*, 엄청나게 비싼 스키장비를 샀다! —그게 뭐 어째서, 배울 수 있잖니.

| 보기 5 |

Automat, Fall, Antrag, Akte, verteilen, (sich) einarbeiten

25. Wenn die Geschäfte zu sind, können Sie sich Zigaretten aus einem _____ holen. Da vorn an der Ecke ist einer!

26. Ich würde gern mal unsere Korrespondenz mit der Firma Beierlein sehen. Fräulein Schmidt, geben Sie doch mal die _____ Beierlein, seien Sie so nett!

27. Also, Sie könnten am ersten bei uns anfangen? — Ja, aber dann brauche ich bestimmt noch einen Monat, um mich _____; das ist ja alles ganz neu für mich.

28. Sagen Sie es ihm nicht! Er darf es auf keinen _____ erfahren!

29. Sie wollen eine Arbeitsgenehmigung? Da müssen Sie beim Ausländeramt einen _____ stellen.

30. Wir haben eine große Bitte an dich: Kannst du heute Abend bei dem Konzert helfen? Wir brauchen jemand, der an der Tür steht und Programme _____.

정답 25. Automaten   26. Akten   27. einzuarbeiten   28. Fall
      29. Antrag   30. verteilt

> **보기 5**
>
> *der Automat* : 자동판매기. *der Fall* : 경우, 사건. *der Antrag* : 제안. *Antrag stellen* : 제안하다. *die Akte* : 서류(주로 복수형태로 사용. 비교 : *der Akt* : 행동, 연극의 막). *verteilen* : 나누어 주다. *sich einarbeiten* : 일에 익숙해지다.

25. <1> das Geschäft : 상점, 장사. <2> zu sein : 닫혀 있다. <3> etwas(4) aus einem Automaten holen(= ziehen) : 무엇을 자동판매기에서 꺼내다. <4> da vorn an der Ecke : 저기 앞 모퉁이에. <5> einer : ein Automat : "ein-"이 어떤 명사를 받으면 정관사 어미변화한다. **해석**: 상점들이 문을 닫으면 당신은 담배를 *자동판매기에서* 살 수 있습니다. 저기 앞 모퉁이에 하나 있습니다!

26. <1> würden gern : 무엇을 하고 싶다. <2> die Korrespondenz : 서신교환. <3> Seien Sie so nett! : 부탁합니다!, 제발!. **해석**: 나는 바이어라인 회사와의 서신교환을 살펴보고 싶습니다. 슈미트양, 바이어라인 *서류를* 주십시오. 부탁입니다!

27. <1> also : 그러면, 그러니까, 자. <2> anfangen : 시작하다. <3> einen Monat brauchen : 한달이 필요하다. <4> das ist ja alles ganz neu für mich : 그 모든 것은 나에게 아주 새로운 것입니다(das와 alles는 동격임). **해석**: 자 그러면, 당신은 1일에 우리 회사에서 일을 시작할 수 있습니까? — 그래요, 하지만 내가 그 일에 *익숙해지려면* 틀림없이 한달이 걸릴 겁니다. 그 모든 일이 나에게는 아주 새로운 것입니다.

28. <1> auf keinen Fall : 어떤 경우에도 무엇을 하지 않다. <2> erfahren : 경험하다, 알다. **해석**: 그것을 그사람에게 말하지 마십시오! 그 사람은 *어떤 경우에도 그것을 알아서는 안됩니다!*

29. <1> die Genehmigung : 허가. <2> der Ausländeramt : 외국인 관청. <3> auf etwas(4) einen Antrag stellen : 무엇을 신청하다(= etwas(4) beantragen : 무엇을 신청하다). **해석**: 당신은 노동허가서를 원하십니까? 그렇다면 당신은 그것을 외국인 관청에 *신청해야* 합니다.

30. <1> die Bitte : 간청, 청. <2> j-m bei etwas(3) helfen : 누가 무엇을 하는 것을 돕다. <3> verteilen : 나누어주다. **해석**: 우리는 너에게 큰 부탁이 있다: 너 오늘저녁 콘서트에서 우리를 도와 줄 수 있겠니? 우리는 문에 서서 프로그램을 *나누어줄* 사람이 필요하다.

보기 6

lösen, freiwerden, einfach, kündigen, Grund, abwarten

31. Also, da kann man nichts machen. Dieses Problem ist nicht zu _____.

32. Die Wohnung im fünften Stock können Sie leider noch nicht mieten; die wird erst im Oktober _____. Nehmen Sie doch die im vierten!

33. Sie wollen die Firma verlassen? — Ja, ich habe zum Monatsende _____. — Das hat noch gerade gefehlt! Wir haben sowieso schon zu wenig Leute.

34. Er beklagt sich dauernd, wie schlecht es ihm geht. Aber er hat doch wirklich keinen _____ dazu. Er verdient gut, hat eine nette Frau. Also, was will er noch?!

35. Ist der Junge schwer verletzt? — Er sieht nicht so aus, aber man muss erst die Röntgenuntersuchung _____, bevor man Genaueres sagen kann.

36. Diese Maschine sieht furchtbar kompliziert aus! — Das ist sie aber nicht; sie ist ganz _____ zu bedienen.

정답) 31. lösen   32. frei   33. gekündigt   34. Grund   35. abwarten
36. einfach

보기 6

> *lösen*: 문제를 풀다, 해결하다. *freiwerden* : 집이 비다. *einfach* : 간단한 ↔ *kompliziert* : 복잡한. *j-m kündigen* : 누구에게 계약이 만료되었음을 알리다(비교: *j-n entlassen* : 누구를 해고하다). *der Grund* : 이유, 원인. *abwarten* : 무슨 결과가 나올 때까지 끈기 있게 기다리다.

****

31. Da kann man nichts machen : 어쩔 수 없다. **해석** : 자, 어쩔 수 없다. 이 문제는 *해결될 수 없다*. Dieses Problem ist nicht zu lösen = Dieses Problem kann nicht gelöst werden = Man kann dieses Problem nicht lösen = Dieses Problem läßt sich nicht lösen = Dieses Problem ist nicht lösbar.

32. <1> der Stock : 층, 단장, 지팡이. <2> mieten : 빌리다. **해석** : 유감스럽게도 당신은 6층 방을 빌릴 수 없습니다. 그것은 10월에야 비로소 *비게 됩니다*. 5층에 있는 방을 쓰십시오!

33. <1> verlassen : 떠나다. <2> zum Monatsende : 월말로. <3> fehlen : 무엇이 부족하다, 아프다, 아쉽다, 실수하다. <4> sowieso : 어쨋든. **해석** : 당신이 회사를 떠나려 한다구요? —예, 저는 월말로 *그만 두겠다고 말했습니다*. —그것 참 안됐군요! 우리는 어쨋든 사람이 너무 적은데.

34. <1> sich über etwas(4) beklagen : 무엇을 불평하다. <2> dauernd : 계속해서. <3> wirklich : 정말. <4> verdienen : 돈을 벌다. **해석** : 그는 자신의 상황이 나쁘다고 계속해서 불평한다. 그러나 그는 그럴(dazu) 이유가 없다. 그는 돈도 잘 벌고, 귀여운 부인도 있다. 그런데(also) 또(noch) 뭘 원하지?!

35. <1> schwer : 무거운, 심한. <2> verletzt : 다친. <3> aussehen : 무엇처럼 보이다. <4> erst : 우선, 먼저, 비로소. <4> die Röntgenuntersuchung : 엑스레이 검사. <5> Genaueres : 더 정확한 것. **해석** : 저 아이가 심하게 다쳤습니까? —그렇게 보이지는 않습니다. 그러나 더 정확한 것을 말하기 전에 우선 엑스레이 검사결과를 *기다려야 합니다*.

36. die Maschine : 기계, 비행기. <2> furchtbar : 무시무시한, 아주. <3> kompliziert : 복잡한. <4> aussehen : 무엇처럼 보이다. <5> das는 앞문장 일부나 전체를 받을 수 있다. <6> bedienen : 시중들다, 기계를 조작하다, sich etwas(2) bedienen : 무엇을 사용하다. **해석** : 이 기계는 굉장히 복잡해 보입니다! —그러나 그것은 그렇지(das) 않습니다. 그 기계는 아주 *간단하게* 쓸 수 있습니다.

보기 7

irren, Worte, betrügen, Kunst, gelingen, verwechseln, mitreden

37. Frau Abendroth ist heute fünfzehn Jahre bei der Firma. Der Chef hat ein paar nette _____ gesagt, und die Kollegen haben ihr Blumen geschenkt.

38. Das Konzert war schon ausverkauft, aber es ist mir _____, noch zwei Karten zu bekommen. Ich habe nämlich jemand gefunden, der seine Karten zurückgeben wollte.

39. (An einer Kaufhauskasse) —Aber Fräulein, ich habe Ihnen einen Fünfzigmarkschein gegeben! —Sie _____ sich. Es war ein Zwanzigmarkschein! —Sehen Sie doch mal in Ihrer Kasse nach! —In der Kasse sind mehrere Fünfzigmarkscheine. Sie glauben wohl, ich will Sie _____? —Am besten rufen Sie mal den Geschäftsführer!

40. Einen Zwanzig-und einen Fünfzigmarkschein kann man kaum _____. Die sehen nämlich ganz verschieden aus.

41. Mein Vater mag moderne _____ nicht. Neulich habe ich mal versucht, ihm ein Bild von Picasso zu erklären, aber der Erfolg war gleich Null.

42. Was ist Ihre Meinung dazu, Herr Lindemann? —Es tut mir Leid, aber da kann ich gar nicht _____; ich verstehe davon nämlich überhaupt nichts.

정답) 37. Worte 38. gelungen 39. irren, betrügen 40. verwechseln
41. Kunst 42. mitreden

보기 7

> *irren* : 헤매고 다니다. *sich in etwas(3) irren* : 무엇을 잘못 알다. *das Wort* : 말(복수 : *die Worte*), 단어(복수 : *die Wörter*). *j-n betrügen* = *j-n belügen* : 누구를 속이다. *die Kunst* : 예술, 미술, 인공, 기술, *künstlerisch* : 예술적인, *künstlich* : 인공적인. *j-m gelingen* : 누가 성공하다. *verwechseln* : 혼동하다. *mitreden* : 한몫 끼다, 참여하다.

****

37. <1> ein paar : 몇몇(= einige). <2> die Blume : 꽃. <3> j-m etwas(4) schenken : 누구에게 무엇을 선물하다. **해석** : 아벤트로트 부인은 오늘이 회사에 있은 지 15년 되는 날이다. 사장이 그녀에게 친절한(감사의) 말 몇 마디를 건넸다. 그리고 동료들은 그녀에게 꽃을 선물했다.

38. <1> das Konzert : 콘서트. <2> ausverkauft : 매진된. <3> die Karte : 티켓. <4> nämlich : 즉, 다시 말하면, 왜냐하면 무엇이기 때문이다(문장 가운데 나옴). <5> zurückgeben : 반환하다. **해석** : 그 콘서트는 이미 매진되었다. 그러나 나는 티켓 두장을 얻는데 **성공했다**. 왜냐하면 나는 티켓을 반환하려는 사람을 발견했기 때문이었다.

39. <1> die Kasse : 창구, 현금, 금고. <2> der Schein : 증서, 지폐. <3> nachsehen : 살펴보다. <4> mehrere : 몇몇의. <5> der Geschäftsführer : 지배인. **해석** : (백화점 계산대) ─ 하지만 아가씨, 내가 당신에게 50마르크짜리 지폐를 냈어요! ─ **당신이 틀렸습니다**. 그것은 20마르크짜리 지폐였습니다. ─ 당신의 금고를 한번 살펴보세요! ─ 금고에는 50마르크짜리 지폐가 여러 장 있습니다. 내가 당신을 **속이려** 한다고 믿으십니까? ─ 지배인을 부르는게 좋겠군요.

40. <1> kaum : 거의 무엇을 하지 않다. <2> verschieden : 서로 다른. <3> aussehen : 무엇처럼 보이다. **해석** : 20마르크짜리 지폐와 50마르크짜리 지폐를 사람들은 거의 **혼동할 수** 없다. 왜냐하면(nämlich) 그것들은 서로 아주(ganz) 다르게 보이기 때문이다.

41. <1> etwas(4) mögen : 무엇을 좋아하다. <2> neulich : 최근에. <3> versuchen, zu Inf. : 무엇을 하려고 시도하다. <4> erklären : 설명하다. <5> der Erfolg : 성공. **해석** : 우리 아버지는 현대미술을 좋아하지 않는다. 최근에 나는 피카소의 그림을 아버지에게 설명해드리려고 했는데, 효과는 제로였다.

42. <1> die Meinung : 의견. <2> j-m Leid tun : 누구에게 유감이다. <3> von etwas(3) nichts verstehen : 무엇을 전혀 모르다. **해석** : 거기에 대해서 당신의 의견은 어떻습니까? ─ 유감입니다만 저는 거기에 **끼여들 수** 없습니다. 왜냐하면(nämlich) 저는 그것을 전혀 모르기 때문입니다.

보기 8

Zelt, protestieren, Angst, dick, Stimmung, kaputt.

43. Wie war es auf der Betriebsfeier? —Also, es war sehr schön; wir haben getanzt und uns sehr gut unterhalten; die Musik war Klasse, und überhaupt war es eine tolle _____.

44. Ich würde in den Ferien gern wieder nach Frankreich fahren. Wenn das bloß nicht so teuer wäre! —Warum kaufen Sie sich denn nicht einfach ein _____? Dann sparen Sie die Hotelkosten.

45. Iß nicht so viel; du wirst zu _____.

46. Der Betriebsrat hat gegen die Entlassung des Kollegen Löfflers _____, aber die Firma hat ihm trotzdem gekündigt.

47. Ich glaube, es ist besser, wenn ich jetzt gehe. Ich habe _____, dass ich sonst den Zug verpasse. Der nächste fährt erst morgen früh!

48. Kennen Sie jemand, der _____ Spielzeug repariert? Ich kann den Kindern doch nicht dauernd neue Sachen kaufen!

정답 43. Stimmung   44. Zelt   45. dick   46. protestiert   47. Angst
     48. kaputtes

보기 8

> *das Zelt* : 텐트. *das Zelt aufstellen* : 텐트를 치다. *gegen etwas(4) protestieren* : 무엇에 반대하여 항의하다. *die Angst* : 불안. *vor etwas(3) Angst haben = Angst haben (davor), dass...* : 무엇을 두려워하다. *dick* : 두꺼운, 뚱뚱한 ↔ *dünn* : 얇은, 깡마른, 비교 : *schlank* : 호리호리한, 날씬한. *die Stimmung* : 분위기, *stimmen* : 어울리다, 일치하다, 조화를 이루다, *Ja, das stimmt* : 그래요, 맞습니다. *kaputt* : 고장난.

****

43. <1> die Betriebsfeier : 공장축제, 공장 페스티발, die Feier : 기념축제, 잔치. <2> also : 그러니까, 그래서, 자, 말하자면, 말이 나오지 않을 때 습관적으로 하는 말. <3> sich unterhalten : 환담하다. <4> die Klasse : 학급, 반, 계급, 층, 멋짐, 굉장함, das ist Klasse! : 그것 참 멋진 생각이다!, klasse : 멋진, 훌륭한(형용사로 klasse보다 Klasse를 더 많이 사용한다) <5> toll : 훌륭한, 재미있는. **해석** : 공장 축제가 어땠니? ─그것 참 좋았다. 우리는 춤을 추었고 매우 재미있게 이야기를 나누었다. 음악도 굉장했고, 대체로(überhaupt) 멋진 *분위기*였다.

44. <1> würden gern : 무엇을 하고 싶다. <2> sparen : 절약하다. **해석** : 나는 휴가때 다시 프랑스로 가고 싶습니다. 그렇게 비싸지 않으면 좋을텐데요! ─도대체 왜 당신은 *텐트*를 사지 않으십니까? 그러면 호텔비용을 절약하실 수 있을텐데요.

45. <1> Iß! : essen의 du에 대한 명령형. <2> werden : 어떻게 되다. **해석** : 그렇게 많이 먹지 말아라. 너는 너무 *뚱뚱해질* 것이다.

46. <1> der Betriebsrat : 경영협의회. <2> gegen etwas(4) protestieren : 무엇에 저항하다. <3> die Entlassung : 해고. <4> j-m kündigen : 누구에게 그만두라고(그만두겠다고) 통지하다. **해석** : 경영협의회는 동료 뢰플러씨의 해고에 *항의하였다*. 그러나 그럼에도 불구하고 회사는 그에게 그만 두라고 통고하였다.

47. <1> sonst : 그렇지 않으면. <2> verpassen : 무엇을 놓치다 ↔ auf etwas(4) aufpassen : 무엇에 주의하다. <3> erst : 비로소, 겨우, 먼저. <4> morgen früh : 내일 아침 일찍. **해석** : 나는 이제 가는 것이 더 좋을 것 같습니다(glauben). 나는 그렇지 않으면 기차를 놓칠까 *두렵습니다*. 다음 기차는 내일 아침에야 비로소 출발합니다!

48. <1> j-n kennen : 누구를 알다. <2> das Spielzeug : 장난감. <3> dauernd : 계속해서. <4> die Sache : 물건, 사건, 일. **해석** : 당신은 *고장난* 장난감을 수리하는 사람을 압니까? 나는 아이들에게 계속해서 새것을 사줄수 없습니다!

보기 9

betrunken, ehe, scheinen, weiterhin, wenigstens, Sache, überzeugen

49. (Chef zum Mitarbeiter) — Ich freue mich, dass Sie das Angebot von Siemens abgelehnt haben und bei uns bleiben wollen, und hoffe, dass wir auch _____ gut zusammenarbeiten werden.

50. Klaus war gestern schon wieder _____! Wenn er _____ ein Taxi genommen hätte! — Aber nein, er muss mit dem eigenen Wagen gefahren sein. Jetzt liegt er natürlich im Krankenhaus. — Da ist er wirklich selber schuld!

51. (In der Bibliothek) — Sie kriegen keine neuen Bücher mehr, _____ Sie die alten zurückgegeben haben. Die haben Sie nun schon über drei Monate; das geht wirklich zu weit!

52. Karin und Ingrid _____ sich ja sehr gut zu verstehen. — Ja, das stimmt; sie kennen sich zwar noch nicht lange, aber sie sind schon gute Freundinnen geworden.

53. Hast du Kinder von den Leuten nebenan gesehen? Wie dünn und schmutzig die sind! — Kümmere dich nicht darum; das ist nicht deine _____. — Findest du?

54. Wenn ich einen Gebrauchtwagen kaufe, _____ ich mich immer sehr ganau, ob an dem Wagen alles Ordnung ist. — Ja, Sie verstehen ja schon was davon, aber ich nicht. Da kaufe ich lieber einen neuen, auch wenn es teurer ist.

정답 49. weiterhin   50. betrunken, wenigstens   51. ehe   52. scheinen
53. Sache   54. überzeuge

보기 9

> *betrunken* : 술에 취한. *ehe* = *bevor* : 무엇을 하기 전에. 참고 : *die Ehe* : 결혼. *scheinen* : 빛나다, *scheinen zu Inf.* : 무엇인 것처럼 보이다. *weiterhin* : 아직도, 지금도, 미래에도, 앞으로도, 그 이외에도, 더 나아가서. *wenigstens* : 최소한도. *die Sache* : 일, 물건, 사건. *j-n von etwas(3) überzeugen* : 누구에게 무엇을 확신시키다. *sich überzeugen* : 확인하다.

****

49. <1> sich über etwas(4) freuen : 무엇을 기뻐하다. <2> das Angebot : 제안. <3> ablehnen : 거절하다. 참고 : absagen : 취소하다. <4> bei uns : 우리 집에, 마을에, 회사에, 나라에. <5> zusammenarbeiten : 협력하다. **해석**: (사장이 동료에게) ―나는 당신이 지멘스의 제안을 거절하고 우리 회사에 남기를 원해서 기쁩니다. 그리고 우리가 앞으로도 잘 협력하기를 희망합니다.

50. <1> Taxi nehmen : 택시를 타다. Wenn er ein Taxi genommen hätte! : 그가 택시를 탔더라면 (얼마나 좋았을까)! <2> eigen : 자기 자신의. muss는 강한 추측을 나타낸다. <3> selber schuld : 자기가 잘못인. **해석**: 클라우스가 어제 또 *취했다!* 그가 택시를 탔다면 좋았을 텐데! ―그러나 그렇지 않았을 거야. 틀림없이 자기 차를 타고 갔을 거야. 지금 그는 물론 병원에 누워 있을 것이다. ―그렇다면 그는 정말(wirklich) 자기 잘못이다!

51. <1> kriegen = bekommen = erhalten : 받다, 얻다. <2> zrückgeben : 돌려 주다. <3> über drei Monate : 석달 이상. <4> Das geht zu weit : 그건 너무 한다. **해석**: (도서관에서) ―당신은 그전에 빌려간 책을 돌려 주기 전에는 더 이상 새책을 대출받지 못할 것입니다. 그 책들을 당신은 벌써 석달이 넘게 갖고 있습니다. 그건 정말 심합니다!

52. <1> sich verstehen : 서로 이해하다. <2> Ja, das stimmt : 그래요, 그말이 맞습니다. <3> zwar A, aber B : A이긴 하지만 B이다. **해석**: 카린과 잉그리트는 서로 매우 잘 이해하는 *것처럼 보인다.* ―그래, 그말이 맞아. 그들은 서로 안 지 그리 오래 되지 않았지만, 벌써 좋은 친구가 되었다.

53. <1> nebenan : 곁의, 옆의. <2> dünn : 깡마른. <3> schmutzig : 더러운. <4> sich um etwas(4) kümmern : 무엇을 신경쓰다, 무엇을 처리하다. <5> Findest du? : 너는 그렇게 생각하니? **해석**: 너 옆 사람들의 아이들을 보았니? 그 아이들이 얼마나 마르고 더러운지! ―그것에 신경쓰지 말아라. 그것은 네 일이 아니다. ―그렇게 생각하니?

54. <1> der Gebrauchtwagen : 중고차. <2> genau : 정확하게. <3> sich überzeugen : 확인하다. <4> Ordnung sein : 잘 되어 있다. <5> von etwas(3) etwas(was) verstehen : 무엇을 잘 알고 있다. <6> auch wenn : 비록 무엇일지라도. **해석**: 나는 중고차를 살 때 자동차가 모든 것이 제대로 되어 있는지 언제나 정확하게 *확인해 봅니다.* ―그래요, 당신은 그런 것에 대해 잘 알고 있지요. 그러나 저는 그렇지 않습니다. 그래서 저는 그것이 비록 더 비싸더라도 새것을 삽니다.

보기 10

bereit, unbedingt, halten, verzichten, streiten, gespannt

55. Übers Wochenende haben wir eine Gruppe von ausländischen Praktikanten hier. Wer von Ihnen wäre _____, sich ein bisschen um sie zu kümmern?

56. Was _____ ihr von Karins Vorschlag, nachher noch in eine Diskothek zu gehen?

57. (Kurz vor Büroschluss) —Ist Herr Küpper noch da? Ich muss ihn _____ sprechen, bevor er nach Haus fährt. Es geht um eine wichtige Angelegenheit! Morgen kann es schon zu spät sein!

58. (Während einer Autofahrt: Mutter zu den Kindern) —Seid doch mal ruhig! Wenn ihr euch dauernd _____, kann ich mich ja überhaupt nicht aufs Fahren konzentrieren!

59. Der Arzt meint, ich sollte nicht mehr rauchen. Aber es ist natürlich schwer, auf Zigaretten zu _____, wenn man einmal daran gewöhnt ist.

60. Ein tolles Spiel! —Ja, wir waren alle sehr _____, ob Rot-Weiß Essen wieder gewinnen würde.

정답) 55. bereit 56. haltet 57. unbedingt 58. streitet 59. verzichten
60. gespannt

제4장 어휘연습 IV (종합) - 해설 207

보기 10

> *bereit zu etwas(3) sein* : 무엇을 할 준비가 되어 있다, 용의가 되어 있다, 각오가 되어 있다. *unbedingt* : 무조건, 꼭 *halten* : 정차하다, *halten A für B* : A를 B로 간주하다, *Was halten Sie von diesem Plan?* : 이 계획에 대해 당신은 어떻게 생각하십니까? *auf etwas(4) verzichten* : 무엇을 포기하다. *streiten* : 싸우다, 말다툼하다. *auf etwas(4) gespannt sein* : 무엇에 대해 기대가 가득 찬, 호기심에 가득 찬, 흥미진진해 하는.

****

55. <1> übers Wochenende = am Wochenende : 주말에. <2> der Praktikant : 실습생. <3> ein bisschen : 약간. <4> sich um etwas(4) kümmern : 무엇을 돌보다, 처리하다. **해석**: 우리는 주말에 한그룹의 외국인 실습생들을 받게 될 것입니다. 여러분들 중에 누가 그들에게 약간 신경을 쓸 *용의가 있습니까?*

56. <1> der Vorschlag : 제안. <2> nachher : 나중에. **해석**: 너희들은 나중에 또 디스코텍에 가자는 카린의 제안에 대해 *어떻게 생각하니?*

57. <1> der Büroschluss : 퇴근시간. <2> j-n sprechen : 누구와 면담하다, 이야기 하다. <3> Es geht um etwas(4) : 무엇이 문제다, 중요하다. <4> wichtig : 중요한. <5> die Angelegenheit : 일. **해석**: (퇴근시간 조금 전) — 퀴퍼씨가 아직 있습니까? 나는 그분이 집으로 가기 전에 그분과 면담을 해야합니다. 중요한 문제입니다! 내일이면 너무 늦을 수 있습니다!

58. <1> ruhig : 조용한. <2> dauernd : 계속해서. <3> sich auf etwas(4) konzentrieren : 무엇에 집중하다. **해석**: (자동차를 타고 가는 도중에. 어머니가 아이들에게) — 조용히 좀 해라! 너희들이 계속해서 그렇게 *싸우면* 나는 도무지 운전에 집중할 수 없다!

59. <1> sollten : sollen의 접속법 2식으로 권유와 충고를 나타낸다. <2> sich an etwas(4) gewöhnen : 무엇에 익숙해지다. **해석**: 의사는 내가 더 이상 담배를 피우지 않는 것이 좋다고 생각합니다. 그러나 한번 거기에 익숙해지면 담배를 *끊는다는* 것은 어렵습니다.

60. <1> toll : 멋진, 훌륭한. <2> das Spiel : 경기. <3> gewinnen : 이기다 ↔ verlieren : 지다, 잃어버리다. **해석**: 멋진 경기였다! — 그래, 우리 모두는 로트 바이스 에센팀이 또 이길 것인 지 아주 *흥미진진했다.*

보기 11

entscheiden, zufällig, völlig, Recht, an der Reihe, verlangen

61. An unserer Schule gibt es verschiedene Arbeitsgruppen; ich habe mich für Chemie _____, Christian für moderne Kunst, und Peter macht bei der Theatergruppe mit.

62. Warum haben Sie verbessert, was der Schüler da geschrieben hat, Fräulein Schwinn? Das war doch _____ richtig!

63. Warst du mit Wolfgang verabredet? —Nein, wir haben uns ganz _____ an der Bushaltestelle getroffen.

64. Zu diesem Arzt gehe ich nicht mehr! Bei dem muss man wirklich zu lange warten! Erst nach einer Stunde war ich endlich _____!

65. Frau Sievert ist geschieden, aber ihr Mann hat das _____, einmal in der Woche den Jungen zu sehen.

66. Ich würde gern meinen Fernsehapparat verkaufen. Was meinen Sie, wieviel man dafür noch _____ kann?

정답) 61. entschieden 62. völlig 63. zufällig 64. an der Reihe
65. Recht 66. verlangen

제4장 어휘연습 IV (종합) - 해설 209

보기 11

> *sich für etwas(4) entscheiden = etwas(4) entscheiden = über etwas(4) entscheiden* : 무엇을 결정하다. *zufällig* : 우연의 ↔ *absichtlich* : 의도적인. *völlig*: 완전한, 충분한, 온전한, 전적으로, 완벽한. *das Recht* : 권리. *an der Reihe* : 차례가 된. 참고 : *die Reihe* : 열, 줄, *in einer Reihe* : 한 줄에, *eine Reihe von* 복수명사 : 일련의 무엇들. *verlangen*: 요구하다.

****

61. <1> verschieden : 서로 다른, 다양한. <2> die Kunst : 예술, 인공. <3> mitmachen : 같이 하다. **해석** : 우리 학교에는 여러 스터디 그룹이 있다. 나는 화학을 *선택했고*, 크리스티안은 현대 미술을, 페터는 연극그룹에서 함께 일한다.

62. <1> verbessern : 고치다, 수정하다. <2> richtig : 옳은. **해석** : 슈빈 양, 왜 당신은 그 학생이 쓴 것을 고쳐 주었습니까? 그것은 전적으로 옳았습니다.

63. <1> sich mit j-m verabreden = mit j-m verabredet sein : 누구와 약속하다. <2> die Bushaltestelle : 버스 정류장. <3> j-n treffen = sich mit j-m treffen: 누구와 만나다. **해석** : 너는 볼프강과 약속했니? -아니, 우리는 버스정류장에서 완전히 *우연히* 만났어.

64. **해석** : 나는 이 의사에게 다시는 가지 않겠다! 그 의사에게 가면 정말 너무 오래 기다려야 한다! 한 시간이 지난 다음에야 비로소 나는 마침내 *차례가 되었다!*

65. <1> geschieden : 이혼한. <2> einmal in der Woche : 일주일에 한번. <3> der Junge : 사내아이, 아들. **해석** : 지베르트 부인은 이혼했다. 그러나 그녀의 남편은 일주일에 한번 아들을 볼 *권리가* 있다.

66. <1> würden gern : 무엇을 하고 싶다. <2> Was meinen Sie? : 당신은 어떻게 생각하십니까? <3> dafür : 그 값으로. **해석** : 나는 텔레비젼을 팔고 싶습니다. 당신은 그 값을 얼마나 요구할 수 있다고 생각하십니까?

보기 12

reichen, wegnehmen, bestehen, liegen, Druck, Gefühl

67. (Mutter und Kind) −Was ist denn los? −Die Kinder von nebenan haben mir meinen Ball _____! −Dann geh mal rüber und sag ihnen, dass sie ihn dir wiedergeben müssen.

68. Warum will Irene denn nicht heiraten? −Sie sagt, Hausarbeit _____ ihr nicht.

69. Kannst du mir etwas Geld leihen? −Gern, ich habe aber selbst nicht viel dabei. _____ zwanzig Mark? −Ja, danke, mehr brauche ich nicht mehr.

70. Meine Freundin will jetzt den Führerschein machen. Sie hat sich schon für die Prüfung angemeldet. −Na, und glauben Sie, dass sie sie _____? −Warum denn nicht? Sie hat schon achtzehn Fahrstunden hinter sich und fährt nicht schlecht.

71. Machst du mit bei diesem Geschäft? −Ja, aber ich habe ein komisches _____ dabei. Mir gefällt die Sache nicht.

72. Wenn Sie uns die Ware nicht 15% billiger geben, kaufen wir nicht mehr bei Ihnen! −Das müssen Sie selbst wissen. Wir lassen uns von Ihrer Firma nicht unter _____ setzen.

정답 67. weggenommen   68. liegt   69. Reichen   70. besteht
71. Gefühl   72. Druck

> **보기 12**
>
> *reichen* : 충분하다, 건네주다.(*Ich reiche ihm das Buch* : 나는 그에게 책을 내준다). *j-m etwas(4) wegnehmen = j-m etwas(4) abnehmen* : 누구에게서 무엇을 빼앗다. *die Prüfung bestehen* : 시험에 합격하다. *j-m liegen* : 누구의 재질이나 기호에 맞다. *j-n unter Druck setzen* : 누구에게 압력을 가하다. *das Gefühl* : 감정, 느낌.

****

67. <1> Was ist denn los? : 도대체 무슨 일이니? <2> nebenan : 곁의, 옆의. <3> der Ball : 공. <4> rüber : hinüber, herüber. **해석** : (어머니와 아이) — 도대체 무슨 일이니? — 옆집 애들이 내 공을 *빼앗아 갔어요!* — 그러면 그 쪽에 가서 공을 돌려 달라고 그애들한테 말해라.

68. <1> j-n heiraten : 누구와 결혼하다. <2> die Hausarbeit : 집안일. **해석** : 이레네는 왜 결혼을 하지 않니? — 그녀는 집안일이 *자신의 취향에 맞지 않는다*고 말하더라.

69. <1> leihen : 빌리다, 빌려 주다. <2> Gern! : 기꺼이 그러지!. <3> etwas(4) dabei haben : 무엇을 수중에 갖고 있다. <4> brauchen : 필요로 하다. **해석** : 너 나에게 돈 좀 빌려 줄 수 있겠니? — 좋아, 하지만 나도 수중에 많이 없어. 20마르크면 *충분하겠니?* — 그래, 고마워, 더 이상은 필요하지 않아.

70. <1> der Führerschein : 운전면허증. <2> sich anmelden : 접수하다. <3> Warum denn nicht? : 왜 안되겠니? <4> die Fahrstunde : 운전교습시간. <5> etwas(4) hinter sich haben : 무엇을 마치다, 무엇을 이겨내다. **해석** : 내 여자친구는 이제 운전면허증을 따려고 한다. 그녀는 벌써 시험을 보려고 접수했다. — 그런데(Na) 당신은 그녀가 *그 시험에 합격할 거라고* 생각하십니까? — 왜 안되겠습니까? 그녀는 벌써 18시간의 운전교습을 마쳐서 운전을 그리 못하지 않습니다.

71. <1> mitmachen : 같이 하다. <2> das Geschäft : 가게, 장사. <3> j-m gefallen : 누구의 마음에 들다. **해석** : 너 이 장사 같이 할래? — 그래, 그런데 나는 *感이 이상하다.* 그 일이 내 맘에 들지 않는다.

72. <1> die Ware : 물건. <2> bei Ihnen : 당신 집에서, 당신 가게에서, 당신 회사에서. <3> lassen이 들어 있으면 '하게 하다'라는 말로 자신이 하는 것이 아니기 때문에 수동의 의미를 갖는다. 따라서 'sich unter Druck setzen lassen'은 '압력을 가하다'가 아니라 '압력을 받다'라고 해석야 한다. **해석** : 당신이 그 물건을 우리에게 15% 싸게 팔지 않는다면 우리는 더 이상 당신 가게에서 물건을 사지 않을 것입니다. — 당신 자신이 아셔야 할 일이 있습니다. 우리는 당신 회사의 *압력을 받지 않을 겁니다.*

보기 13

bewundern, endgültig, anstrengen, kommen, Zeugnis, Fach

73. Hilfst du mir ein bisschen bei der Mathematikaufgabe, Jochen? Die ist wirklich schwer! —Du musst dich bloß ein bisschen _____! Du kannst schon, wenn du willst. Ich kann doch nicht immer deine Hausaufgaben für dich machen, Christian!

74. Bei den Olympischen Winterspielen 1976 hat Rosi Mittermair zwei Goldmedaillen gewonnen. Ihre Leistung wurde von allen _____.

75. (Geschäftsleute) —Das ist natürlich nur ein Vorschlag: wir müssen uns die Sache noch einmal genau überlegen. Unser _____ Angebot bekommen Sie dann Ende nächster Woche.

76. Dein _____ ist diesmal aber gar nicht gut! Keine Eins, und nur eine Zwei! Das muss aber bald besser werden!

77. Eine verrückte Idee! Wie sind Sie darauf _____?

78. Frau Aberle ist eine tüchtige Architektin. Sie versteht wirklich etwas von ihrem _____.

정답) 73. anstrengen   74. bewundert   75. endgültiges   76. Zeugnis
77. gekommen   78. Fach

보기 13

sich über etwas(4) wundern = etwas(4) bewundern : 무엇을 경탄하다, 무엇에 놀라다. *endgültig* : 최종적인, 최후의, 뒤집을 수 없는. *j-n anstrengen* : 누구를 피곤하게 하다, *sich anstrengen* : 노력하다. *auf einen Gedanken kommen* : 어떤 생각을 하게 되다. *das Zeugnis* : 성적, 증명서. *das Fach* : 전공, 분야.

****

73. <1> ein bisschen = ein wenig : 약간. <2> die Aufgabe : 의무, 숙제, die Hausaufgabe : 숙제. <3> schwer: 어려운. **해석**: 요흔아, 내가 수학 숙제를 하는데 좀(ein bisschen) 도와 줄래? 그게 정말 어렵다. —너는 조금만 *노력하면 된다!* 네가 하려고 하면, 넌 할 수 있어. 난 언제나 너 대신에 네 숙제를 해줄 수 없어, 크리스티안!

74. <1> gewinnen : 이기다, 얻다, 획득하다. <2> die Leistung : 업적, 성과. **해석**: 1976년 동계올림픽에서 로지 미테르마이어가 두개의 금메달을 땄다. 그녀의 성과에 모든 사람들이 *감탄했다.*

75. <1> der Geschäftsmann : 상인. <2> der Vorschlag : 제안. <3> sich etwas(4) überlegen = etwas(4) überlegen : 무엇을 심사숙고하다. <4> das Angebot : 제안, 공급(↔ die Nachfrage : 수요). **해석**: (상인들이) —그것은 물론 제안일 뿐입니다. 우리들은 그 문제를 한번 더 심사숙고 해야할 것입니다. 우리의 *최종적인* 제안을 당신은 다음주말에 받게 될 것입니다.

76. <1> diesmal : 이번에. <2> 숫자는 명사가 되면 여성이 된다. 독일에서 점수 1은 sehr gut을 의미한다. **해석**: 너의 *성적*은 이번에는 정말 아주 좋지 않다. 1점은 하나도 없고 2점이 하나 뿐이구나! 그러나 틀림 없이 곧 더 좋아질거야!

77. <1> verrückt : 미친 = wahnsinnig : 기발한. <2> die Idee: 아이디어, 생각. **해석**: 정말 기발한 생각이다! 어떻게 그런 *생각을 하게 되었니?*

78. <1> tüchtig : 성실한, 유능한. <2> der Architekt : 건축가. <3> von etwas(3) etwas verstehen : 무엇을 잘 이해하다. **해석**: 아베를레 부인은 유능한 건축가다. 그녀는 정말 자신의 *분야*를 잘 알고 있다.

보기 14

entscheiden, folgen, Aussicht, begabt, nachdenken, ungewöhnlich

79. Manfred ist ein sehr _____ Junge; er hat gute Noten in fast allen Fächern, ohne sich sehr anstrengen zu müssen.

80. (Autofahrer zu einem Taxifahrer) — Entschuldigen Sie, könnten Sie mir bitte sagen, wie ich zum Haus der Kunst komme? — Da brauchen Sie nur mir zu _____, zufällig fahre ich auch jetzt dorthin.

81. Frau Grothe kann die jungen Leute nur beraten; _____ müssen sie sich selbst.

82. Ich habe lange über das Problem _____, und ich glaube, ich habe endlich eine Lösung gefunden.

83. Im letzten Winter hatten wir _____ warmes Wetter; wir brauchten gar nicht so viel zu heizen wie sonst.

84. Riederer ist ein tüchtiger Mathematiker; er hat gute _____, bei einer Computerfirma Karriere zu machen.

정답 79. begabter 80. folgen 81. entscheiden 82. nachgedacht
83. ungewöhnlich 84. Aussichten

보기 14

sich für etwas(4) entscheiden : 무엇을 결정하다. *j-m folgen* : 누구를 따라가다. *die Aussicht* : 전망, *die Aussicht auf etwas(4)* : 무엇에 대한 전망. *begabt* : 재능이 있는, *die Begabung* : 능력, 재능. *über etwas(4) nachdenken* : 무엇에 대해 심사숙고하다. *ungewöhnlich =außergewöhnlich* : 비범한, 이상한.

****

79. <1> der Junge : 사내아이, 젊은이. <2> die Note : 점수, 악보. <3> fast : 거의. <4> das Fach : 전공, 분야. <5> sich anstrengen = sich Mühe geben : 노력하다. **해석**: 만프레트는 매우 *재능있는* 아이다. 그는 많이 노력하지 않아도 거의 모든 과목에서 좋은 점수를 받고 있다.

80. <1> entschuldigen : 용서하다. <2> Wie komme ich zum Haus der Kunst? : 미술관에 가려면 어떻게 해야 하지요? <3> brauchen nur zu Inf. : 무엇을 하기만 하면 된다. <4> zufällig : 우연히. **해석**: (승용차운전자가 택시운전사에게) ―미안합니다만, 미술관에 가려면 어떻게 해야 하는지 말씀해 주시겠습니까? ―그렇다면 당신은 나를 *따라 오기만* 하면 됩니다. 나도 우연히 지금 그쪽으로 갑니다.

81. <1> j-n beraten : 누구에게 충고하다, sich mit j-m über etwas(4) beraten : 누구와 무엇에 대해 협의하다. <2> selbst : 스스로. **해석**: 그로테 부인은 그 젊은 사람들에게 단지 충고만 할 수 있다. 그들이 스스로 *결정해야* 한다.

82. <1> glauben : 믿다. <2> endlich : 마침내, 드디어. <3> die Lösung : 해결책. **해석**: 나는 오랫동안 그 문제에 대해 *심사숙고했다*. 그래서 나는 마침내 해답을 찾았다고 생각한다.

83. <1> der Winter : 겨울. <2> warm : 따뜻한. <3> brauchen nicht zu Inf. : 무엇을 할 필요가 없다. <4> heizen : 난방하다. <5> wie sonst : 그 전처럼. **해석**: 지난 겨울은 *이상하게도* 날씨가 따뜻했다. 우리는 그전처럼 그렇게 많이 난방할 필요가 없었다.

84. <1> tüchtig : 유능한, 성실한. <2> der Mathematiker : 수학자. <3> die Karriere : 경력, Karriere machen : 경력을 쌓다, 성공하다. **해석**: 리더러는 유능한 수학자다. 그는 컴퓨터회사에서 성공할 좋은 *전망이* 있다.

보기 15

lustig, ausgerechnet, Fleck, Erziehung, Schluss, entschließen

85. So ein günstiges Angebot, aber er kann sich einfach nicht _____! Ich verstehe ja das nicht. Ich hätte es sofort angenommen, ohne lange zu überlegen. —Wissen Sie, mir fällt so was auch immer sehr schwer.

86. Viele Leute meinen, die _____ der Kinder sei vor allem Sache der Frau, aber ich finde, beide Eltern müssen sich darum kümmern.

87. Hallo, wie geht's? Hast du keine Lust mit uns ein Bierchen zu trinken? —_____ jetzt musst du anrufen! Weißt du, wieviel Uhr es ist?! Ich hatte schon fest geschlafen.

88. (eine Hausfrau) —Dieser _____ ist beim Waschen nicht rausgegangen: ich muss die Jacke zur Chemischen Reinigung bringen.

89. Wir haben im Betriebsrat über diese Kündigung diskutiert und zu dem _____ gekommen, dass wir etwas dagegen tun müssen.

90. Das war ein sehr _____ Film; wir haben pausenlos gelacht.

정답 85. entschließen   86. Erziehung   87. Ausgerechnet   88. Fleck
      89. Schluss   90. lustiger

제4장 어휘연습 IV (종합) - 해설   217

보기 15

> *lustig* : 즐거운, 재미있는. *ausgerechnet* : 바로, 꼭, 하필이면. *der Fleck* : 얼룩, 일정한 곳, 점. *die Erziehung* : 교육. *der Schluss* : 결론, 끝, 종결, *Schluss machen* : 끝마치다, *zum Schluss kommen* : 결론에 이르다. *sich zu etwas(3) entschließen* : 의심과 주저끝에 무엇을 하기로 결심하다.

85. <1> günstig : 유리한. <2> das Angebot : 제안, 제공품. <3> einfach nicht : 결코 무엇이 아니다. <4> annehmen : 받아들이다, 가정하다. <5> sich etwas(4) überlegen = etwas(4) überlegen : 무엇을 심사숙고하다. <6> so was : 그런 것. <7> j-m schwerfallen : 누구에게 어렵다. **해석**: 그것은 아주 유리한 제안이다. 그러나 그는 정말 **결정내릴** 수가 없다! 나는 정말 그것을 이해하지 못하겠다. 나라면 오래 생각할 것도 없이 당장 그것을 받아들였을텐데. ―있잖습니까(Wissen Sie), 그런 것은 나에게도 항상 매우 어렵습니다.

86. <1> meinen : 의미하다, 말하다. <2> vor allem : 무엇보다도. <3> die Sache : 일, 물건, 사건. <4> sich um etwas(4) kümmern : 무엇을 돌보다, 걱정하다, 처리하다, 신경쓰다. **해석**: 많은 사람들이 아이들 **교육은** 무엇보다도 여자의 일이라고 생각한다. 그러나 나는 부모 두 사람이 그 일에 신경써야 한다고 생각한다.

87. <1> Wie geht's? = Wie geht es? : 어떻게 지내니? <2> die Lust : 욕망, 기호, 바램. <3> ein Bierchen : ein Bier에 어미 '-chen'을 결합한 것이다. <4> fest : 단단한, 꼭, 깊이. **해석**: 여보세요, 너 어떻게 지내니? 너 우리와 맥주 한잔 마실 마음 없니? ―*하필이면* 지금 전화를 해야 하니! 너 지금 몇시인지 알어? 난 벌써 깊이 자고 있었는데.

88. <1> beim Waschen : 세탁을 할때. <2> rausgehen : 없어지다, 빠져 나가다. <3> die Chemische Reinigung : 세탁소. **해석**: (한 가정주부) ―이 얼룩이 세탁을 했는데 빠지지 않았다. 난 그 재킷을 세탁소에 가져가야 하겠다.

89. <1> der Betriebsrat : 경영협의회. <2> die Kündigung : 해고통지, 해약통지. <3> über etwas(4) diskutieren : 무엇에 대해 토론하다. <4> dagegen etwas tun : 거기에 대항하여 무엇을 하다. **해석**: 우리는 경영협의회에서 이런 해고통지에 대해 토론해서 우리가 그것에 대항하여 어떤 것을 해야한다는 **결론에** 이르렀다.

90. <1> pausenlos : 끊임없이. <2> lachen : 웃다. **해석**: 그것은 아주 *재미있는* 영화였다. 우리는 쉬지 않고 웃었다.

보기 16

Gefühl, nützen, Schafe, Termin, enttäuscht, nachher

91. Ich habe das lange Wochenende _____, um meinen Garten in Ordnung zu bringen. Der sieht jetzt wieder sehr hübsch aus.

92. (Die Sektetärin eines "wichtigen" Mannes zu einem Anrufer) —Diese Woche ist Herr Friedrichsen leider nicht mehr zu sprechen, aber ich kann Ihnen einen _____ für Ende nächster Woche geben. Würde Ihnen das passen?

93. Ich kann abends nicht einschlafen! Ich muss immer Schlaftabletten nehmen! —Da gibt es die gute alte Methode, _____ zu zählen. Probieren Sie das doch mal!

94. Frau Fendt ist furchtbar _____; Ihr Mann hatte ihr versprochen, dass sie im Sommer an der Nordsee Ferien machen würden, aber jetzt erklärt er, dass er arbeiten muss und nicht verreisen kann. Sie hatte sich schon so darauf gefreut!

95. (Kolleginnen) —Haben Sie Frau Strack gesehen? Wie kann man sich nur so anziehen! Ein viel zu kurzer Rock, eine viel zu enge Bluse, und dazu diese altmodischen Schuhe! —Ja, für solche Dinge hat die Arme leider kein _____.

96. Hast du die Theaterkarten schon bestellt? —Nein, das mache ich _____, jetzt habe ich keine Zeit.

정답 91. genüzt 92. Termin 93. Schafe 94. enttäuscht 95. Gefühl
96. nachher

보기 16

das Gefühl : 감정, 감각, *für etwas(4) Gefühl haben* : 무엇에 대한 감각을 갖고 있다. *nützen* : 무엇을 이용하다, 누구에게 유용하다 ↔ *j-m schaden* : 누구에게 해롭다. *das Schaf* : 양, *Schafe zählen* : 독일에서는 전통적으로 잠이 안오면 양의 숫자를 센다. *der Termin*: 약속시간. *von etwas(3) enttäuscht sein* : 무엇에 실망한. *nachher* : 나중에, 후에 ↔ *vorher* : 전에.

****

91. <1> das Wochenende : 주말. <2> etwas(4) in Ordnung bringen : 무엇을 정돈하다, 청소하다. <3> aussehen : 무엇처럼 보이다. **해석** : 나는 정원을 정돈하기 위해 긴 주말을 *이용했다.* 정원은 이제 다시 매우 아름다워 보인다.

92. <1> der Anrufer : 전화건 사람. <2> j-n sprechen : 누구와 면담하다. "Diese Woche ist Herr Friedrichsen leider nicht mehr zu sprechen" 문장은 "Diese Woche kann man Herrn Friedrichsen leider nicht mehr sprechen"으로 고쳐 쓸 수 있다. <3> j-m passen: 누구에게 어울리다. **해석** : (어떤 "중요한" 사람의 비서가 전화를 건 사람에게) —유감스럽게도 이번 주에는 프리드릭센씨와 면담을 할 수가 없습니다. 그러나 나는 당신에게 다음 주말로 *약속시간*을 정해주겠습니다. 괜찮으시겠습니까?

93. <1> einschlafen : 잠이 들다. <2> die Schlaftablette : 수면제. Schlaftabletten nehmen : 수면제를 먹다. <3> die Methode : 방법. <4> zählen : 숫자를 세다. <5> probieren : 시험삼아서 무엇을 하다. **해석** : 나는 저녁에 잠들 수가 없습니다! 저는 항상 수면제를 먹어야 합니다! —그러면 *양*을 세는 좋은 옛날 방법이 있습니다. 그것을 한번 시험삼아 해보십시오!

94. <1> furchtbar : 무시무시한, 무서운, 소름 끼치는. <2> j-m etwas(4) versprechen : 누구에게 무엇을 약속하다. <3> j-m etwas(4) erklären : 누구에게 무엇을 설명하다. <4> verreisen : 여행을 떠나다. <5> sich auf etwas(4) freuen : 무엇을 즐거운 마음으로 기다리다. **해석** : 펜트 부인은 무지무지하게 *실망하고* 있다. 그녀의 남편은 그녀에게 여름에 북해 해변에서 휴가를 보내기로 약속했다. 그러나 이제 그는 일을 해야되어서, 여행을 떠날 수 없다고 설명한다. 그녀는 그 여행을 학수고대했었는데!

95. <1> sich anziehen : 옷을 입다. <2> viel zu kurz : 아주 짧은. <3> der Rock : 치마. <4> eng : 꽉 끼는, 좁은. <5> die Bluse : 블라우스. <6> altmodisch : 유행이 지난. <7> das Ding : 물건, 일. **해석** : (동료들) —당신은 슈트락 부인을 보았습니까? 어떻게 그런 옷을 입을 수 있을까! 너무 짧은 치마에다 너무 꽉 끼는 블라우스를 입고, 거기다가 유행이 지난 신발을 신고 있으니! —그래 맞아, 그 불쌍한 여자는 유감스럽게도 그런 일에 *감각이* 없어.

96. <1> die Theaterkarte : 연극표. <2> bestellen : 주문하다. **해석** : 너 연극 티켓을 벌써 주문했니? —아니, *나중에* 할거야. 지금은 시간이 없어.

보기 17

umsteigen, wechseln, ständig, hellblau, Verkehrsamt, gründen

97. Wenn Sie sich in einer Stadt nicht auskennen, ist es am besten, Sie gehen zum _____; dort wird man Sie gern über alles informieren.

98. Hatten Sie angenehme Reise? — Nein, es war eine sehr schlechte Verbindung; ich habe dreimal _____ müssen.

99. Können Sie mir zehn Mark _____? — Nein, ich habe auch kein Kleingeld.

100. Sie machen jetzt ihr Diplom als Ingenieur? Wenden Sie sich doch mal an die Firma Herwig; die ist doch _____ auf der Suche nach tüchtigen jungen Ingenieuren.

101. Herr Arendt will mit ein paar Geschäftsfreunden eine Exportfirma _____.

102. Ich habe einen dunkelblauen Rock. Was für eine Bluse soll ich mir dazu kaufen? — Etwas _____ würde gut dazu passen, finde ich.

정답) 97. Verkehrsamt 98. umsteigen 99. wechseln 100. ständig
101. gründen 102. Hellblaues

보기 17

umsteigen : 갈아타다. *wechseln* : 교환하다, 바꾸다. *ständig = immer = stets* : 항상. *hellblau* : 밝은 청색의 ↔ *dunkelblau* : 어두운 청색의. *das Verkehrsamt* : 교통국, 관광안내소, 관광과. *gründen* : 설립하다.

****

97. <1> sich in etwas(3) auskennen : 어디에 정통하다. <2> j-n über etwas(4) informieren : 누구에게 무엇에 대해 정보를 주다. **해석** : 당신이 어떤 도시를 잘 알지 못하다면 관광안내소에 가는 것이 가장 좋습니다. 거기서 사람들이 당신에게 모든 것에 대해 알려 줄 것입니다.

98. <1> angenehm : 유쾌한. <2> die Verbindung : (교통)연결. **해석** : 여행이 유쾌했습니까? ─아뇨, 교통연결이 아주 나빴습니다. 나는 세번 *갈아타야* 했습니다.

99. das Kleingeld : 잔돈. **해석** : 당신은 저에게 10마르크를 *바꾸어* 주실 수 있습니까? ─아뇨, 저도 잔돈이 없습니다.

100. <1> der Diplom : 석사학위(주로 이과) <2> sich an j-n wenden : 누구에게 문의하다. <3> auf der Suche nach etwas(3) sein : 무엇을 찾고 있다. <4> tüchtig : 유능한. **해석** : 당신은 이제 엔지니어 석사학위를 마치십니까? 헤르비히 회사에 한번 문의를 하십시오! 그 회사는 *계속해서* 유능한 젊은 엔지니어를 찾고 있습니다.

101. <1> ein paar : 몇몇, 두서너 명의. <2> der Geschäftsmann : 상인. <3> die Exportfirma : 수출회사. **해석** : 아렌트씨는 몇몇 사업상의 친구들과 수출회사를 *설립하려고* 한다.

102. <1> der Rock : 치마. <2> die Bluse : 블라우스. <3> zu etwas(3) passen : 무엇에 어울리다. **해석** : 나는 어두운 청색 치마가 있다. 어떤 종류의 블라우스가 거기에(dazu) 어울릴까? ─*밝은 청색*이 거기에 어울릴 거라고 나는 생각해.

보기 18

berühmt, nett, vorhin, romantisch, Währung, dicht

103. Wir müssen Jochen noch Bescheid sagen! —Ja, ich weiß, ich habe _____ schon mal bei ihm angerufen, aber da hat niemand geantwortet.

104. Albert Einstein war ein _____ Physiker.

105. Schau mal, der Neue steht da so allein; der muss uns ja alle für furchtbar unfreundlich halten. —Dann geh doch mal hin und sag ihm was _____; das wird ihn freuen.

106. Helga; Die Liebe ist das Wichtigste im Leben einer Frau! —Inge; Du hast aber sehr _____ Vorstellungen!

107. Kommen Sie immer zu Fuß ins Büro? —Ja, ich habe es nicht so weit; und mitten im _____ Berufsverkehr kommt man mit dem Auto sowieso kaum voran.

108. Die _____ von Brasilien ist der Cruzeiro, von den USA der Dollar, von Deutschland die Mark.

정답) 103. vorhin 104. berühmter 105. Nettes 106. romantische
107. dichten 108. Währung

보기 18

berühmt = bekannt : 유명한. *nett = freundlich* : 친절한. *vorhin* : 전에. *romantisch* : 낭만적인. *die Währung* : 화폐단위. *dicht* : 조밀한, 촘촘한, 혼잡한.

****

103. <1> Bescheid sagen : 자세한 상황을 말해주다. <2> bei j-m anrufen : 누구 집에 전화하다. **해석**: 우리는 요혼에게 자세한 상황을 알려줘야 한다! —그래, 나도 알아, 나는 벌써 *전에* 그의 집에 전화를 했다. 그런데 아무도 받지 않았다.

104. 해석: 알버트 아인슈타인은 *유명한* 물리학자였다.

105. <1> schauen : 보다. <2> halten A für B : A를 B로 간주하다. <3> j-n freuen : 누구를 즐겁게 하다. **해석**: 저기 봐라, 새로 온 사람이 저기 혼자 서 있다. 그사람은 틀림 없이 우리 모두를 무지무지하게 불친절하다고 여길 것이다. —그렇다면 저리 가서 그 사람에게 *친절한* 말을 해라. 그것이 그를 기쁘게 할 것이다.

106. <1> die Liebe : 사랑. <2> die Vorstellung : 사랑. **해석**: 헬가 : 사랑은 여자의 일생에서 가장 중요한 거야! —잉에 ; 너 정말(aber) 아주 *낭만적인* 생각을 갖고 있구나!

107. <1> zu Fuß : 걸어서. <2> Ich habe es nicht so weit : 그렇게 멀지 않다, 비교 : Ich habe es eilig : 나는 바쁘다. <3> der Berufsverkehr : 러시아워. <4> sowieso : 그렇지 않아도 어쨌든. <5> vorankommen : 전진하다, 앞으로 나아가다. **해석**: 당신은 항상 걸어서 사무실로 옵니까? —예, 그렇게 멀지는 않습니다. *혼잡한* 러시아워 중에는 어쨌든 자동차를 타고는 거의 앞으로 나가지 못합니다.

108. 해석: 브라질의 *화폐 단위*는 크루소이고, 미국의 화폐는 달러, 독일의 화폐는 마르크이다.

보기 19

praktisch, Besuch, toll, feiern, Abschied, sicher, üblich, aufhören, dauern, spannend

109. Was hat sie denn gesagt? — Das _____. Ich soll gut auf die Kinder aufpassen, sie nicht allein auf die Straße lassen usw. Das sagt sie immer. Als ob ich das nicht selber wüßte!

110. Marlies hat das Abitur mit Eins bestanden! — _____! Das müssen wir _____!

111. Herr Schachtner hatte _____ von seiner Tochter aus Flensburg. Gestern ist sie wieder abgefahren. Der _____ von ihr ist ihm _____ nicht leicht geworden; er sieht sie ja so selten.

112. Wir haben zwei Stunden warten müssen, bis wir an der Reihe waren. — Was, _____ das immer so lange?

113. Das war ein wirklich _____ Krimi! Ich konnte gar nicht _____, bis ich die letzte Seite gelesen hatte.

114. Ich hätte gern eine Handtasche. Es soll doch sicher etwas Elegantes sein. — Diese hier zum Beispiel? — Nein, ich möchte eine _____ für die Reise.

정답) 109. übliche 110. Toll, feiern 111. Besuch, Abschied, sicher
112. dauert 113. spannender, aufhören 114. praktische

보기 19

praktisch : 실제적인. *der Besuch* : 방문. *toll* : 굉장한, 훌륭한, 재미있는. *feiern* : 축하하다, 거행하다. *der Abschied* : 작별 ↔ *das Wiedersehen* : 재회, *von j-m Abschied nehmen* : 누구와 작별하다. *sicher* : 확실히, 분명히. *üblich* : 일반적인, 비교 : *übrig* : 남아 있는, 여분의. *aufhören* : 그치다, 중단하다, 그만두다. *dauern* : 지속하다, 계속하다. *spannend* : 재미있는.

****

109. <1> auf etwas(4) aufpassen : 무엇에 주의하다. lassen : 놓아두다. als ob + 접속법 2식 : 마치 무엇인 것처럼. **해석**: 그녀가 도대체 무슨 말을 했습니까? ─ *항상 하는 일반적인 말요*. 내가 아이들을 잘 돌봐야 하고 애들만 길거리에 두지 말고 등등을 말입니다. 그녀는 항상 그런 말을 하지요. 마치 내가 그것을 알지 못하는 것처럼 말이에요!

110. die Prüfung bestehen : 합격하다 ↔ bei der Prüfung durchfallen : 시험에 떨어지다. **해석**: 마를리스는 점수 1로 아비투어에 합격했다. ─ *굉장하다!* 우리 그것을 축하해야 한다!

111. <1> abfahren : 출발하다. <2> leicht : 쉬운 ↔ schwer : 어려운. <3> selten : 드물게. **해석**: 쇼흐트너씨는 플렌스부르크에 사는 딸의 *방문*을 받았다. 그녀는 어제 다시 떠났다. 그녀와 헤어지는 것은 그에게 *확실히* 쉽지 않았다. 그는 그녀를 자주 보지 못한다.

112. <1> auf etwas(4) warten : 무엇을 기다리다. <2> an der Reihe sein : 차례가 되다. **해석**: 우리는 차례가 될 때까지 두시간 동안 기다려야 했다. ─뭐라고, 그것이 항상 그렇게 오래 *걸리니?*

113. <1> der Krimi : 범죄영화나 범죄소설. <2> die Seite : 면, 쪽. **해석**: 그것은 정말로 *흥미진진한* 범죄소설이었다! 나는 마지막 페이지를 읽을 때까지 전혀 중단할 수 없었다.

114. <1> hätten gern : 무엇을 하고 싶다. <2> die Handtasche : 핸드백. <3> elegant : 우아한. **해석**: 저는 핸드백을 사고 싶습니다. 그것은 물론 우아한 것이어야 합니다. ─예를 들면 여기 이것은요? ─아뇨, 저는 여행할 때 필요한 *실용적인* 것을 원합니다.

보기 20

Fachhochschule, Grenze, Fahrt, beeilen, Hafen, Eindruck

115. Ich glaube, ich gehe noch schnell zum Frisör, ehe ich mich bei der Firma vorstelle. Der erste _____ ist doch so wichtig!

116. Ich war zehn Stunden mit dem Wagen unterwegs. So eine _____ ist wirklich anstrengend!

117. Lübeck ist der bedeutendste Ostsee _____ von Deutschland.

118. Eine _____ ist eine Universität, auf der man nur bestimmte Fächer studieren kann.

119. Ich kann euch nur bis zur _____ begleiten; dann müßt ihr allein weiterfahren; ich habe nämlich keinen Pass dabei.

120. _____ dich; es ist schon viertel vor sieben. Um sieben kommen unsere Gäste!

정답) 115. Eindruck   116. Fahrt   117. (Ostsee)hafen
118. Fachhochschule   119. Grenze   120. Beeile

보기 20

die Fachhochschule : 전문대학. *die Grenze* : 국경선, 한계. *die Fahrt* : 주행, 여행. *sich beeilen* : 서두르다. *der Hafen* : 항구, 비교 : *der Flughafen* : 비행장. *der Eindruck* : 인상, *auf j-n Eindruck machen* : 누구에게 인상을 주다.

****

115. <1> der Frisör = der Friseur: 이발사. <2> sich vorstellen : 자신을 소개하다. **해석** : 나는 회사에서 인터뷰를 하기 전에 빨리 이발소에 가야한다. 첫인상이 아주 중요하다!

116. <1> unterwegs : 여행중의, 도중의. <2> anstrengend : 피곤한. **해석** : 나는 10시간이나 자동차를 타고 여행을 했다. 그런 **여행**은 정말 피곤하다!

117. bedeutend : 중요한, 의미있는. **해석** : 뤼벡은 독일의 가장 중요한 동해의 항구다.

118. 해석 : 전문대학은 단지 특정한 과목만 공부할 수 있는 대학이다.

119. <1> begleiten : 누구를 따라가다, 바래다주다, 동행하다. <2> weiterfahren : 계속해서 차를 타고 가다. <3> nämlich : 즉 다시 말하면, 왜냐하면 무엇이기 때문이다. <4> dabei haben : 무엇을 수중에 갖고 있다. **해석** : 나는 너희들과 **국경선**까지만 동행할 수 있다. 그 다음은 너희들 혼자서 계속 가야 한다. 왜냐하면 나는 여권이 수중에 없기 때문이다.

120. 해석 : **서둘러라**. 벌써 7시 15분전이다. 7시에 손님들이 올 것이다!

| 보기 21 |

> kommen, aus Versehen, Hunger, Richtung, merken, Wetterbericht, Seefahrt

121. Haben Sie den Bericht schon gelesen? —Nein. Ich habe momentan überhaupt keine Zeit. Ich weiß auch noch nicht, wann ich _____ _____; vielleicht morgen.

122. In früheren Jahrhunderten, als es nur Segelschiffe gab, war die _____ viel gefährlicher als heute.

123. Ich möchte am Wochenende in die Berge fahren; deshalb werde ich mir nachher gleich den _____ im Radio anhören.

124. Was mache ich nur? Ich habe dem Kunden _____ _____ den falschen Film gegeben. Er wollte einen Farbfilm, und ich habe ihm einen Schwarzweißfilm eingepackt. Wenn er es _____, wird er sicher böse.

125. In einer Einbahnstraße kann man immer nur in einer _____ fahren.

126. Ich würde heute lieber etwas später essen. Oder hast du schon großen _____?

정답) 121. dazu komme   122. Seefahrt   123. Wetterbericht
124. aus Versehen, merkt   125. Richtung   126. Hunger

보기 21

dazu kommen : 무슨 일을 할만한 시간이 있다. *aus Versehen = versehentlich* : 실수로. *der Hunger* : 배고픔. *die Richtung* : 방향. *etwas(4) merken* : 무엇을 알아차리다. *sich etwas(4) merken* : 무엇을 기억하다. *der Wetterbericht* : 일기예보. *die Seefahrt* : 해상여행.

****

121. <1> der Bericht : 보고. <2> momentan : 현재, 지금. <3> überhaupt nicht : 전혀 무엇이 아니다. **해석**: 당신은 그 보고서를 읽었습니까? —아뇨. 저는 지금 전혀 시간이 없습니다. 나는 언제 *그럴 시간이 생길지* 아직 모르겠습니다. 아마 내일쯤 시간이 있을까요.

122. <1> das Jahrhundert : 세기. <2> das Segelschiff : 범선. <3> viel은 비교급을 강조한다. <4> gefährlich : 위험한. **해석**: 범선만 있던 전세기에 해상여행은 오늘날보다 훨씬 더 위험했다.

123. <1> am Wochenende : 주말에. <2> der Berg : 산. <3> nachher : 나중에. <4> sich etwas(4) anhören : 무엇을 경청하다, 무엇에 귀를 기울이다. **해석**: 나는 주말에 산에 가고 싶다. 그래서 나는 나중에 곧 라디오에서 *일기예보를* 들을 것이다.

124. <1> der Kunde : 고객, die Kunde : 고지, 알림, 통고. <2> der Farbfilm : 칼라필름 ↔ der Schwarzweißfilm : 흑백필름. <3> einpacken : 짐을 싸다 ↔ auspacken : 짐을 풀다. **해석**: 이제 난 어떻게 하지? 나는 고객에게 실수로 필름을 잘못 주었다. 그는 칼라필름을 원했는데, 흑백필름을 싸주었다. 그 사람이 그것을 *알게 되면*, 틀림없이 화를 낼 것이다.

125. die Einbahnstraße : 일방통행도로. **해석**: 일방통행도로에서는 항상 한 방향으로만 달릴 수 있다.

126. würden gern : 무엇을 하고 싶다. **해석**: 나는 오늘은 좀 늦게 밥을 먹고 싶다. 혹시 넌 벌써 *배가 많이 고프니?*

보기 22

Keller, verwandeln, Gelegenheit, geraten, einfalln, vorschlagen, benutzen

127. Stundenlang habe ich diese Papiere gesucht, aber dann ist mir plötzlich wieder _____, wo ich sie hingelegt hatte.

128. Seine Leistungen sind nicht gut genug, um das Abitur zu bestehen. Ich habe ihm deshalb _____, eine kaufmännische Lehre in meiner Firma zu machen, aber er will unbedingt studieren.

129. Ich würde gern mal alle Kollegen zu einer Party einladen! — Aber für so viele Leute haben wir im Wohnzimmer doch gar keinen Platz! — Das stimmt, aber wir könnten doch den _____ ganz leicht in eine Bar _____; dann haben wir mehr Platz. Du wirst sehen, wie nett das wird.

130. Für ihr Alter sieht Frau Becker aber noch sehr gut aus! — Ja, ich würde auch mal gern wissen, welche Kosmetik sie _____.

131. Bei meinem letzten Besuch bei meinen Schwiegereltern in der DDR bin ich in eine schlimme Lage _____; Ich habe meine Papiere verloren! Das war eine Aufregung!

132. Sie hätten auch zu dem Treffen kommen sollen, Herr Breuer. Das war eine gute _____, ein paar sehr interessante Leute kennenzulernen.

정답 127. eingefallen 128. vorgeschlagen 129. Keller, verwandeln
130. benutzt 131. geraten 132. Gelegenheit

보기 22

der Keller : 지하실. *verwandeln A in B* : A를 B로 바꾸다, 변화시키다. *die Gelegenheit* : 기회. *in etwas(4) geraten* : 무엇에 빠지다. *j-m einfallen* : 누구에게 어떤 생각이 떠오르다. *j-m etwas(4) vorschlagen* : 누구에게 무엇을 제안하다. *benutzen* : 무엇을 사용하다.

****

127. <1> stundenlang : 몇 시간 동안. <2> die Papiere = die Akten: 서류. <3> etwas(4) suchen : 무엇을 찾다. <4> hinlegen : 놓다. **해석**: 몇 시간 동안 이 서류를 찾았다. 그런데 내가 그것을 어디에 놓았는지 갑자기 다시 *생각났다*.

128. <1> die Leistung : 업적, 성과, 성적. <2> gut genug, um zu Inf. : 무엇을 할만큼 충분히 좋은. <3> bestehen : 합격하다. <4> die Lehre : 교훈. <5> unbedingt : 무조건. **해석**: 그의 성적은 아비투어에 합격할 만큼 충분히 좋지 않았다. 그렇기 때문에 나는 그에게 낸 회사에서 상인으로서의 견습생활을 하라고 *제안했다*. 그러나 그는 무조건 대학에 가려고 한다.

129. <1> würden gern : 무엇을 하기를 원하다. <2> j-n zu etwas(3) einladen : 누구를 어디에 초대하다. <3> das Wohnzimmer : 거실. <4> der Platz : 자리, 좌석. <5> Das stimmt : 그말이 맞다. <6> die Bar : 술집. **해석**: 나는 모든 동료를 파티에 초대하고 싶다! ─그러나 우리는 그렇게 많은 사람들을 위해 거실에 충분한 공간이 없다! ─그말이 맞다. 그러나 우리는 지하실을 바로 쉽게 *개조할 수 있다*. 그러면 우리는 더 많은 공간이 생길 것이다. 너는 그것이 얼마나 멋진지(nett) 보게 될 것이다.

130. <1> Für ihr Alter : 그녀의 나이에 비해. <2> aussehen : 무엇처럼 보이다. <3> würden gern : 무엇을 하고싶다. <4> die Kosmetik : 화장품. **해석**: 그녀의 나이에 비해 베커부인은 얼굴이 매우 좋아 보인다! ─그렇다, 나도 그녀가 어떤 화장품을 *사용하는 지* 알고 싶다.

131. <1> der Besuch : 방문. <2> die Schwiegereltern : 장인 장모. <3> schlimm : 아주 나쁜. <4> die Lage : 상태, 상황. <5> die Aufregung : 흥분, 격앙, 혼란, 동요. **해석**: 내가 지난번에 동독에 있는 나의 장인 장모를 방문했을 때, 나는 아주 좋지 않은 상황에 *빠졌다*. 나는 내 서류를 잃어버렸다! 그것은 화나는 일이었다!

132. das Treffen : 회담, 만남, 모임, 회동. **해석**: 브로이어씨, 당신은 그 모임에 왔어야 했습니다. 그것은 매우 재미있는 몇몇 사람들을 사귈 수 있는 좋은 *기회였습니다*.

보기 23

Weile, lohnen, planen, Verlobter, Versammlung, lachen, Verwandter

133. Ist Jochen da? —Nein, der ist schon vor einer ganzen _____ gegangen.

134. Heute Abend haben wir in unserem Klub eine Mitglieder_____. Wir müssen die _____ Beitragserhöhung diskutieren.

135. In diesem Winter bin ich überhaupt nicht dazu gekommen, Ski zu fahren. Es hat sich wirklich nicht _____, so viel Geld für eine Ski-Ausrüstung auszugeben!

136. Ich habe gleich gesehen, dass das ein _____ von dir ist; er sieht dir nämlich sehr ähnlich.

137. Heute Abend auf der Party werden wir auch Gieselas _____ kennenlernen. —Was, Gisela will heiraten? Davon wußte ich ja gar nichts.

138. _____ Sie nicht! Das ist eine ernste Angelegenheit!

정답) 133. Weile   134. (Mitglieder)versammlung, geplante   135. gelohnt
136. Verwandter   137. Verlobten   138. Lachen

보기 23

die Weile : 길지도 짧지도 않은 시간, 기간. *sich lohnen* : 그럴만한 가치가 있다. *planen* : 계획을 세우다. *der Verlobte* : 약혼자. *die Versammlung* : 모임. *lachen* : 웃다. *der Verwandte* : 친척.

****

133. 해석 : 요혼이 있습니까? —아뇨, 그는 *한참 전*에 갔습니다.

134. <1> das Mitglied : 회원. <2> der Beitrag : 회비, 공헌, 기여, 논문.
해석 : 오늘 저녁 우리는 우리 써클에서 회원총회를 연다. 우리는 *계획된* 회비인상에 대해 토론해야 한다.

135. <1> dazu kommen : 무엇을 할 시간을 갖다. <2> die Ausrüstung : 장비. <3> ausgeben : 지출하다. 해석 : 올겨울에는 나는 도대체 스키를 탈 시간이 없었다. 따라서 스키 장비를 사기 위해 그렇게 많은 돈을 지출하는 것은 정말 *그럴만한 가치가 없었다*.

136. <1> gleich : 금방. <2> nämlich : 즉, 다시 말하면, 왜냐하면 무엇이기 때문이다. <3> ähnlich : 비슷한. 해석 : 나는 그사람이 너의 *친척*인줄 금방 알았다. 왜냐하면 그는 너와 아주 닮았기 때문이다.

137. <1> j-n heiraten : 누구와 결혼하다. <2> von etwas(3) etwas wissen(= verstehen) : 무엇을 잘 알다. 해석 : 오늘 저녁 파티에서 우리는 기젤라의 *약혼자*를 알게 될 것이다. —뭐라고, 기젤라가 결혼을 하려고 한다고? 나는 그것을 전혀 몰랐다.

138. <1> ernst : 진지한. <2> die Angelegenheit : 일. 해석 : 웃지 마십시오! 그것은 아주 진지한 일입니다!

보기 24

anfassen, Landwirt, gebrauchen, Onkel, Drama, mögen

139. Warum hebst du eigentlich so viel altes Zeug auf? Davon ist doch nichts mehr zu _____!

140. Ich möchte vor unserer Abreise noch die ganze Wohnung aufräumen; die Unordnung ist ja wirklich furchtbar. Aber wenn du mit _____, sind wir in einem Stündchen mit der Arbeit fertig.

141. Der alte Süverkrüp ist wirklich ein tüchtiger _____; sein Hof ist prima in Ordnung, obwohl er außer seiner Tochter keine Hilfe hat.

142. Darf ich Sie zu einem Glas Wein einladen? —Nein, Wein _____ ich nicht. Aber zu einem Glas Apfelsaft lasse ich mich gern einladen.

143. Der Sohn der Schwester meines Vaters ist mein Vetter, ihre Tochter meine Kusine, ihre Mann mein _____, sie selbst meine Tante.

144. "Viel Lärm um nichts" ist der Titel eines _____ von Shakespeare.

정답) 139. gebrauchen 140. anfasst 141. Landwirt 142. mag
143. Onkel 144. Dramas

보기 24

anfassen : 잡다, 건드리다, 협력하다, 돕다. *der Landwirt = der Bauer = der Landmann* : 농부. *gebrauchen* : 사용하다. *der Onkel* : 삼촌. *das Drama* : 드라마, 희곡. *etwas(4) mögen* : 무엇을 좋아하다.

****

139. <1> aufheben : 무엇을 보관하다, 법률 등을 철폐하다, 지양하다. <2> das Zeug : 하찮은 것, 쓸모없는 물건. **해석** : 왜 너는 도대체 그렇게 많이 쓸데 없는 물건을 간직하고 있니? 그중에 아무 것도 더 이상 *사용할 수 없다*. Davon ist doch nichts mehr zu gebrauchen = Davon kann man doch nichts mehr gebrauchen = Davon kann doch nichts mehr gebraucht werden = Dasvon läßt sich doch nichts mehr gebrauchen.

140. <1> die Abreise : 출발. <2> aufräumen : 청소하다. <3> die Unordnung : 무질서. <4> furchtbar : 무시무시한. <5> in einem Stündchen : 한시간 안에. <6> mit etwas(3) fertig sein : 무엇을 끝마치다. **해석** : 나는 여행을 떠나기 전에 방 전체를 청소하고 싶다. 정말 끔찍하게 어질러져 있다. 그러나 네가 **협력한다면** 우리는 한시간 안에 끝마칠 것이다.

141. <1> tüchtig : 성실한, 유능한. <2> der Hof : 농장. <3> prima : 아주 잘. <4> außer etwas(3) : 무엇 이외에. <5> die Hilfe : 도움. **해석** : 늙은 쥐 페어크뢉은 정말로 성실한 *농부다*. 그는 비록 자기 딸외에 도와주는 사람이 없음에도 불구하고 그의 농장은 잘 정돈되어 있다.

142. <1> j-n zu etwas(4) einladen : 누구를 어디에 초대하다. <2> der Apfelsaft : 사과주스. **해석** : 내가 당신을 한잔의 와인에 초대를 해도 될까요? ―아뇨, 저는 와인을 *좋아하지* 않습니다. 그러나 한잔의 사과주스는 기꺼이 먹고 싶은데요.

143. <1> der Vetter : 남자 사촌. <2> die Kusine : 여자 사촌. **해석** : 우리 아버지의 누이동생의 아들은 나의 사촌형이고 그녀의 딸은 나의 사촌누이이며 그녀의 남편은 우리 고모부이고 그녀 자신은 우리 고모다.

144. "Viel Lärm um nichts"는 세익스피어의 **희곡** 제목이다.

보기 25

Bauernhof, ziehen, bemühen, kriegen, schaffen, entscheiden

145. Man hatte Herrn Schmidt die Stelle versprochen, aber dann hat er sie doch nicht _____; die haben nämlich jemand mit besseren Qualifikationen gefunden.

146. Als ich gestern spät in der Nacht nach Hause kam, habe ich _____ _____, keinen Krach zu machen, um meine Frau nicht zu stören. Aber sie ist doch wachgeworden.

147. Fräulein Müller ist zwar wirklich eine tüchtige Sekretärin, aber ob sie es _____, diese vielen Briefe noch heute zu tippen? Es ist doch schon halb fünf durch.

148. Wir hätten gern, dass unsere Mutter zu uns _____; da könnten wir uns doch besser um sie kümmern. Aber sie bildet sich ein, dass sie uns stören würde, und will deshalb lieber in ihrer eigenen Wohnung bleiben.

149. Also, was halten Sie von unserem Angebot, die Firma in Australien zu vertreten, Herr Lorenz? Sie brauchen sich nicht sofort zu _____; es reicht, wenn Sie uns Anfang nächster Woche Bescheid sagen.

150. Die durchschnittliche Größe der _____ in der BRD; 62% sind bis zu 10 Hektar groß, 31% haben 10 bis 30 Hektar, und nur 7% haben mehr als 30 Hektar.

정답) 145. gekriegt   146. mich bemüht   147. schafft   148. zieht
149. entscheiden   150. Bauernhöfe

보기 25

der Bauernhof : 농가, 농장. *ziehen* : 이동하다, 이주하다, 끌다. *sich um etwas(4) bemühen* : 무엇을 얻기 위해 노력하다. *kriegen = bekommen = erhalten* : 무엇을 받다. *schaffen* : 무엇을 성공적으로 해내다(*schaffte, geschafft*), 무엇을 창조하다(*schuf, geschaffen*). *sich für etwas(4) entscheiden* : 무엇을 하기로 결정하다.

****

145. <1> die Stelle : 일자리, 장소. <2> j-m etwas(4) versprechen : 누구에게 무엇을 약속하다. <3> nämlich : 왜냐하면 무엇이기 때문이다. <4> die Qualifikation : 재능, 소질. **해석** : 사람들이 슈미트씨에게 그 자리를 약속했다. 그러나 그후 그는 그 자리를 **얻지 못했다**. 왜냐하면 그 사람들이 더 좋은 능력을 지닌 어떤 사람을 찾았기 때문이다.

146. <1> der Krach = der Lärm : 소음, Krach machen : 소음을 내다. <2> j-n stören : 누구를 방해하다. <3> wachwerden : 깨다. **해석** : 나는 어제 밤 늦게 집으로 왔을 때, 내 처를 방해하지 않기 위해 소음을 내지 않으려고 **노력했다**. 그러나 그녀는 깨버렸다.

147. <1> zwar A, aber B : A이긴 하지만, 그러나 B이다. <2> tüchtig : 유능한, 능력있는. <3> tippen : 타자를 치다. <4> durch : 몇시가 지난. **해석** : 뮐러양은 정말 유능한 비서지만 그녀가 이렇게 많은 편지를 타자치는 것을 오늘 **해낼 수 있을까**? 벌써 4시 30분이 지났는데.

148. <1> hätten gern : 무엇을 하고 싶다. <2> sich um j-n kümmern : 누구를 돌보다. <3> sich etwas(4) einbilden : 무엇을 생각하다, 상상하다, 착각하다. <4> stören : 방해하다. <5> eigen : 자기자신의. **해석** : 우리 어머니가 우리집으로 *이사오기*를 원한다. 그러면 우리는 어머니를 더 잘 돌볼 수 있을 것이다. 그러나 어머니는 당신이 우리들을 방해할 것이라고 생각하신다. 그렇기 때문에 어머니는 당신 자신의 집에서 지내려고 하신다.

149. <1> also : 자, 그러니까, 그러면, 에 또. <2> das Angebot : 제안. <3> Was halten Sie von unserem Angebot? : 당신은 우리의 제안에 대해 어떻게 생각하십니까? <4> vertreten : 대변하다, 대리하다, 대표하다. <5> brauchen nicht zu Inf. : 무엇을 할 필요가 없다. <6> reichen : 충분하다. <7> Bescheid sagen : 자세한 상황을 알려주다. **해석** : 자, 그러면(Also), 당신은 오스트레일리아의 회사를 맡아달라는 우리의 제안을 어떻게 생각하십니까? 당신은 즉시 *결정할* 필요는 없습니다. 당신은 다음 주 초에 자세한 상황을 우리에게 알려주시면 충분합니다.

150. <1> durchschnittlich = im Durchschnitt : 평균. <2> die Größe : 크기. **해석** : 독일 *농가의* 평균크기는 62%가 10헥타르 이내이고, 31%가 10에서 (bis) 30헥타르이고, 단지 7%만 30헥타르 이상이다.

보기 26

behalten, technisch, Werkzeug, Bein, solange

151. Wer keine schönen _____ hat, sollte lieber keine kurzen Röcke tragen.

152. Warum reparieren Sie denn den Wagen nicht selbst? Sie verstehen doch so viel davon! — Das stimmt schon, aber dazu braucht man _____, und das habe ich nicht.

153. Wann soll ich Ihnen das Buch zurückbringen? — Ach, das brauchen Sie nicht zurückzugeben, das können Sie _____. Ich habe mehrere Exemplare davon.

154. _____ mir niemand sagt, worum es geht, kann ich euch keinen Rat geben. Also, was ist los?

155. Warum benutzt man nicht mehr Sonnenenergie statt Öl oder Atomkraft? Die Fachleute sagen doch, dass das _____ zu machen ist. — Ich weiß auch nicht, warum man das nicht macht, aber es soll noch zu teuer sein.

정답) 151. Beine   152. Werkzeug   153. behalten   154. Solange
155. technisch

> **보기 26**
>
> *behalten* : 보유하다, 소지하다, 갖다, 기억하다. *technisch* : 기술적인. *das Werkzeug* : 연장. *das Bein* : 다리. *solange* = *während* : 무엇을 하는 동안에.

****

151. <1> sollen의 접속법 2식형태인 sollten은 권유와 충고를 나타내며, '무엇을 하는 것이 좋을 것이다'로 해석하면 된다. <2> der Rock: 치마. <3> tragen : 지니다, 입다. **해석** : *다리가 예쁘지 않은 사람은 짧은 치마를 입지 않는 것이 좋다.*

152. <1> reparieren : 수리하다. <2> von etwas(3) etwas verstehen : 무엇을 잘 이해하다. <3> Das stimmt : 그말이 맞다. **해석** : 왜 당신은 자동차를 직접 수리하지 않으십니까? 당신은 자동차에 대해서 잘 아시잖습니까! — 그렇기는 하지만, 그러기 위해서는(dazu) *연장이* 필요합니다. 그런데 저는 그것을 갖고 있지 않습니다.

153. <1> zurückbringen : 돌려주다. <2> brauchen nicht zu Inf. : 무엇을 할 필요가 없다. <3> das Exemplar: 견본, 모범, 권, 부. **해석** : 언제 제가 책을 돌려 드릴까요? — 아, 당신은 그것을 돌려줄 필요가 없습니다. 당신은 그것을 *가져도* 됩니다. 저는 그것을 몇권 더 가지고 있습니다.

154. <1> Es geht um etwas(4) : 무엇이 중요하다. <2> j-m Rat geben : 누구에게 충고하다. <3> Was ist los? : 무슨 일이니?. **해석** : 무엇이 문제인지 아무도 나에게 말해주지 않는 *동안에는*, 나는 너희들에게 충고를 해 줄 수 없다. 자(Also), 무슨 일이니?

155. <1> benutzen : 무엇을 사용하다. <2> die Sonnenenergie : 태양에너지. <3> die Atomkraft : 원자력. <4> der Fachmann : 전문가. <5> Das ist zu machen = Das ist möglich. <6> sollen은 소문을 나타낸다. **해석** : 왜 사람들은 기름이나 원자력 대신에 태양에너지를 이용하지 않지? 전문가들이 그것이 *기술적으로* 가능하다고 말하고 있는데 말이다. — 나도 왜 사람들이 그렇게 하지 않는지 모르겠다. 그러나 아직 너무 비싸다고 하더라.

보기 27

wunderbar, anschaffen, guttun, auflegen, sparen, Bewegung, ausgeben, Platte, angehen

156. Ich habe Karin gefragt, ob sie in Jochen verliebt ist; da hat sie mir gesagt, dass mich das gar nichts _____.

157. (Auf einer Party) —Walter hat ein paar brasilianische _____ mitgebracht; die werde ich gleich mal _____. Oder mag einer von euch brasilianische Musik nicht?

158. Neulich habe ich in einem Geschäft einen _____ Teppich gesehen. Jetzt überlege ich, ob ich ihn mir nicht kaufe. Er war wirklich sehr schön.

159. Ich fürchte, ich habe mich erkältet. Dieses Wetter ist ja furchtbar! —Hier, nehmen Sie einen Kognak, das will Ihnen _____.

160. Ich will mir endlich mal eine Waschmaschine _____. Wenn man alles selber wäscht, dauert es immer so lange. —Das stimmt, wenn man eine Waschmaschine hat, _____ man viel Zeit.

161. Bei dem Unfall wurde der Junge ziemlich verletzt; er hat sich zwar schon gut erholt, aber Fußball spielen wird er noch lange nicht können, denn noch tut ihm jede _____ weh.

162. Die Reparatur hat über 300 Mark gekostet. —An deiner Stelle hätte ich nicht so viel dafür _____. Das lohnt sich doch nicht mehr bei diesem alten Wagen!

정답 156. angeht   157. Platten, auflegen   158. wunderbaren   159. guttun
      160. anschaffen, spart   161. Bewegung   162. ausgegeben

보기 27

wunderbar : 멋진, 놀라운, 훌륭한. *sich etwas(4) anschaffen = etwas(4) besorgen* : 무엇을 구입하다. *j-m guttun* : 누구에게 도움이 되다, 누구에게 효력이 있다. *auflegen* : 레코드판을 올려놓다. *sparen* : 저축하다. *die Bewegung* : 움직임. *ausgeben* : 지출하다, 소비하다. *die Platte = die Schallplatte* : 레코드판. *j-n angehen* : 누구에게 관계가 있다. *j-n nichts angehen* : 누구와 아무런 관계가 없다.

****

156. in j-n verliebt sein : 누구와 사랑에 빠져있다. **해석** : 나는 카린에게 그녀가 요혼과 사랑에 빠졌는지 물어보았다. 그러자 그녀가 나에게, 그것이 나와는 아무런 *관계가 없*는 일이라고 대답했다.

157. **해석** : (파티에서) —발터가 브라질의 레코드를 몇장 가져왔는데, 내가 그것을 금방 전축에 *올려 놓으려고 한다*. 아니면 너희들 중에 누가 혹시 브라질 음악을 좋아하지 않니?

158. <1> neulich : 최근에. <2> das Geschäft : 상점, 장사. <3> der Teppich : 카페트. <4> sich etwas(4) überlegen = etwas(4) überlegen : 무엇을 심사숙고하다. **해석** : 최근에 나는 어떤 상점에서 *멋진* 카페트를 보았다. 지금 나는 그것을 살까 생각하고 있다. 그것은 정말 아름다웠다.

159. <1> sich vor etwas(3) fürchten = etwas(4) fürchten : 무엇을 두려워하다. <2> sich erkälten : 감기에 걸리다. <3> furchtbar : 무시무시한. <4> einen Kognak nehmen : 한잔의 꼬냑을 마시다. **해석** : 나는 감기에 걸릴까봐 걱정하고 있습니다. 이날씨는 정말(ja) 끔찍합니다! —여기 꼬냑 한 잔 마셔보십시오. 그것이 당신에게 *좋을 겁니다*.

160. <1> endlich : 마침내, 드디어. <2> die Waschmaschine : 세탁기. <3> waschen : 세탁하다. <4> dauern : 지속되다, 시간이 걸리다. <5> Das stimmt : 그말이 맞다. **해석** : 나는 마침내 세탁기를 하나 사려고 한다. 모든 것을 스스로 빨면 시간이 아주 오래 걸린다. —그말이 맞아. 세탁기가 있으면 훨씬 시간이 *절약된다*.

161. <1> der Unfall : 사고. <2> verletzen : 다치게 하다. <3> sich von etwas(3) erholen : 무엇으로부터 회복하다. <4> Fußball spielen : 축구를 하다. <5> j-m wehtun : 누구에게 고통스럽다, 아프다. **해석** : 교통사고로 어떤 사내아이가 몹시 다쳤다. 그는 벌써 회복이 잘 됐지만 그는 오랫동안 축구를 할 수 없을 것이다. 왜냐하면 아직 움직일 때마다 (jede Bewegung) 몸이 아프기 때문이다.

162. <1> die Reparatur : 수리. <2> kosten : 비용이 들다. <3> an j-s Stelle : 누구의 입장이라면. <4> sich lohnen : 그럴만한 가치가 있다. **해석** : 수리비가 300마르크 이상이 들었다. —내가 너라면 나는 그렇게 많이 *지출하지* 않았을 것이다. 이런 고물 자동차는 더 이상 그럴만한 가치가 없다.

보기 28

steigen, dumm, Gefühl, kommen, gefährlich, entscheiden

163. Nun _____ dich doch endlich! Wenn du wirklich noch ins Kino willst, müssen wir sofort aus dem Haus gehen, sonst wird es zu spät! — Ach, ich weiß nicht, ich glaube, ich bleibe doch lieber zu Hause.

164. Gestern war ich in einem Retaurant, und als ich zahlen wollte, merkte ich, dass ich meine Brieftasche zu Hause liegen gelassen hatte. Unangenehm, nicht? So was _____ kann auch nur mir passieren!

165. (Bei einer Wohnungsvermittlung) — Also, hier hätte ich eine sehr hübsche Wohnung für Sie, im vierten Stock eines Altbaus in der Kaiserstraße. — Gibt es einen Lift in dem Haus? Wissen Sie, es ist mir zu anstrengend, jeden Tag vier Treppen zu _____.

166. Ich weiß nicht, was mit mir los ist. Ich habe das _____, dass mit meinem Herzen etwas nicht in Ordnung ist. — Dann sollten Sie sich mal gründlich untersuchen lassen!

167. Sind Sie miteinander verwandt? — Nein, wie _____ Sie darauf? — Weil Sie sich ein bisschen ähnlich sehen.

168. Das war eine sehr _____ Operation; die Ärzte wußten lange Zeit nicht, ob der Patient am Leben bleiben würde oder nicht.

정답 163. entscheide   164. Dummes   165. steigen   166. Gefühl
     167. kommen   168. gefährliche

보기 28

steigen : 계단이나 산 등을 올라가다. *dumm* : 어리석은. *das Gefühl* : 감정. *das Gefühl haben, dass* : 무슨 感이 든다. *auf einen Gedanken kommen* : 어떤 생각을 하게 되다. *gefährlich* : 위험한. *sich für etwas(4) entscheiden* : 무엇을 결정하다.

****

163. <1> wirklich : 정말. <2> sofort : 즉시. <3> sonst : 그렇지 않으면.
해석 : 지금(Nun) *결정해라!* 네가 정말 극장에 가려고 한다면 지금 즉시 집에서 나와야 한다. 그렇지 않으면 너무 늦을 것이다! —아, 난 모르겠어. 오히려 집에 있는 것이 더 좋을 것 같아.

164. <1> zahlen = bezahlen : 지불하다. <2> merken : 알아차리다. <3> liegenlassen : 놓아두다. <4> unangenhem : 불쾌한. <5> so was : 그런 것이. <6> passieren : 일어나다, 발생하다. **해석** : 어제 나는 어떤 음식점에 갔는데 지불하려고 했을 때, 지갑을 집에 두고 온 것을 알아차렸다. 짜증나는 일이지, 그렇지? 그런 *어리석은* 일이 나한테 일어날 수 있다니!

165. <1> die Vermittlung : 중개, der Vermittler : 중개자. <2> der Stock : 층, 단장, 지팡이. <3> der Lift : 엘리베이터. <4> anstrengend : 피곤한. <5> die Treppe : 계단, 층계, 층. **해석** : (집을 중개할때) —에 또(Also), 여기 당신에게 적당한 아주 괜찮은 집이 있습니다. 그집은 카이저街의 오래된 건물의 5층에 있습니다. —집에 엘리베이터가 있습니까? 있잖습니까, 날마다 5층을 *올라간다는 것*은 저에게 너무 피곤합니다.

166. <1> Etwas ist mit etwas(3) nicht in Ordnung : 무엇이 뭔가 잘못 돼 있다. <2> gründlich : 철저하게. <3> untersuchen : 검사하다, 진찰하다, 수사하다. **해석** : 나는 나에게 무슨 일이 일어났는지 모르겠습니다. 나의 심장이 뭔가 잘못되었다는 *感이 듭니다.* —그러면 한번 철저하게 진찰을 받아보십시오!

167. <1> verwandt : 친척인. <2> ein bisschen = ein wenig : 약간. <3> ähnlich : 비슷한, 닮은 **해석** : 당신들은 서로 친척이십니까? —아뇨, 어떻게 해서 *그런 생각을 하게 되었습니까?* —당신들은 서로 약간 닮아 보입니다.

168. <1> die Operation : 수술. <2> der Patient : 환자. <3> am Leben bleiben : 죽지 않고 살아남다. **해석** : 그것은 *위험한* 수술이었다. 그 환자가 죽지 않고 살아 남을지 의사들은 오랫동안 알지 못했다.

보기 29

Zinsen, mitten, reichen, stehlen, überraschen

169. Ich habe Herrn Krüger gefragt, ob er denn nicht für die Firma nach Berlin reisen sollte. Da hat er mich ganz _____ angesehen und gesagt, davon wisse er nichts; davon habe ihm niemand etwas gesagt.

170. Im Moment bekommt man bei dieser Bank 6, 5% _____ ; ich finde das ganz günstig.

171. In Supermärkten und Kaufhäusern wird ziemlich viel _____, und oft sind es nicht mal arme Leute, die Waren mitnehmen, ohne sie zu bezahlen.

172. Ich kann dir 50 Mark leihen. _____ das? — Ja, danke, mehr brauche ich gar nicht.

173. (Chef zu Sekretärin) — Wie oft soll ich Ihnen das noch sagen? Sie sollen mich nicht immer _____ aus einer wichtigen Sitzung herausrufen, außer wenn es sich um etwas wirklich Wichtiges handelt!

정답) 169. überrascht 170. Zinsen 171. gestohlen 172. Reicht
173. mitten

보기 29

der Zins : 이자(주로 복수로 사용). *mitten* : 가운데에, 중앙에, 도중에. *reichen* : 충분하다. *j-m etwas(4) stehlen = j-n um etwas(4) bestehlen* : 누구에게서 무엇을 훔치다. *j-n überraschen* : 누구를 놀라게 하다.

****

169. <1> j-n ansehen : 누구를 쳐다보다. <2> von etwas(3) nichts wissen : 무엇에 대해 아무 것도 모르다. **해석**: 나는 크뤼거씨에게 도대체 회사를 위해 베를린으로 갈 것인지 물었다. 그러자 그는 놀라서 나를 쳐다보며, 자신은 거기에 대해 아무 것도 모른다고 말했다. 거기에 대해 아무도 어떤 얘기를 해주지 않았던 것이다.

170. <1> im Moment : 현재, 지금. <2> günstig : 유리한. <3> finden A(목적어) B(목적 보어) : A가 B라고 생각한다. **해석**: 현재 이 은행에서는 6, 5%의 *이자*를 받는다. 나는 그것이 아주 유리하다고 생각한다.

171. <1> ziemlich : 상당히. <2> die Ware : 물건, 물품. <3> mitnehmen : 가져가다. <4> bezahlen : 지불하다. **해석**: 슈퍼마켓이나 백화점에서는 상당히 많이 *도난당한다*. 그리고 자주 물건 값을 지불하지 않고 그냥 가져가는 사람들은 가난한 사람들이 아니다.

172. <1> leihen : 빌리다, 빌려주다. <2> brauchen : 필요하다. **해석**: 나는 너에게 50마르크를 빌려주겠다. 그거면 *충분하니*? —그래 고마워, 나는 더 이상은 전혀 필요하지 않아.

173. <1> die Sitzung : 회의. <2> herausrufen : 불러내다. <3> außer wenn : 무엇이 아니라면. <4> Es handelt sich um etwas(4) : 무엇이 중요하다, 무엇이 문제다. **해석**: (사장이 비서에게) —내가 얼마나 자주 당신에게 이야기를 해야 합니까? 당신은 정말 중요한 일이 아니라면, 중요한 회의 *중간*에 나를 불러내서는 안됩니다.

보기 30

normal, kündigen, Frisur, Fehler, arbeitslos, Arbeitgeber, Stelle, Arbeitsamt, verrückt, pünktlich

174. Jemand hat keine Stelle. Er (Sie) ist _____.

175. Der Chef einer Firma ist der _____.

176. Jemand will nicht mehr in seiner Firma arbeiten. Dann muss er (sie) _____.

177. Sie hat keine Arbeit. Sie sucht eine _____.

178. Hans ist arbeitslos. Er bekommt Geld vom _____.

179. Heinz hat selbst gekündigt. Ich glaube, das war ein _____.

180. Das macht jeder. Das ist ganz _____.

181. Vorher hatte Karin lange Haare. Jetzt hat sie eine kurze _____.

182. Klaus kommt nie zu spät. Er ist immer _____.

183. Eine Irokesenfrisur, das ist doch nicht normal, das ist _____.

정답) 174. arbeitslos   175. Arbeitgeber   176. kündigen   177. Stelle
178. Arbeitsamt   179. Fehler   180. normal   181. Frisur
182. pünktlich   183. verrückt

보기 30

normal : 보통의 ↔ *abnormal* : 이상한. *j-m kündigen* : 누구에게 계약해지를 알리다. *die Frisur* : 머리모양. *der Fehler* : 잘못. *arbeitslos* : 실직한. *der Arbeitgeber* : 사용자 ↔ *der Arbeitnehmer* : 노동자. *die Stelle* : 일자리, 입장. *das Arbeitsamt* : 노동청. *verrückt* = *wahnsinnig* : 미친. *pünktlich* : 정확한.

****

174. <1> jemand : 누군가. <2> die Stelle : 일자리, 입장. **해석** : 누군가 일자리가 없다. 그는(그녀는) *실직한 상태다.*

175. <1> der Chef : 장, 사장. <2> die Firma : 회사. **해석** : 어떤 회사의 사장은 *사용자이다.*

176. **해석** : 누군가 더 이상 자신의 회사에서 일하려고 하지 않는다. 그러면 그는(그녀는) *계약해지를 해야 한다.*

177. suchen : 찾다. **해석** : 그녀는 일이 없다. 그녀는 *일자리를 찾고 있다.*

178. bekommen : 받다. **해석** : 한스는 실직한 상태다. 그는 *노동청으로부터* 돈을 받는다.

179. selbst : 스스로. **해석** : 하인쯔는 스스로 그만두겠다고 했다. 나는 그것이 *잘못이었다고* 생각한다.

180. **해석** : 누구나 그것을 한다. 그것은 아주(ganz) *정상적인 것이다.*

181. <1> vorher : 전에. <2> das Haar : 머리칼. **해석** : 전에 카린은 머리가 길었다. 이제 그녀는 짧은 *머리모양을* 하고 있다.

182. <1> zu spät : 너무 늦은. <2> immer : 항상. **해석** : 클라우스는 결코 너무 늦게 오지 않을 것이다. 그는 항상 *정확하다.*

183. <1> die Irokese : 이로쿼이족 (머리모양을 뽀족하게 세우고 다니는 청소년들) <2> die Frisur : 머리모양. <3> normal : 정상적인, 보통의. **해석** : 이로쿼이족 머리모양은 정상적이 아니다. 그것은 *미친 짓이다.*

보기 31

ärgern, kritisieren, verlangen, wirklich, angenehm, zufrieden

184. Heinz war ein guter Angestellter. Sein Arbeitgeber war mit ihm _____.

185. Heinz hat nicht recht. Er kann vom Arbeitsamt kein Geld _____.

186. Junge Leute wollen anders leben. Man soll sie nicht immer _____.

187. Du sagst, Heinz will keine Stelle. Das stimmt nicht. Er will _____ arbeiten.

188. Heinz hat gekündigt, denn deine Kollegen haben ihn immer _____.

189. Die neue Kollegin ist ruhig, nett und freundlich. Sie ist wirklich _____.

정답) 184. zufrieden   185. verlangen   186. kritisieren   187. wirklich
188. geärgert   189. angenehm

보기 31

j-n ärgern : 누구를 화나게 하다. *sich über etwas(4) ärgern* : 무엇에 대해 화를 내다. *etwas(4) kritisieren = an etwas(4) Kritik üben* : 무엇을 비판하다. *verlangen* : 요구하다. *wirklich* : 진짜의, 사실의, 정말. *angenehm* : 유쾌한, 즐거운, 호감이 가는. *mit etwas(3) zufrieden sein* : 무엇에 만족하다.

****

184. <1> der Angestellte : 직원. <2> der Arbeitgeber : 사용자. **해석** : 하인쯔는 좋은 직원이었다. 그의 사용자는 그에게 *만족했다*.

185. <1> recht haben : 옳다. <2> das Arbeitsamt : 노동청. **해석** : 하인쯔는 옳지 않다. 그는 노동청에 돈을 *요구할* 수 없다.

186. <1> jung : 젊은. <2> anders : 다르게. <3> leben : 살다. **해석** : 젊은 사람들은 다르게 살고 싶어한다. 우리들은 그들을 항상 *비판해서는* 안 된다.

187. <1> die Stelle : 일자리, 입장. <2> stimmen : 어울리다, 맞다. **해석** : 너는 하인쯔가 일자리를 원하지 않는다고 말한다. 그러나 그말은 맞지 않다. 그는 *진짜* 일을 하려고 한다.

188. <1> j-m kündigen : 누구에게 계약을 해지하다. <2> der Kollege : 동료. **해석** : 하인쯔는 그만두겠다고 말했다. 왜냐하면 너의 동료들이 그를 항상 *화나게 했기* 때문이다.

189. <1> ruhig : 조용한. <2> nett : 귀여운, 상냥한, 호감이 가는. <3> freundlich : 친절한. **해석** : 새로 온 여자동료는 조용하고, 귀엽고, 친절하다. 그녀는 정말로 *호감이 간다*.

> 보기 32
>
> selbstständig, Unfall, Antwort, Ausland, gefährlich, anstrengend, selbst, Tier, wechseln, tragen, Angst, zufrieden

190. A: Ist der große Hund _____?

　　　B: Nein, du musst keine _____ haben.

191. A: Kannst du oft ins _____ fahren?

　　　B: Nein, mein Chef fährt immer _____.

192. A: Warum haben Sie Ihre Stelle _____?

　　　B: Ich hatte einen _____ und konnte die schwere Arbeit nicht mehr machen.

193. A: Bist du mit deiner Stelle _____?

　　　B: Ja, ich verdiene gut und kann _____ arbeiten.

194. A: Ist deine Arbeit sehr _____?

　　　B: Ja, ich bin Möbelpacker und muss immer schwere Möbel _____.

195. A: Wie viele _____ gibt es hier im Zoo?

　　　B: Da weiß ich leider auch keine _____.

정답　190. gefährlich, Angst　191. Ausland, selbst　192. gewechselt, Unfall
　　　193. zufrieden, selbstständig　194. anstrengend, tragen　195. Tiere, Antwort

보기 32

> *selbstständig* : 독립적인, 독자적인. *der Unfall* : 사고, 사건. *die Antwort* : 대답, 답장. *das Ausland* : 외국. *gefährlich* : 위험한. *anstrengend* : 피곤한, 지루한. *selbst* : 몸소, 스스로, 조차도. *das Tier* : 동물. *wechseln* : 환전하다, 바꾸다, 교환하다. *tragen* : 옮기다, 들다, 지니다, 입고 있다. *die Angst* : 불안, 걱정. *mit etwas(3) zufrieden* : 무엇에 만족한

****

190. der Hund : 개. **해석** : A : 저 큰 개가 **위험하니?** B : 아니, 너는 무서워할 필요가 없어.

191. **해석** : A : 너는 자주 **외국**에 나갈 수 있니? B : 아니, 우리 사장은 항상 **직접**(*selbst*) 나간다.

192. **해석** : A : 왜 당신은 당신의 일자리를 **바꾸었습니까?** B : 나는 사고를 당해서 어려운 일을 더이상 할 수 없었습니다.

193. verdienen : 돈을 벌다. **해석** : A : 너는 네 일자리에 **만족하니?** B : 응, 나는 잘 벌고 독자적으로 일할 수 있어.

194. <1> der Möbelpacker : 이삿짐센터 짐꾼. <2> das Möbel : 가구.
해석 : A : 너의 일이 매우 **힘드니?** B : 응, 나는 이삿짐 센터 직원이어서 항상 무거운 가구를 **옮겨야 해.**

195. <1> Es gibt etwas(4) : 무엇이 있다. <2> der Zoo : 동물원. <3> wissen : 알다. **해석** : A : 여기 동물원에는 얼마나 많은 동물들이 있습니까? B : 유감스럽지만 나도 그것을 전혀 모릅니다(어떻게 **대답해야할** 지 모르겠습니다).

> Klasse, Sprache, Angst, Schüler, studieren, Freizeit, besuchen, Schule

196. Morgen bekommt Manfred sein Zeugnis. Er kann nicht schlafen, weil er _____ hat.

197. Herbert geht zur Schule. Er ist _____.

198. Inge ist Dolmetscherin. Sie spricht sechs _____.

199. Kann man an der Hamburger Universität Geographie _____?

200. Angela ist fünf Jahre alt. Nächstes Jahr muss sie zur _____ gehen.

201. muss jedes Kind die Grundschule _____?

202. 48 Schüler -das ist eine große _____.

203. Herr Bauer arbeitet sehr viel. Er hat nur wenig _____.

정답) 196. Angst   197. Schüler   198. Sprachen   199. studieren
200. Schule   201. besuchen   202. Klasse   203. Freizeit

보기 33

> *die Klasse* : 반, 등급, 최고. *die Sprache* : 언어. *die Angst* : 불안, *Angst haben* : 불안하다. *der Schüler* : 학생. *studieren* : 대학에서 공부하다. *die Freizeit* : 자유시간. *besuchen* : 방문하다, 학교를 다니다(비교 : *aufsuchen* : 방문하다, 의사를 찾아가다). *die Schule* : 학교.

196. <1> bekommen : 받다. <2> das Zeugnis : 성적, 성적표, 성적 증명서. <3> schlafen : 잠자다. **해석** : 내일 만프레트는 성적표를 받는다. 그는 잠을 잘 수 없다. 왜냐하면 그는 *불안하기* 때문이다.

197. 해석 : 헤르베르트는 학교에 다닌다. 그는 *학생이다.*

198. <1> der Dolmetscher : 통역가. <2> sprechen : 말하다. **해석** : 잉에는 통역가다. 그는 6개의 *언어를* 말한다.

199. die Geographie : 지리학. **해석** : 함부르크 대학에서 지리학을 *공부할* 수 있습니까?

200. nächstes Jahr : 내년. **해석** : 앙겔라는 5살이다. 내년에 그녀는 *학교에* 가야 한다.

201. die Grundschule : 초등학교. **해석** : 모든 아이가 초등학교에 *다녀야 합니까?*

202. 해석 : 48명의 학생들 —그것은 큰 *학급이다.*

203. 해석 : 바우어씨는 일을 아주 많이 한다. 그는 *자유시간이* 아주 조금 밖에 없다.

> 보기 34

> sich setzen, sich ausruhen, angeblich, ganz, Boden, beantragen, gewöhnlich

204. Die Geschäftsleute sind _____ gegen die Straßenmusik, aber ich glaube das nicht.

205. Es gibt zu wenig Stühle in der Fußgängerzone. Wo soll man _____ denn _____, wenn man _____ _____ möchte.

206. Hier können Sie nicht einfach Musik machen. Das müssen Sie im Rathaus _____.

207. Ich würde mich ja auf den _____ setzen, aber der ist hier so schmutzig.

208. Nur 5 Zigaretten am Tag ist doch Unsinn. Dann sollte man besser _____ aufhören.

209. Gabriela spielt _____ zwei Stunden pro Tag, selten länger.

정답) 204. angeblich 205. ...sich ...setzen... sich ausruhen...
206. beantragen 207. Boden 208. ganz 209. gewöhnlich

보기 34

sich setzen : 앉다. *sich ausruhen* = *sich entspannen* : 쉬다. *angeblich* : 이른바, 소위, 명목상의, 자칭. *angeben* : 말하다, 이야기 하다, 주장하다. *ganz* : 상당히, 완전히, 아주. *der Boden* : 땅, 대지, 기반. *etwas(4) beantragen* = *auf etwas(4) Antrag stellen* : 무엇을 신청하다. *gewöhnlich* : 일반적인, 보통의.

****

204. <1> der Geschäftsmann : 상인. <2> gegen etwas(4) sein : 무엇에 반대하다. <3> die Straßenmusik : 거리음악. <4> glauben : 믿다, 생각하다. **해석**: 상인들이 *이른바* 거리음악에 반대하고 있다고 한다. 하지만 나는 그것을 믿지 않는다.

205. <1> der Stuhl : 의자. <2> die Fußgängerzone : 보행자 구역, der Fußgänger : 보행자, die Zone : 구역. **해석**: 보행자 구역에는 의자가 너무 적습니다. *쉬려면* 도대체 어디에 *앉아야 하지요?*

206. <1> Musik machen : 음악을 연주하다. <2> das Rathaus : 시청.
해석: 여기서 당신은 정말 음악을 연주할 수 없습니다. 그것을 당신은 시청에 *신청해야 합니다.*

207. schmutzig : 더러운. **해석**: 나는 정말(ja) 땅바닥에 앉을 것이다. 그러나 여기 *땅바닥이* 아주(so) 더럽다.

208. <1> die Zigarette : 담배. <2> der Unsinn : 무의미, 불합리, 무의미한 일, 불합리한 일, 넌센스. <3> sollten : sollen의 접속법 2식으로 권유와 충고를 나타낸다. <4> aufhören : 그치다, 중단하다. **해석**: 하루에 단지 5개비만 담배피우는 것은 넌센스다. 그럴 바에야(dann) *완전히* 끊는 것이 더 낫다(sollte).

209. <1> spielen : 놀다. <2> pro Tag : 하루에. <3> selten : 드문. **해석**: 가브리엘라는 *일반적으로(보통)* 하루에 두시간 논다. 더 오래는 거의 놀지 않는다.

보기 35

verboten, stehen, unterschreiben, verbieten, stören, laufen

210. Mich _____ die Straßenmusikanten nicht. Ich mag immer Musik.

211. Warum soll ich denn den langen Weg _____, wenn ich auch den Bus nehmen kann?

212. Meine Füße tun weh. Ich musste den ganzen Tag im Geschäft an der Kasse _____.

213. Der Vertrag ist fertig. Sie müssen nur noch _____.

214. Laute Musik ist in der Fußgängerzone _____.

215. Wenn Straßenmusik verboten ist, dann sollte man aber auch die Musik in den Geschäften _____.

정답) 210. stören 211. laufen 212. stehen 213. unterschreiben
214. verboten 215. verbieten

보기 35

verboten : 금지된, *j-m etwas(4) verbieten* : 누구에게 무엇을 금지하다.
stehen : 세워서 놓여 있다. *unterschreiben* : 서명하다. *stören* : 방해하다.
laufen : 뛰어가다, 걸어가다(= *gehen*).

****

210. <1> der Straßenmusikant : 거리악사. <2> mögen : 무엇을 좋아하다.
  해석: 거리의 악사들은 나를 *방해하지 않는다.* 나는 항상 음악을 좋아한다.

211. <1> den langen Weg gehen(= laufen) : 먼 길을 걸어가다. <2> den Bus nehmen : 버스를 타다. **해석**: 제가 왜 버스를 탈 수 있는데도 먼 길을 *걸어가야만 합니까?*

212. <1> j-m wehtun : 누가 아프다. <2> das Geschäft : 상점, 장사. <3> die Kasse : 창구. **해석**: 나는 다리가 아프다. 나는 하루종일 가게 계산대 에 *서 있어야 했다.*

213. <1> der Vertrag : 협정, 계약. <2> fertig : 완성된. **해석**: 계약이 완성되었다. 당신이 *서명만 하면 됩니다.*

214. <1> laut : 시끄러운, 소리가 큰 ↔ leise : 조용한. <2> die Fußgängerzone : 보행자구역. **해석**: 보행자구역에서 시끄러운 음악은 *금지되어 있다.*

215. sollten : 하는 것이 좋다. **해석**: 거리음악이 금지된다면, 가게에서 음악을 틀어놓는 것도 또한 *금지하는 것이 좋다.*

제4장 어휘연습 IV (종합)

보기 36

schwierig, Werkzeug, Versicherung, Abteilung, laufen, abschleppen, hinten, zum Schluss, vorne, abholen, Steuer

216. Der Motor ist kaputt. Können Sie meinen Wagen bis zur nächsten Werkstatt _____.

217. Ihr Wagen ist fertig. Sie können ihn sofort _____.

218. Hör doch mal, ich glaube, der Motor _____ nicht richtig.

219. Wir haben den Wagen noch nicht gewaschen. Das machen wir immer _____.

220. Den Reifen kann ich selbst wechseln. Das ist nicht _____.

221. Ich kann die Bremsen nicht reparieren. Mir fehlt das richtige _____.

222. Nach dem Unfall hat meine _____ alles bezahlt.

223. Hier ist ein Brief vom Finanzamt. Du hast die _____ für das Auto nicht bezahlt.

224. Die meisten Autos haben den Motor _____.

225. Nur wenige Autos haben den Motor _____.

226. In welcher _____ werden die Autos geprüft?

정답 216. abschleppen 217. abholen 218. läuft 219. zum Schluss
220. schwierig 221. Werkzeug 222. Versicherung 223. Steuer
224. vorne 225. hinten 226. Abteilung

제4장 어휘연습 IV (종합) - 해설   259

보기 36

> *schwierig* : 어려운. *das Werkzeug* : 연장. *die Versicherung* : 보험, 보험회사. *die Abteilung* : 부서, 과. *laufen* : 달리다, 걸어가다, 영화가 상영되다. *abschleppen* : 견인하다. *hinten* : 뒤쪽에 ↔ *vorne* : 앞쪽에. *zum Schluss* : 마지막으로. *abholen* : 마중하다, 가지러 가다. *die Steuer* : 세금, *das Steuer* : 운전대, 키.

****

216. <1> der Motor : 엔진. <2> kaputt : 고장난. <3> nächst : 다음번, 가장 가까운. <4> die Werkstatt : 정비소. **해석** : 엔진이 고장났습니다. 당신은 내 자동차를 다음 정비소까지 *견인할* 수 있습니까?

217. **해석** : 당신의 자동차는 수리가 끝났습니다. 당신은 즉시 *가져갈* 수 있습니다.

218. <1> Hör doch mal : 들어봐라. <2> richtig : 제대로. **해석** : 들어봐. 내 생각엔 엔진이 제대로 돌아가지 않는것 같다.

219. waschen : 세차하다. **해석** : 우리는 그 자동차를 아직 세차하지 않았습니다. 우리는 그것을 항상 *마지막에* 합니다.

220. <1> der Reifen : 타이어. <2> wechseln : 바꾸다. **해석** : 나는 타이어를 내 손으로 바꿀 수 있습니다. 그것은 *어렵지 않습니다*.

221. <1> die Bremse : 브레이크. <2> reparieren : 수리하다. <3> fehlen : 없다, 부족하다. **해석** : 나는 브레이크를 고칠 수 없다. 나는 적당한 (richtig) *연장이* 없다.

222. <1> der Unfall : 사고. <2> bezahlen : 지불하다. 사고가 난 다음에 내 *보험회사가* 다 지불했다.

223. das Finanzamt : 세무서. **해석** : 여기 세무서에서 온 편지가 있다. 너는 *자동차세를* 내지 않았다.

224. meist : 대부분. **해석** : 대부분 자동차들은 엔진이 앞에 있다.

225. **해석** : 단지 몇 안되는 자동차들만 엔진이 *뒤에* 있다.

226. prüfen : 시험하다, 검사하다. **해석** : 어떤 *부서에서* 자동차 검사를 합니까?

제 5 장 기 능 동 사

machen, stellen, schließen, geben, nehmen, bringen, führen, kommen, finden

1. Der Wissenschaftler _____ eine neue Entdeckung.

2. Diesen Vertrag können wir nicht ohne Hilfe _____, dazu brauchen wir einen Rechtsanwalt.

3. Sicher ist, dass die Autoabgase den Wald in Gefahr _____.

4. Kurze Röcke _____ bestimmt wieder in Mode.

5. Bist du in der Diskussion auch zu Wort _____?

6. Was glaubst du, womit kann man ihr eine Freude _____?

7. Diese Stelle wird gut bezahlt, aber es werden auch hohe Anforderungen _____.

8. Man soll kleinen Kindern keine Angst _____.

9. Viele Menschen haben Schwierigkeiten, ihre Gefühle zum Ausdruck zu _____.

10. Ich muss noch meinen Schreibtisch in Ordnung _____.

정답) 1. macht 2. machen(schließen) 3. bringen 4. kommen
5. gekommen 6. machen 7. gestellt 8. machen 9. bringen
10. bringen

제 5 장 기 능 동 사 - 해설

1. <1> der Wissenschaftler : 과학자. <2> die Entdeckung : 발견, entdecken : 발견하다, *eine Entdeckung machen* : 발견하다. 해석: 그 과학자는 새로운 발견을 한다.

2. <1> der Vertrag : 계약, vertragen : 참다, 소화하다, *den Vertrag schließen* : *계약을 체결하다.* <2> ohne Hilfe : 도움을 받지 않고. <3> brauchen : 필요하다. <4> der Rechtsanwalt : 변호사.
해석: 우리는 이 계약을 도움없이 체결할 수 없다. 그러기 위해서(dazu) 우리는 변호사가 필요하다.

3. <1> sicher : 분명히, 확실히. <2> das Autoabgas : 자동차 배기가스. <3> der Wald : 숲. <4> *etwas(4) in Gefahr bringen* : *무엇을 위험하게 하다.*
해석: 자동차 배기가스가 숲을 위험하게 할 것이라는 것은 확실하다.

4. <1> der Rock : 치마. <2> bestimmt : 틀림없이. <3> in Mode kommen : 유행하다. 해석: 짧은 치마가 틀림없이 다시 유행할 것이다.

5. <1> die Diskussion : 토론, *die Diskussion führen* : *토론하다.* <2> zu Wort kommen : 발언을 하다. 해석: 토론에서 너도 발언을 했니?

6. <1> Was glaubst du? : 너는 어떻게 생각하니?, glauben : 믿다, 생각하다. <2> *j-m Freude(= Spaß = Vergnügen) machen* : *누구를 즐겁게 하다.*
해석: 사람들이 그녀를 어떻게 기쁘게 할 수 있을 것이라고 생각하니?

7. <1> die Stelle : 자리, 장소. <2> bezahlen : 지불하다, 월급을 주다. <3> die Anforderung : 요구, *hohe Anforderungen stellen* : *요구가 많다.* 해석: 이 자리는 월급은 잘 받지만 해야 할 일이 많다.

8. *j-m Angst machen* : *누구를 불안하게 하다.* 해석: 사람들은 어린 아이들을 불안하게 해서는 안된다.

9. <1> die Schwierigkeit : 어려움. <2> das Gefühl : 감정. <3> *etwas(4) zum Ausdruck bringen* : *무엇을 표현하다,* zum Ausdruck kommen : 표현되다.
해석: 많은 사람들이 자기 감정을 표현하는데 어려움을 갖고 있다.

10. <1> der Schreibtisch : 책상. <2> *etwas(4) in Ordnung bringen* : *무엇을 정돈하다, 청소하다.* 해석: 나는 또(noch) 내 책상을 정리해야 한다.

> machen, stellen, schließen, geben, nehmen, bringen, führen, kommen, finden

11. Die Bürgerinitiative für Umweltschutz hat die Forderung _____, dass sonntags keine Autos mehr fahren dürfen.

12. Wollen Sie nicht endlich Schluss _____?

13. Wir sind zu der Überzeugung _____, dass der Ausbau der Bundesstraße die richtige Lösung ist.

14. Dieses Putzmittel ist giftig. Das hätte niemals in den Handel _____ dürfen.

15. Man kann den jungen Leuten nichts erzählen; jeder muss seine Erfahrungen selbst _____.

16. Unsere Nachbarn _____ keine gute Ehe; sie streiten sich dauernd.

17. Die Aussicht auf Erfolg ist so gering, dass ich Ihnen nicht raten möchte, einen Prozess zu _____.

18. Wer hat diese Erfindung _____?

19. Die jungen Leute von der Friedensinitiative _____ auf mich einen ganz vernünftigen Eindruck.

20. Mit dieser Rede hat er sich viele politische Feinde _____!

21. Ich werde ihm das sagen, sobald ich dazu Gelegenheit _____.

정답: 11. gestellt 12. machen 13. gekommen 14. kommen 15. machen
16. führen 17. führen 18. gemacht 19. machen
20. gemacht 21. finde

11. <1> die Bürgerinitiative : 시민연대. <2> der Umweltschutz : 환경보호. <3> die Forderung : 요구, fordern : 요구하다. <4> dürfen nicht : 해서는 안된다. <5> *die Forderung stellen* : 요구하다. 해석: 환경보호를 위한 시민연대는 일요일에는 자동차가 다녀서는 안된다라고 요구했다.

12. <1> endlich : 마침내, 드디어. <2> *mit etwas(3) Schluss machen* : 무엇을 끝마치다. 해석: 당신은 마침내 끝내지 않겠습니까?

13. <1> die Überzeugung : 확신, *zur Überzeugung kommen* : 확신에 이르다. <2> der Ausbau : 철거, 해체, 확장, 건설. <3> die Bundesstraße : 연방도로. <4> richtig : 올바른, 옳은. <5> die Lösung : 해결책. 해석: 우리는 연방도로의 확장이 올바른 해결책이라는 결론에 도달했다.

14. <1> das Putzmittel : 세제, putzen : 청소하다, das Mittel : 수단, 방법, 약. <2> giftig : 독이 있는. <3> niemals : 결코 무엇이 아니다. <4> *mit j-m in den Handel kommen* : 누구와 상거래하다. 해석: 이 청소세제는 독성이 있다. 이것은 절대로 유통되서는 안되었다.

15. <1> j-m erzählen : 누구에게 이야기하다. <2> die Erfahrung : 경험, *die Erfahrung machen* : 경험하다. <3> selbst : 스스로, 혼자서. 해석: 사람들은 젊은이들에게 아무 것도 이야기할 수가 없다. 각자 스스로(selbst) 경험을 해야한다.

16. <1> der Nachbar : 이웃. <2> die Ehe : 결혼, *die Ehe führen* : 결혼생활을 하다. <3> sich streiten : 서로 싸우다. <4> dauernd : 계속해서. 해석: 우리 이웃들은 원만한 결혼생활을 하지 못한다. 그들은 끊임없이 싸운다.

17. <1> die Aussicht : 전망, auf etwas(4) Aussicht : 무엇에 대한 전망. <2> der Erfolg : 성공. <3> gering : 적은. <4> j-m raten : 누구에게 충고하다. <5> der Prozess : 소송, *einen Prozess führen* : 소송을 하다. 해석: 성공할 전망이 아주(so) 작아서 나는 당신에게 소송을 하라고 권하고 싶지 않습니다.

18. die Erfindung : 발명, *die Erfindung machen* : 발명하다. 해석: 누가 이 발명을 했습니까?

19. <1> die Friedensinitiative : 평화연대. <2> vernünftig : 이성적인. <3> der Eindruck : 인상, *auf j-n einen Eindruck machen* : 누구에게 인상을 주다. 해석: 평화연대의 젊은 사람들이 나에게 아주(ganz) 이성적인 인상을 주었다.

20. <1> die Rede : 연설, 말. <2> der Feind : 적, *den Feind machen* : 적을 만들다. 해석: 이 연설로 그는 많은 정치적인 적수를 만들었다.

21. <1> sobald : 무엇을 하자마자. <2> die Gelegenheit : 기회, *die Gelegenheit finden* : 기회를 찾다. 해석: 나는 그럴만한(dazu) 기회를 찾자 마자 그에게 그것을 말할 것이다.

> machen, stellen, schließen, geben, nehmen, bringen, führen, kommen, finden

22. Wir haben damit angefangen; jetzt müssen wir die Sache auch zu Ende _____.

23. Nach zwei Stunden hatte die Feuerwehr das Feuer unter Kontrolle _____.

24. Eigentlich geht das nicht, aber für Sie _____ ich Ausnahme.

25. Jetzt soll jeder in der Gruppe seine Meinung dazu sagen. Wer _____ den Anfang?

26. Ich glaube, diese beiden Forschungsergebnisse kann man nicht in Zusammenhang _____. Das eine hat mit dem anderen doch gar nichts zu tun.

27. Sein Freund hat ihn auf diese dumme Idee _____!

28. Da kann ich Ihnen ein sehr günstiges Angebot _____.

29. Du hast ja Blumen gekauft. Willst du einen Besuch _____?

정답 22. bringen(führen)   23. gebracht   24. mache   25. macht
26. bringen   27. gebracht   28. machen   29. machen

"제5장 기능동사 - 해설 265

22. <1> mit etwas(3) anfangen : 무엇을 시작하다. <2> die Sache : 일, 사건, 물건. <3> *etwas(4) zu Ende bringen(= führen)* : 무엇을 끝마치다. 해석 : 우리가 그것을 시작했다. 이제 우리는 그 일을 또한 끝마쳐야 한다.

23. <1> die Feuerwehr : 소방대, das Feuer : 불. <2> *etwas(4) unter Kontrolle bringen* : 무엇을 통제하다, 진압하다. 해석 : 두시간이 지난 다음에 소방대가 불을 진압했다.

24. <1> eigentlich : 도대체(의문문), 원래. <2> gehen : 가능하다, Das geht nicht : 그것은 불가능하다. <3> die Ausnahme : 예외, ausnehmen : 예외로 하다, *eine Ausnahme machen* : 예외로 하다. 해석 : 원래, 그것은 안됩니다. 그러나 저는 당신은 예외로 하겠습니다.

25. <1> die Gruppe : 그룹. <2> die Meinung sagen : 의견을 분명하게 말하다. <3> der Anfang : 시작, *den Anfang machen(= nehmen)* : 시작하다. 해석 : 이제 각 그룹에서 각자 거기에(dazu) 대해 의견을 말해야 한다. 누가 시작할래?

26. <1> Ich glaube : 나는 생각한다. <2> das Forschungsergebnis : 연구결과, forschen : 탐구하다, 연구하다, das Ergebnis : 결과. <3> *etwas(4) mit etwas(3) in Zusammenhang bringen* : 무엇을 연관시키다. <4> mit etwas(3) nichts zu tun haben : 무엇과 아무 관계가 없다. 해석 : 나는 우리가 그 두개의 연구결과를 연관시킬 수 없다고 생각한다. 하나는 다른 나머지와 아무 관계가 없다.

27. <1> der Freund : 친구 ↔ der Feind : 적. <2> dumm : 어리석은. <3> die Idee : 아이디어, 생각, *j-n auf eine Idee bringen* : 누구에게 어떤 생각을 하게 하다, 참고 : auf eine Idee kommen : 어떤 생각을 하게 되다.

28. <1> günstig : 유리한. <2> das Angebot : 제공, 제안, 공급, *ein Angebot machen* : 제안을 하다. 해석 : 거기에 대해(Da) 저는 당신에게 매우 유리한 제안을 할 수 있습니다.

29. <1> die Blume : 꽃. <2> der Besuch : 방문, *einen Besuch machen* : 방문하다. 해석 : 야(ja) 너는 꽃을 샀구나. 너 누구를 찾아 가려고 하니?

> machen, stellen, schließen, geben, nehmen, bringen, führen, kommen, finden

30. Es tut mir Leid, aber ich darf Ihnen diese Information nicht _____.

31. Erst hat er mich in den Arm genommen, und dann hat er mir einen Kuss _____.

32. Wissen Sie, welche Leistungen die Atomkraftwerke _____?

33. Im Bundestag _____ jetzt immer öfter umweltpolitische Themen zur Sprache.

34. Zu seinen neuen Kollegen hat er noch keinen Kontakt _____.

35. Wenn Sie ein Ferngespräch _____ möchten, müssen Sie diese Kabine benutzen.

36. Die Raucher werden immer weniger, weil immer mehr Leute ein gesundes Leben _____ wollen.

37. Da kann ich Ihnen leider keinen Rat _____, weil ich davon auch nichts verstehe.

정답) 30. geben 31. gegeben 32. bringen 33. kommen 34. gefunden
35. führen 36. führen 37. geben

30. <1> j-m Leid tun : 누구에게 안타깝다. <2> die Information : 정보, *eine Information geben : 정보를 주다.* 해석: 미안합니다. 그러나 저는 당신에게 이 정보를 주어서는 안됩니다(dürfen nicht).

31. <1> erst : 처음에, 우선 ↔ dann : 후에, 나중에. <2> j-n in den Arm nehmen : 누구의 팔을 잡다. <3> der Kuss : 키스, *j-m einen Kuss geben : 누구와 키스하다.* 해석: 처음에 그는 나의 팔을 잡고, 그 다음에 나에게 키스를 했다.

32. <1> wissen : 어떤 사실을 알다. <2> die Leistung : 업적, 일, 성과, *die Leistung bringen : 성과를 가져오다.* <3> das Atomkraftwerk : 원자력발전소 ↔ das Wasserkraftwerk : 수력발전소. 해석: 당신은 원자력발전소가 어떤 성과를 가져올지 아십니까?

33. <1> der Bundestag : 연방의회. <2> immer öfter : 점점 더 자주. <3> umweltpolitisch : 환경정책적인. <4> das Thema : 주제. <5> *zur Sprache kommen : 언급되다.* 해석: 연방의회에서 이제는 점점 더 자주 환경정책적인 테마가 언급되고 있다.

34. <1> der Kollege : 동료. <2> der Kontakt : 접촉, *zu j-m Kontakt finden : 누구와 접촉하다, 누구와 관계를 맺다.* 해석: 새로운 동료들과 그는 아직도 접촉을 하지 않았다.

35. <1> das Ferngespräch : 장거리 전화, *ein Ferngespräch führen : 장거리 전화를 하다.* <2> die Kabine : 전화박스. <3> benutzen : 사용하다. 해석: 당신이 장거리 전화를 하려고 하신다면 이 전화박스를 사용해야 합니다.

36. <1> der Raucher : 흡연가. <2> immer weniger : 점점 더 적어지는. <3> *ein gesundes Leben führen : 건강한 삶을 살다.* 해석: 흡연가들이 점점 줄어들고 있다. 왜냐하면 점점 더 많은(immer mehr) 사람들이 건강하게 살고 싶어하기 때문이다.

37. <1> der Rat : 충고, *j-m Rat geben : 누구에게 충고를 주다.* <2> von etwas(3) nichts verstehen : 무엇을 전혀 모르다. 해석: 그런 일을 하는데(Da) 유감이지만 저는 당신에게 충고를 해줄 수 없습니다. 왜냐하면 저는 거기에 관해 전혀 모르기 때문입니다.

> machen, stellen, schließen, geben, nehmen, bringen, führen, kommen, finden

38. Der Koffer ist zwar fast voll, aber für diesen Pullover _____ wir bestimmt noch Platz.

39. Können Sie mir bitte eine Auskunft _____?

40. Die Sache ist mir noch nicht klar; ich kann mir noch kein richtiges Bild _____.

41. Hast du viele Fehler _____?

42. Darüber werden wir keine Diskussionen _____; der Chef entscheidet das alleine.

43. Viele Männer wissen nicht, wieviel Arbeit es macht, einen Haushalt zu _____.

44. In diesem Jahr hat die Firma gute Geschäfte _____.

45. Die Maschine arbeitet selbstständig, aber Sie müssen ab und zu eine Kontrolle _____.

46. Produkte verkaufen sich besser, wenn man Reklame _____.

정답 38. finden   39. geben   40. machen   41. gemacht   42. führen
43. führen(machen)   44. gemacht   45. machen   46. macht

38. <1> der Koffer : 트렁크. <2> fast voll : 거의 꽉 찬. <3> zwar A, aber B : A이긴 하지만 B이다. <4> der Pullover : 스웨터, 폴라티. <5> bestimmt : 틀림없이. <6> *Platz finden* : 자리를 찾다. **해석**: 트렁크가 거의 가득 찼지만, 우리는 이 스웨터를 넣을 자리를 틀림없이 찾게 될 것이다.

39. *j-m eine Auskunft(= eine Information) geben* : 누구에게 정보를 주다. **해석**: 당신은 나에게 정보를 줄 수 있습니까?

40. <1> die Sache : 일, 사건, 물건. <2> j-m klar : 누구에게 분명한. <3> *sich von etwas(3) kein richtiges Bild machen* : 무엇에 대해 정확한 의견을 갖지 못하다. **해석**: 그 일은 나에게 아직 분명하지 않다. 나는 아직 거기에 대해 정확한 의견을 가질 수 없다.

41. der Fehler : 잘못, *einen Fehler machen(= begehen)* : 잘못을 저지르다. **해석**: 너 많은 잘못을 저질렀니?

42. <1> die Diskussion : 토론, *die Diskussion führen* : 토론하다. <2> der Chef : 사장. <3> etwas(4) entscheiden = sich für etwas(4) entscheiden = über etwas(4) entscheiden : 무엇을 결정하다. <4> alleine = allein : 혼자서. **해석**: 거기에 대해 우리는 토론을 하지 않을 것이다. 사장이 그것을 혼자서 결정할 것이다.

43. <1> viel Arbeit machen : 많은 일을 하다. <2> der Haushalt : 집안일, *einen Haushalt machen (= führen)* : 집안일을 하다. **해석**: 많은 남자들은 집안일을 하는 것이 얼마나 많은 일인지 모른다.

44. <1> in diesem Jahr : 올해에. <2> *gute Geschäfte machen* : 사업을 잘 하다. **해석**: 올해에 회사는 사업을 잘 했다.

45. <1> die Maschine : 기계, 비행기. <2> selbstständig : 저절로, 스스로. <3> ab und zu = manchmal = dann und wann = von Zeit zu Zeit : 가끔. <4> die Kontrolle : 통제, *eine Kontrolle machen* : 통제하다.

46. <1> das Produkt : 생산물. <2> sich verkaufen : 팔리다. <3> die Reklame : 선전, 광고 *Reklame machen*: 선전하다. **해석**: 상품은 선전을 하면 잘 팔린다.

> machen, stellen, schließen, geben, nehmen, bringen, führen, kommen, finden

47. Diese Sache ist geheim. Sie sind der einzige, den ich ins Vertrauen _____ habe.

48. Wenn wir pünktlich dort sein wollen, müssen wir uns jetzt auf den Weg _____.

49. Ob wir durch russische oder amerikanische Atombomben sterben, das _____ doch wohl keinen Unterschied.

50. Am besten, wir _____ heute schon den Termin für die nächste Sitzung.

51. Wer möchte zu diesem Thema noch eine Frage _____?

52. Wer wenig verdient, kann beim Wohnungsamt einen Antrag auf Wohngeld _____.

53. Und wenn es eine Atomkatastrophe gibt, wie soll sich dann die Bevölkerung in Sicherheit _____?

54. Der Bericht soll morgen fertig sein, wir müssen also heute zu einem Ergebnis _____.

55. Welche Erklärung haben die Soziologen für die Protestbewegung _____?

정답) 47. geschlossen 48. machen 49. macht 50. machen 51. stellen
52. stellen 53. bringen 54. kommen 55. gefunden

47. <1> die Sache : 일, 사건, 물건. <2> geheim : 비밀의. <3> einzig : 유일한. <4> *j-n ins Vertrauen schließen* : 누구를 믿다. **해석**: 이 일은 비밀입니다. 당신은 제가 믿는 유일한 사람입니다.

48. <1> pünktlich : 정확한. <2> *sich auf den Weg machen* : 출발하다. **해석**: 우리가 정확하게 거기에 도착하려면 지금 출발해야 한다.

49. <1> die Atombombe : 원자탄. <2> sterben : 죽다. <3> der Unterschied : 차이, *einen(keinen) Unterschied machen* : 차이가 있다(없다). **해석**: 우리가 러시아 원자탄으로 죽든 미국 원자탄으로 죽든 아무런 차이가 없을 것이다.

50. <1> am besten : 가장 좋은. <2> der Termin : 약속시간, *den Termin machen* : 약속을 하다. <3> die Sitzung : 회의. **해석**: 우리가 오늘 다음번 회의를 위해 약속을 한다면 가장 좋을 것이다.

51. <1> das Thema : 테마. <2> die Frage : 질문, *eine Frage stellen* : 질문하다, *etwas(4) in Frage stellen* : 무엇을 문제삼다. **해석**: 누가 이 테마에 대해 또(noch) 질문하고 싶습니까?

52. <1> verdienen : 돈을 벌다. <2> das Wohnungsamt : 주택과. <3> der Antrag : 신청, *auf etwas(4) einen Antrag stellen* : 무엇을 신청하다. <4> das Wohngeld : 주택자금. **해석**: 돈을 적게 버는 사람은 주택과에 가서 주택자금을 신청할 수 있습니다.

53. <1> die Katastrophe : 대파멸. <2> die Bevölkerung : 주민, 국민. <3> etwas(4) in Sicherheit bringen : 무엇을 안전하게 하다, *sich in Sicherheit bringen* : 피하다. **해석**: 핵 대참사가 일어나면 주민들이 어떻게 피하면 될까요?

54. <1> der Bericht : 보고. <2> fertig : 끝마친. <3> das Ergebnis : 결과, *zum Ergebnis kommen* : 어떤 결론에 이르다. **해석**: 보고서가 내일 완성되어야 한다. 그러니까 우리는 오늘 결론에 도달해야 한다.

55. <1> die Erklärung : 설명, *eine Erklärung finden* : 설명하다. <2> der Soziologe : 사회학자. <3> die Protestbewegung : 저항 운동. **해석**: 사회학자들은 그 저항운동에 대해서 어떤 설명을 했습니까?

> machen, stellen, schließen, geben, nehmen, bringen, führen, kommen, finden

56. Wenn er mir das nächste Mal unter die Augen _____, werde ich ihm die Meinung sagen.

57. Endlich haben wir den Grund _____, warum das Kopiegerät nicht funktioniert.

58. Hast du mit den neuen Nachbarn schon Freundschaft _____?

59. Auf diesen Apparat _____ wir drei Jahre Garantie.

60. Du musst mehr Gas _____, sonst kommen wir zu spät.

61. Auch für dieses Problem wird sich eine Lösung _____.

62. Nach zwei Jahren Krieg haben die Präsidenten der beiden Länder Frieden _____.

63. Meine Schwester hat heute ihr zweites Kind zur Welt _____.

64. Der Unfall ist passiert, weil er die Kurve zu eng _____ hat.

65. Er ist zu ängstlich. Du muss ihm Mut _____.

정답 56. kommt 57. gefunden 58. geschlossen 59. geben 60. geben
61. finden 62. geschlossen 63. gebracht 64. genommen 65. machen

56. <1> das nächste Mal(부사적 4격) : 다음 번에. <2> j-m unter die Augen kommen : 누구의 앞에 나타나다. <3> *j-m die Meinung sagen* : 누구에게 의견을 분명히 말하다. **해석**: 다음 번에 그가 내 눈앞에 나타나면 그에게 의견을 분명히 말할 것이다.

57. <1> endlich : 마침내. <2> der Grund : 이유, 원인, *den Grund finden* : 이유를 찾다. <3> das Kopiegerät : 복사기. <4> funktionieren : 작동하다. **해석**: 마침내 나는 복사기가 왜 작동을 하지 않는지 원인을 발견했다.

58. <1> der Nachbar : 이웃. <2> die Freundschaft : 우정, *Freundschaft schließen* : 친교를 맺다. **해석**: 너는 새 이웃과 벌써(schon) 친구가 되었니?

59. <1> der Apparat : 장치, 기계. <2> die Garantie : 보증, *auf etwas(4) Garantie geben* : 무엇을 보증하다. **해석**: 이 기계에 대해서 우리는 3년간 보증한다.

60. <1> *Gas geben* : 속력을 내다. <2> sonst : 그렇지 않으면. **해석**: 너는 속력을 더 내야 한다. 그렇지 않으면 우리는 늦을 것이다.

61. die Lösung : 해답, 해결책, *eine Lösung finden* : 해결책을 찾다. **해석**: 이 문제에 대해서도 해결책이 찾아질 것이다.

62. <1> der Krieg : 전쟁. <2> der Präsident : 대통령. <3> der Frieden : 평화, *Frieden schließen* : 평화협정을 체결하다. **해석**: 2년 동안의 전쟁이 끝난 뒤 양국의 대통령은 평화협정을 체결했다.

63. *j-n zur Welt bringen* : 누구를 낳다, 비교 : zur Welt kommen : 태어나다. **해석**: 나의 누이가 오늘 둘째 아이를 낳았다.

64. <1> der Unfall : 사고. <2> passieren = geschehen = sich ereignen : 일어나다. <3> die Kurve : 회전, *die Kurve nehmen* : 회전을 하다. <4> eng : 좁은, 빽빽한, 꽉 끼는. **해석**: 그가 회전을 너무 좁게 해서 사고가 일어났다.

65. <1> ängstlich : 초조해 하는. <2> der Mut : 용기, *j-m Mut machen* : 누구에게 용기를 주다. **해석**: 그는 너무(zu) 초조해 하고 있다. 너는 그에게 용기를 주어야 한다.

제5장 기능동사

> machen, stellen, schließen, geben, nehmen, bringen, führen, kommen, finden, haben

66. Jetzt haben wir drei Stunden gearbeitet. Laß uns eine Pause _____.

67. Während wir Ihr Auto reparieren, können wir Ihnen einen Wagen von uns zur Verfügung _____.

68. Die Verhandlungen sind schwierig; die Gespräche _____ nur langsam in Gang.

69. Wenn wir nicht schneller laufen, _____ wir nie ans Ziel.

70. Wer hat Ihnen dazu die Erlaubnis _____?

71. Sie können mir nicht die Schuld an diesem Unfall _____! Sie hätten besser aufpassen müssen.

72. Wegen der Proteste werden in der Bundesrepublik in Zukunft keine neuen Atomkraftwerke in Betrieb _____.

73. Zu diesem Arzt kann ich kein Vertrauen _____.

74. Durch die Teilnahme an der Bürgerinitiative hat er Interesse an der Politik _____.

정답 66. machen 67. stellen 68. kommen 69. kommen 70. gegeben
71. geben 72. genommen 73. haben 74. gefunden

"제5장 기능동사 – 해설 275

66. die Pause : 쉼, 짬, 휴식시간, *Pause machen* : 쉬다. <2> Laß uns + 동사의 원형 : 상대가 한 사람일 때의 청유형. **해석** : 이제 우리는 세 시간동안 일을 했다. 우리 쉬자.

67. <1> reparieren : 수리하다. <2> *j-m etwas(4) zur Verfügung stellen* : 누구에게 무엇을 마음대로 쓰도록 주다. **해석** : 우리가 당신의 자동차를 수리하는 동안에 우리는 당신에게 우리 차 한 대를 마음대로 쓰도록 줄 수 있습니다.

68. <1> die Verhandlung : 협의, 심리. <2> *in Gang kommen* : 진행되다. **해석** : 협의가 어렵다. 즉 대화가 아주 느리게 진행되고 있다.

69. das Ziel : 목표, *ans Ziel kommen* : 목표에 도달하다. **해석** : 우리가 조금 더 빨리 뛰어 가지 않으면 목표에 도달할 수 없을 것이다.

70. die Erlaubnis : 허가, *j-m die Erlaubnis geben(= erteilen)* : 누구에게 허락하다. **해석** : 누가 당신에게 그렇게 하도록(dazu) 허가를 했습니까?

71. <1> die Schuld : 책임, 과오, 잘못, 비교 : die Schulden : 빚, 채무, *j-m an etwas(3) Schuld geben* : 누구에게 무엇에 대한 책임을 지우다. <2> der Unfall : 사고. <3> aufpassen : 주의하다. **해석** : 당신은 나에게 이 사고에 대해 책임을 전가할 수 없습니다! 당신이 좀 더 주의를 했어야 했습니다!

72. <1> der Protest : 항의. <2> die Zukunft : 미래, in Zukunft = künftig : 앞으로, 미래에. <2> das Atomkraftwerk : 원자력발전소. <4> der Betrieb : 가동, 작동, in Betrieb : 가동하고 있는, außer Betrieb : 고장난, *etwas(4) in Betrieb nehmen* : 무엇을 가동하다. **해석** : 항의때문에 앞으로 독일에서는 새로운 원자력발전소가 가동되지 않을 것이다.

73. *zu j-m Vertrauen haben* : 누구를 믿다. **해석** : 나는 이 의사를 믿을 수 없다.

74. <1> die Teilnahme : 참가. <2> die Bürgerinitiative : 시민연대. <3> das Interesse : 관심, 흥미, *an etwas(3) Interesse finden* : 무엇에 흥미나 관심을 갖다. **해석** : 시민연대에 참여함으로써 그는 정치에 관심을 갖게 되었다.

machen, stellen, schließen, geben, nehmen, bringen, führen, kommen, finden

75. Bitte _____ Sie Rücksicht auf Ihre Mitbewohner!

76. Erst die Proteste haben die Diskussion in Bewegung _____.

77. Dafür reicht unser Geld nicht. Wir müssen einen Kredit _____.

78. Bitte _____ Sie von diesem Brief zwei Kopien!

79. Bevor wir damit anfangen, sollten wir einen Plan _____.

80. Hast du dir über Atomkraftwerke eigentlich schon mal Gedanken _____?

81. Trink einen starken Kaffee; das _____ dich wieder auf die Beine.

82. Der Arzt hat mir eine Spritze _____.

83. Wenn ein Platz im Kurs frei wird, _____ wir Ihnen Bescheid.

정답) 75. nehmen 76. gebracht 77. nehmen 78. machen 79. machen
80. gemacht 81. bringt 82. gegeben 83. geben

75. <1> die Rücksicht : 고려, 배려, *auf etwas(4) Rücksicht nehmen* : 무엇을 고려하다. <2> der Mitbewohner : 같이 사는 사람들. **해석**: 당신과 같이 사는 사람들을 배려하십시오!

76. <1> erst : 비로소. <2> der Protest : 항의. <3> die Bewegung : 움직임, *etwas(4) in Bewegung bringen* : 무엇을 움직이다, 활발하게 하다. **해석**: 항의를 받고서 비로소 토론이 활발해졌다.

77. <1> reichen : 충분하다, 건네주다. <2> der Kredit : 신용, 대출, *einen Kredit nehmen* : 대출을 받다. **해석**: 그러려면(dafür) 우리는 돈이 충분하지 않다. 우리는 대출을 받아야 한다.

78. *von etwas(3) Kopie machen* : 무엇을 복사하다. **해석**: 이 편지를 두 장 복사해 주십시오!

79. <1> mit etwas(3) anfangen : 무엇을 시작하다. <2> der Plan : 계획, *einen Plan machen = planen* : 계획을 세우다. <3> sollten : sollen의 접속법 2식 형태로 권유와 충고를 나타내며 우리 말로는 '무엇을 하는 것이 좋을 것이다'로 해석는 것이 좋다. **해석**: 우리는 그 일을 시작하기 전에 계획을 세우는 것이 좋을 것이다.

80. <1> eigentlich : 원래, 도대체. <2> *sich über etwas(4) Gedanken machen* : 무엇을 걱정하다. **해석**: 너는 도대체(eigentlich) 원자력발전소를 걱정이나 해봤니?

81. <1> stark : 강한, 진한. <2> das Bein : 다리, *j-n auf die Beine bringen* : 누구의 원기를 회복시켜 주다. **해석**: 진한 커피를 마셔봐라. 그것이 너의 원기를 회복시켜 줄 것이다.

82. die Spritze : 주사, spritzen : 농약이나 물을 뿌리다, 그것이 뿌려지다, *j-m Spritze geben* : 누구에게 주사를 놓다. **해석**: 의사가 나에게 주사를 놓았습니다.

83. <1> der Kurs : 코스. <2> frei werden : 비게 되다. <3> der Bescheid : 정보, 안내, 소식, *j-m Bescheid sagen* : 누구에게 자세한 상황을 알려 주다. **해석**: 그 코스에 자리가 나게 되면, 우리가 당신에게 알려 주겠습니다.

> machen, stellen, schließen, geben, nehmen, bringen, führen, kommen, finden

84. Wirklich, da muss ich Ihnen recht _____.

85. Welchen Namen wollen Sie Ihrem Kind _____?

86. Das ist Ihre Post. Ich habe sie in Empfang _____, weil Sie nicht da waren.

87. Der Mann lag verletzt auf der Straße, aber niemand ist ihm zu Hilfe _____.

88. Dieser Bäcker macht die besten Kuchen. Den Hinweis hat mir eine Kollegin _____.

89. Leider weiß ich das nicht. Ich _____ Ihnen morgen eine Antwort.

90. Wer _____ in dieser Klasse Unterricht?

91. Wenn ich ein Zeichen _____, stehen wir alle von unseren Plätzen auf.

92. Der Vermieter will, dass ich ausziehe. Deshalb versucht er ständig, mir Schwierigkeiten zu _____.

정답) 84. geben 85. geben 86. genommen 87. gekommen 88. gegeben
89. gebe 90. gibt 91. gebe 92. machen

84. <1> *wirklich* : 정말, 사실. <2> *j-m recht geben* : 누가 옳음을 시인하다. 해석: 정말, 그점에서 나는 당신이 옳다는 것을 시인해야겠습니다.

85. *j-m Namen geben* : 누구에게 이름을 지어주다. 해석: 당신은 당신의 아이에게 어떤 이름을 지어주실 겁니까?

86. *etwas(4) in Empfang nehmen = etwas(4) empfangen* : 무엇을 받다. 해석: 이것은 당신 우편물입니다. 당신이 없어서 제가 그것을 받았습니다.

87. <1> *verletzt* : 다친 채로. <2> *j-m zu Hilfe kommen* : 누구를 돕다. 해석: 그 남자는 다친 채 길 위에 누워 있었다. 그러나 아무도 그를 도와 주지 않았다.

88. <1> *der Bäcker* : 빵 굽는 사람. <2> *der Kuchen* : 과자, 케익류. <3> *der Hinweis* : 암시, 지적, 힌트, 안내, *den Hinweis geben* : 지적을 하다, 암시를 주다. 해석: 이 빵 굽는 사람은 가장 맛있는 과자를 만든다. 그 얘기를 여자동료가 나에게 해주었다.

89. *j-m Antwort geben* : 누구에게 답변하다. 해석: 유감스럽게도 저는 그것을 모릅니다. 내일 내가 당신에게 답을 드리지요.

90. <1> *die Klasse* : 학급. <2> *der Unterricht* : 수업, *Unterricht geben (= erteilen)* : 수업을 하다. 해석: 누가 이 학급에서 수업을 합니까?

91. <1> *das Zeichen* : 기호, 표시, 비교 : *zeichnen* : 소묘하다, 스케치하다, *ein Zeichen geben* : 신호를 하다. <2> *aufstehen* : 일어서다. 해석: 내가 신호를 하면 우리 모두는 자리에서 일어날 것이다.

92. <1> *der Vermieter* : 집주인 ↔ *der Mieter* : 세입자. <2> *ausziehen* : 이사나가다. <3> *versuchen, zu Inf.* : 무엇을 하려고 하다, 시도하다. <4> *ständig* : 계속해서. <5> *die Schwierigkeit* : 어려움, *j-m Schwierigkeiten machen* : 누구를 힘들게 하다. 해석: 집주인은 내가 나가기를 바란다. 그래서 그는 계속해서 나를 힘들게 하려고 시도하고 있다.

> machen, stellen, schließen, geben, nehmen, bringen, führen, kommen, finden

93. Wahrscheinlich wird die Demonstration nicht viel nützen, aber man muss doch wenigstens den Versuch _____, etwas zu ändern.

94. Die Protestbewegung hat eine Entwicklung _____, die vor Jahren niemand geglaubt hätte.

95. Wer _____ in einer parlamentarischer Demokratie die Gesetze?

96. Die Automaten _____ einen schrecklichen Lärm.

97. Bitte _____ Sie mir Nachricht, wenn Sie aus dem Urlaub zurück sind.

98. Dazu möchte ich gern einen Vorschlag _____.

정답 93. machen 94. genommen 95. macht 96. machen 97. geben
98. machen

93. <1> wahrscheinlich : 아마도, 보아하니. <2> die Demonstration : 데모. <3> nützen : 도움이 되다. <4> wenigstens : 최소한도. <5> der Versuch : 시도, *den Versuch machen* : *시도하다*. <6> ändern : 변화시키다.
해석: 아마도 데모는 많은 도움이 되지 않을지 모른다. 그러나 우리는 무엇인가를 변화시키기 위해 최소한도 시도는 해보아야 한다.

94. <1> die Protestbewegung : 항의운동, 저항운동. <2> die Entwicklung : 발전, *eine Entwicklung nehmen* : *발전하다*. **해석**: 그 저항운동은 수년 전에는 믿지 못했을 그런 발전을 했다.

95. <1> parlamentarisch : 의회의. <2> das Gesetz : 법률, *das Gesetz machen* : *법률을 만들다*. **해석**: 의회민주주의에서는 누가 법률을 만듭니까?

96. <1> der Automat : 자판기. <2> schrecklich = furchtbar : 무시무시한. <3> der Lärm = der Krach : 소음, *den Lärm machen* : *소음을 내다*. **해석**: 자판기가 엄청난 소음을 낸다.

97. <1> die Nachricht : 보고, 소식, 뉴스, *die Nachricht geben* : *소식을 주다*. <2> zurücksein : 되돌아 오다. **해석**: 당신이 휴가로부터 되돌아오면 나에게 알려주십시오.

98. der Vorschlag : 제안, *einen Vorschlag machen* = *vorschlagen* : *제안하다*. **해석**: 거기에(dazu) 대해 제가 제안을 하나 하겠습니다.

제 6 장 여러가지 뜻을 지닌 단어들

1. liegen

1) Die Zeitschriften *liegen* auf dem Teppich. (놓여있다. die Zeitschrift: 잡지. der Teppich: 카페트. 해석: 잡지들이 카페트 위에 놓여 있다)

2) Eva *liegt* seit zwei Wochen krank im Bett. (누워있다. 해석: 에바가 2주 전부터 아파서 침대에 누워 있다)

3) Ich bin schon wieder erkältet; das *liegt am* schlechten Wetter. (무엇이 원인이다. erkältet: 감기에 걸린. das Wetter: 날씨. 해석: 나는 다시 감기 걸렸다; 그 이유는 나쁜 날씨 때문이다)

4) Die Fabrik *liegt* außerhalb der Stadt. (어디에 위치하고 있다. die Fabrik: 공장. außerhalb etwas(2): 무엇의 바깥에. 해석: 그 공장은 도시 바깥에 위치하고 있다)

5) Es *lag* mir viel an seiner Mitarbeit. (무엇이 중요하다. die Mitarbeit: 협력. 해석: 나에게는 그의 협력이 중요하다)

6) Das deutsch Essen *liegt* mir nicht. (취향에 맞다. 해석: 독일 음식은 내 취향에 맞지 않는다)

2. lassen

1) Ich *lasse* das Auto in der Garage und gehe zu Fuß. (무엇을 놓아 두다, 남겨 놓다. die Garage: 차고. 해석: 나는 자동차를 차고에 두고 걸어 간다)

2) *Lassen* Sie das bitte! Wenn Sie immer an die Tür klopfen, kann ich nicht telefonieren. (그만두다, 중지하다. an die Tür klopfen: 문을 두드리다. 해석: 제발 그만 두십시오! 당신이 계속 문을 두드리면 저는 전화를 걸 수 없습니다)

3) Wir haben die Hotelzimmer buchen *lassen*. (누구에게 하도록 시키다. buchen: 예약하다 = reservieren. 해석: 우리는 호텔방을 예약하도록 시켰다)

4) Meine Eltern hätten mich nicht zum Konzert der '*Stones*'

gehen *lassen*. (허용하다. 해석: 우리 부모님은 '스토운그룹'의 콘서트에 가도록 허락하지 않았을 것이다)

5) Micks Auftritt *ließ* den Saal überkochen. (하게 하다. der Auftritt: 등장, 출현. überkochen: 끓어서 넘치다, 들끓다. 해석: 믹의 등장이 홀의 분위기를 끓어 넘치게 했다)

3. erreichen

1) Detlef muss jetzt gehen, weil er den letzten Bus um 23 Uhr *erreichen* will. (탈 것 등을 타다. 해석: 테트레프는 이제 가야 한다. 왜냐하면 그는 23시에 떠나는 막차를 타려고 하기 때문이다)

2) Bis 14 Uhr können Sie den Schulleiter in seinem Büro *erreichen*. (사람과 전화연락을 하다. der Schulleiter: 교장. 해석: 14시까지 당신은 교장선생님과 그 분의 사무실에서 전화로 연락을 할 수 있을 것이다)

3) Eine Schülervertretung hat nicht viele Rechte, aber sie kann trotzdem einiges *erreichen*. (무엇을 이루다. die Vertretung: 대리근무, 대표. das Recht: 권리. 해석: 학생대표는 많은 권한은 갖고 있지 않다. 그럼에도 불구하고 학생대표는 몇 가지 일은 해낼 수 있다)

4) Damals *erreichte* die Studentenzahl bereits 2000. (숫자가 얼마에 이르다. damals: 그 당시에. die Zahl: 수. bereits = schon: 벌써. 해석: 그 당시에 학생들의 수가 벌써 2000명에 달하였다)

4. werden

1) Die Bücher *werden* mit der Post geschickt. (수동문의 조동사. schicken: 보내다. 해석: 책들이 우편으로 보내어진다)

2) Ich *werde* die Fotos nächste Woche vergrößern lassen. (미래형, vergrößern: 확대하다. 해석: 나는 사진들을 다음 주에 확대할 것이다)

3) Er *wird* Vertreter einer deutschen Firma im Ausland. (본동사로서 '무엇이 되다'. der Vertreter: 대표, 지사장. die Firma: 회사. 해석: 그는 외국의 독일회사 지사장이 될 것이다)

4) Er *wird* es wohl wissen. (*wohl*과 함께 추측을 나타낸다. 해석: 그는 아마도 그것을 알 것이다)

5. zeigen

1) In der Provinz bestimmen vor allem die Erwachsenen. Das

zeigt besonders die Situation im Stadtjugendring. Von 17 Mitgliedern sind nur 4 unter dreißig. (증명하다. die Provinz: 도, 주, 성. der Erwachsene: 어른. besonders: 특히, 특별히. der Jugendring: 청소년 단체연합. das Mitglied: 회원. 해석: 지방에서는 무엇보다도 어른들이 결정한다. 그러한 사실은 특히 청소년 단체연합이 보여주고 있다. 17명의 회원들 중 4명만이 30세 이하다)

2) Ein Junge *zeigte* große Enttäuschung darüber, dass ich nicht Break-Dance konnte. (주어의 마음의 상태를 표현하다. die Enttäuschung: 실망. 해석: 한 젊은이가 내가 브레이크 댄스를 추지 못한다는 것에 대해 큰 실망을 나타냈다)

3) Ich kann das Fahrrad nicht allein reparieren. Kannst du mir *zeigen,* wie man das macht? (어떤 것을 시범을 보이면서 설명하다. allein: 혼자서. reparieren: 수리하다. 해석: 나는 혼자서 자전거를 수리할 수 없다. 너 나에게 그것을 어떻게 하는지 설명해 줄래?)

6. machen

1) Bernd schenkt seiner Mutter zu Weihnachten einen Bürostuhl aus Holz. Den kauft er nicht, sondern den *macht* er selber. (물품을 만들다. schenken: 선물하다. das Holz: 목재. selber: 스스로. 해석: 베른트는 그의 어머니에게 크리스마스때 나무로 된 사무실 의자를 선물 할 것이다. 그는 그것을 사지 않고 직접 만들 것이다)

2) Das Weihnachtsessen zu *machen* kostet sehr viel Zeit. (요리하다. 크리스마스 요리를 하는 것은 많은 시간이 든다)

3) Erst wenn Katja ihre Aufgaben für die Schule *gemacht* hat, darf sie sich mit ihren Freunden treffen. (어떤 일을 하다. die Aufgabe: 의무, 숙제. sich mit j-m treffen = j-n treffen: 누구와 만나다. 해석: 카트야는 학교숙제를 한 이후에야 비로소 친구들을 만날 수 있다)

4) Katja glaubt, dass es den Eltern Vergnügen *macht,* die Kinder am Weihnachtstag warten zu lassen. (원인이 되다, das Vergnügen: 만족, 즐거움. j-m Vergnügen machen: 누구를 즐겁게 하다. 해석: 카트야는 아이들로 하여금 크리스마스날을 기다리도록 하는 것이 부모에게는 즐겁다고 생각한다)

5) Die Kirche *machte* es möglich, dass junge Leute in der ehemaligen DDR und der Bundesrepublik wieder ein gemeinsames Thema haben: den Frieden in der Welt. (어떤 상

황이 일어나게 하다. ehemalig: 옛날의. gemeinsam: 공동의. der Frieden: 평화. 해석: 교회는 옛날의 동독과 서독이 다시 공동의 테마인 세계평화를 갖도록 하는 것을 가능하게 하였다)

7. glauben

1) Ich *glaube* dem Verkäufer, dass die Qualität des Radios gut ist. (누구의 말을 믿다. die Qualität: 질, 품질. 해석: 나는 라디오의 질이 좋다는 판매원의 말을 믿는다)

2) Ich *glaube*, dass die Leute heute besser leben als früher. (생각하다. 해석: 나는 오늘날의 사람들이 옛날보다 더 잘 산다고 생각한다)

3) Die Geschäftsleitung *glaubt* an den Erfolg der neuen Werbung, obwohl die Ergebnisse bisher nicht sehr gut waren. (무엇을 확신하다, 무엇의 존재를 믿다. die Leitung: 관, 지도부, 수뇌부. der Erfolg: 성공. die Werbung: 선전. das Ergebnis: 결과, 성과. 해석: 경영지도부는 지금까지의 결과가 매우 좋지는 않았지만 새로운 광고의 성공을 확신한다)

8. bekommen

1) Zu meinem fünften Geburtstag habe ich ein Fahrrad *bekommen*. (선물을 받다. 해석: 나의 5번째 생일날 나는 자전거를 선물을 받았다)

2) Wenn ich mich beeile, *bekomme* ich noch den Zug um 19.10 Uhr. (탈 것을 타다. sich beeilen: 서두르다. 해석: 서두르면 나는 19. 10분 기차를 잡을 것이다)

3) Im Restaurant: Ich *bekomme* den Schweinebraten und ein Bier, bitte. (주문하다. der Braten: 구운 고기. 해석: 레스토랑에서: 나는 되지 구운 고기와 맥주 하나를 원합니다)

4) Briefmarken *bekommen* Sie auf der Post. (구입하다. die Briefmarke: 우표. 해석: 당신은 우체국에서 우표를 구입할 것입니다)

5) Beim Schwimmen *bekomme* ich immer großen Hunger. (감정이나 육체상의 변화를 감지하다. 해석: 수영을 하면 나는 항상 굉장한 허기를 느낀다)

6) Wir *bekommen* einen neuen Abteilungsleiter. (원하건, 그렇지 않건 받게 되다. der Abteilungsleiter: 부서장, 과장, 부장. 해석: 우리는 새로운 부장님을 맞이하게 될 것이다)

7) Hoffentlich *bekommen* wir bald Schnee! (기대하다. hoffentlich: 바라건데. der Schnee: 눈. 해석: 곧 눈이 오면 좋겠다!)

8) Meine Schwester *bekommt* nächste Woche ihr erstes Kind. (아이를 낳다. 해석: 내 누이동생이 다음 주에 첫 아이를 낳는다)

9) Obwohl das Essen sehr fett war, ist es mir gut *bekommen*. (건강에 좋은: 과거분사 = *bek¨mmlich*. fett: 기름진. 그 식사는 매우 기름이 많지만, 나의 건강에 좋다)

9. gehen

1) Als Frau alleine Straßentheater machen. Das *geht* doch nicht! (정상이다. das Straßentheater: 거리연극. alleine = allein: 혼자서. 해석: 여자 혼자서 거리연극을 한다는 것. 그것은 정상이 아니다!)

2) Das Fahrlicht *geht* nicht. (작동하다. das Fahrlicht: 헤드라이트. 해석: 헤드라이트가 작동을 하지 않는다)

3) Können Sie bis morgen mein Auto reparieren? *Geht* das? (가능하다. 해석: 당신은 내일 내 자동차를 수리할 수 있겠습니까? 가능합니까?)

4) Wie *geht* es dir? (상태가 …하다. 해석: 너 어떻게 지내니?)

5) Warum willst du mit dem Auto fahren? Wir können doch *gehen*. (걸어가다. 해석: 왜 너는 자동차를 타고 가려고 하니? 우리는 걸어 갈 수 있다)

6) Inge ist acht Jahre alt. Sie *geht* seit zwei Jahren zur Schule. (학교 등을 다니다. 해석: 잉에는 8살이다. 그녀는 2년 전부터 학교에 다니고 있다)

7) Wir *gehen* oft ins Theater. / Wir *gehen* jeden Mittwoch schwimmen. (어떤 곳으로 가다, 무엇을 하러 가다. 해석: 우리는 자주 연극관에 간다/ 우리는 매주 수요일 수영하러 간다)

10. bringen

1) *Bringen* Sie mir bitte einen Kaffee. (in einem Café) (무엇을 어떤 장소에서 어떤 사람에게 가지고 가다. 해석: 저에게 한잔의 커피를 가져다 주십시오.(식당에서))

2) Ich *bringe* dich zum Theater und hole dich auch wieder ab. (어떤 사람을 어떤 장소에서 다른 장소로 데리고 가다. j-n abholen: 누구를 마중하다. 해석: 나는 너를 연극관에 데려다 주고 다시 너를 데리러 올 것

이다)

3) Die kleinen Studiotheater *bringen* meistens politische Stücke. (작품을 공연하다, 방영하다. das Studiotheater: 실험극단. meistens: 대부분. das Stück: 조각, 연극작품)

4) In der Wohnung muss die Dusche in Ordnung *gebracht* werden.(사물이나 사람을 특정한 상태에 처하게 하다. die Dusche: 샤워. in Ordnung bringen: 무엇을 정돈하다, 고치다. 해석: 집에 샤워기가 고쳐져야 한다)

11. kommen

1) Hast du Lust, heute Abend zu uns zu *kommen*? (어떤 장소로 가다. 해석: 너 오늘 저녁 우리에게 올 마음이 있니?)

2) Gestern ist Lena doch pünktlich *gekommen*. (도착하다. 해석: 어제 레나는 정확하게 도착했다)

3) Hilfst du mir bitte beim Aufräumen? Diese Sachen hier *kommen* alle in den Keller. (어떤 것을 특정한 장소로 가지고 가다. j-m bei etwas(3) helfen: 누가 무엇을 하는 것을 도와주다. das Aufräumen: 청소. der Keller: 지하실. 해석: 너 청소하는 것 좀 도와줄래? 여기 이 물건들이 전부 지하실로 갈거다)

4) Meine Tochter *kommt* nächstes Jahr in den Kindergarten. (어떤 교육기관의 구성원이 되다. der Kindergarten: 유치원. 해석: 내 딸은 내년에 유치원에 간다)

5) Ich bin Vertreter und *komme* von der Firma Scharf. (출신. der Vertreter: 대표, 대리인. 해석: 저는 대리인인데 샤프회사에서 왔습니다)

6) Heute bin ich sehr nervös. Ich weiß nicht, woher das *kommt*. (이유. nervös: 신경질적인, 신경쇠약의. 해석: 오늘 저는 매우 신경이 날카롭다. 나는 그 이유가 무엇인지 모르겠다)

7) Letztes Jahr *kam* es *zu* neuen Demonstrationen gegen Atomwaffen. (어떤 결과를 낳다. die Demonstration: 데모. die Atomwaffe: 핵무기. 해석: 지난 해에 핵무기에 대한 새로운 데모가 있었다)

8) Nach der schriftlichen Prüfung *kommt* die mündliche. (무엇이 뒤따르다. schriftlich: 필기의 ↔ mündlich: 구두의. 해석: 필기시험 다음에 구두시험이 뒤따른다)

12. finden

1) Die Häuser und Wohnungen in den Großstädten sind sehr teuer. Trotzdem *findet* man dafür Käufer oder Mieter. (필요한 것을 얻다. der Mieter: 세입자. 해석: 대도시의 집과 주택들은 매우 비싸다. 그럼에도 불구하고 사람들은 그걸 빌릴 세입자와 구매자들을 찾게 된다)

2) Ich habe im Aufzug einen Schlüssel *gefunden*. Ich weiß nicht, wem er gehört. (어떤 것을 우연히 발견하다. der Aufzug: 엘리베이터. j-m gehören: 누구의 것이다. 해석: 나는 엘리베이터 안에서 열쇠 하나를 찾았다. 나는 그것이 누구 것인지 모르겠다)

3) Bad und Zentralheizung *findet* man in fast allen Wohnungen. (어떤 것이 어떤 장소에 있을 것이라고 기대하다. die Zentralheizung: 중앙난방. 해석: 모든 주택들이 욕조와 중앙난방을 갖추고 있다)

4) Ich *finde*, dass Wohnen im Hochhaus sehr bequem ist. (생각하다. bequem: 편안한. 해석: 나는 고층건물에서 사는 것이 편리하다고 생각한다)

13. tun

1) Ich finde alles aufregend, was etwas mit Technik zu *tun* hat. (무엇과 관련이 있다. aufregend: 재미있는, 흥분시키는. 해석: 나는 기술과 관계있는 것이면 모두 재미있다고 생각한다)

2) Möbius *tat* so, als ob er verrückt wäre (als wäre er verrückt). (마치 …처럼 행동하다. verrückt: 미친. 해석: 뫼비우스는 마치 미친 것처럼 행동한다)

3) Die Theatergruppe hat alles *getan*, damit die Vorstellung zu einem Erfolg wurde. (어떤 것을 하다. die Vorstellung: 상상, 소개, 공연. der Erfolg: 성공. zu etwas(3) werden: 무엇이 되다. 해석: 그 연극단체는 공연이 성공이 되도록 모든 일을 하였다)

4) Warum bist du so komisch zu mir? Habe ich dir etwas *getan*? (어떤 해를 끼치다. komisch: 이상한, 정신이 돈, 상한. 해석: 왜 너 나한테 이렇게 이상하게 대하니? 내가 너한테 무슨 짓을 저질렀니?)

14. erscheinen

1) Diese Kirchenzeitung kostet 1,20 DM und *erscheint*

monatlich. (출판되다. 해석: 그 교회신문은 1마르크 20 페니히인데 매달 출간된다)

2) Der Pfarrer ist zur Weihnachtsfeier im Altersheim nicht *erschienen*, obwohl er es versprochen hatte. (나타나다. der Pfarrer: 목사. das Altersheim: 양로원. j-m etwas(4) versprechen: 누구에게 무엇을 약속하다. 해석: 목사는 약속을 했음에도 불구하고 양로원의 크리스마스 축제에 나타나지 않았다)

3) Eine Ehe ohne Kinder *erscheint* vielen Leuten sinnlos. (…처럼 보이다. die Ehe: 결혼. sinnlos: 의미없는. 해석: 아이들이 없는 결혼은 많은 사람들에게 의미가 없는 것처럼 보인다)

15. nehmen

1) Der Krieg hat ihr den Mann *genommen*. (빼앗아 가다. 해석: 전쟁이 그녀에게서 남편을 빼앗아 갔다)

2) Sie hat sich einen Mann *genommen*. (취하다, 얻다. 해석: 그녀는 남편을 얻었다)

16. vorkommen

1) So etwas ist mir noch nie *vorgekommen*. (일어나다. so etwas = so was: 그런 것. 해석: 그런 것이 아직 나에게 일어나지 않았다)

2) Diese Pflanze *kommt* nur im Gebirge *vor*. (있다. die Pflanze: 식물. das Gebirge: 산, 산맥, 산악지대. 해석: 이 식물은 산악지방에만 있다)

3) Die Sache *kommt* mir seltsam *vor*. (…처럼 보이다. die Sache: 일, 사건. seltsam: 이상한, 진기한. 해석: 그 사건이 나에게는 이상한 것처럼 보인다)

17. geben

1) *Gibst* du mir bitte meinen Kugelschreiber. Er liegt auf dem Tisch. (누구에게 무엇을 주다. 해석: 너 나에게 내 볼펜 좀 줄래? 그것은 책상 위에 놓여 있다)

2) Wieviel *geben* Sie mir für mein altes Auto? (지불하다. 해석: 당신은 나에게 내 중고 자동차에 대하여 얼마나 주시겠습니까?)

3) Was wird heute Abend im Fernsehen *gegeben*? (*TV*에서 작품을 방영하다. 해석: 오늘 TV에서 무엇이 방영되지요?)

4) Kannst du mir bitte Auto *geben*? Ich brauche es nur für zwei bis drei Stunden. (누구에게 무엇을 빌려주거나 선물하다. zwei bis drei: 2 내지 3시간. 해석: 너 나에게 자동차 좀 빌려 주겠니? 내가 자동차가 2-3시간만 필요하다)

5) In Deutschland *gibt es* keine Geschwindigkeitsbegrenzung auf Autobahnen. (무엇이 있다. die Geschwindigkeit: 속도. die Begrenzung: 제한. die Autobahn: 고속도로. 해석: 독일 고속도로에는 속도제한이 없다)

18. hören

1) *Hörst* du den Lärm von der Bundesstraße? So ist das von früh morgens bis spät abends! (귀로 감지하다. der Lärm: 소음. 해석: 너 연방도로에서 들리는 소음이 들리니? 이른 아침부터 늦은 저녁까지 그렇다!)

2) Die neue Platte von den 'Stones' habe ich noch nicht *gehört*. (음악이나 라디오를 듣다. die Platte: 레코드판. 해석: 나는 아직 '스톤' 그룹의 새 음반을 듣지 못했다)

3) Von dieser Platte habe ich noch nichts *gehört*. Ich wußte gar nicht, dass es sie gibt. (어떤 사실에 대해 들어서 알다. von etwas(3) hören: 무엇에 대해 듣다. Es gibt etwas(4): 무엇이 있다. 해석: 나는 이 음반에 대해서 아직 아무 소리도 듣지 못했다. 나는 그것이 있는지 몰랐다)

19. halten

1) Der Bus *hält* direkt neben dem Eingang. (정지하다. der Eingang: 입구. 해석: 그 버스는 입구 바로 앞에 정차해 있다)

2) Kannst du bitte mal meine Tasche *halten*? (손에 들고 있다. die Tasche: 가방. 해석: 너 내 가방 좀 들고 있을래?)

3) Es ist mir egal, ob man ihn *für* dumm oder intelligent *hält*. (의견. egal: 아무래도 괜찮은. 해석: 사람들이 그를 어리석다고 여기던, 영리하다고 여기던 나에게는 아무래도 괜찮다)

4) Was *halten* Sie *von* Tests und Prüfungen? (의견. 해석: 당신은 테스트와 시험에 대해 어떻게 생각하십니까?)

5) Wir *halten* das Essen warm, bis du nach Hause kommst. (어떤 상태를 유지하도록 애쓰다. 해석: 우리는 네가 집으로 올 때까지 식사를 따뜻하게 보관하고 있을 것이다)

제6장 여러가지 뜻을 지닌 단어들 291

20. stehen

1) Der Rock *steht* dir ausgezeichnet. Wo hast du den gekauft? (*어울리다*. der Rock: 치마, 스커트. ausgezeichnet: 아주 훌륭한, 출중한, 뛰어난. 해석: 치마가 너에게 아주 잘 맞는다. 너 그것을 어디서 샀니?)

2) Herr Faltermeier entscheidet, wie die Teste und Bilder auf der Seite *stehen*. (*놓여있다*. entscheiden: 결정하다. die Seite: 측, 면. 해석: 팔터마이어씨가 테스트와 그림이 페이지에서 어떻게 놓일지 결정할 것이다)

3) Jochen *steht* jeden Tag acht bis zehn Stunden an der Maschine und bohrt Löcher in Metallteile. (*서 있다*. bohren: 뚫다, das Loch: 구멍. der Metallteil: 금속부분. 해석: 요흔은 8시간 내지 10시간 기계 옆에 서서 금속판에 구멍을 뚫는다)

4) In der Zeitung *steht*, dass Mick Jagger geheiratet hat. (*쓰여 있다*. j-n heiraten: 누구와 결혼하다. 해석: 신문에 믹제거가 결혼을 했다고 쓰여 있다)

21. folgen

1) Die Garantie für dieses Elektrogerät gilt nur, wenn man der Gebrauchsanweisung genau *folgt*. (*따르다, 주의하다*. die Garantie, : 보증. das Gerät: 기계, 제품, 물품. gelten: 유효하다. die Gebrauchsanweisung: 사용 설명서. 해석: 이 전기제품에 대한 보증은 사람들이 사용설명서를 정확하게 따를 때에만 유효하다)

2) Wenn Sie zur Post wollen, brauchen Sie mir nur zu *folgen*. Ich wohne im Gebäude nebenan. (*사람을 따라가다*. das Gebäude: 건물. nebenan: 옆. 해석: 당신이 우체국으로 가려고 한다면 나를 따라 오기만 하면 됩니다. 나는 옆 건물에 삽니다)

3) Die *folgenden* Fragen sind nicht ganz einfach. (*다음의*. einfach: 간단한 ↔ kompliziert: 복잡한. 해석: 다음과 같은 질문들은 아주 간단하지 않습니다)

4) Können Sie bitte etwas langsamer sprechen? Ich kann Ihnen nicht *folgen*. (*이해하다*. 해석: 약간 좀 천천히 말씀해주시겠습니까? 저는 당신을 따라갈 수 없습니다)

5) Petra ist so groß wie Lena, und Lena ist so groß wie Irene. *Daraus folgt,* dass auch Petra und Irene gleich groß sind. (어

떤 결과가 나오다. 해석: 페트라는 레나와 키가 같다. 그리고 레나는 이레네와 키가 같다. 그러한 사실에서 페트라와 이레네도 키가 같다는 결론이 나온다)

22. sein

1) Was *ist zu* tun, wenn Sie einen Krankenwagen kommen sehen? (*필연*. der Krankenwagen: 병원차. 해석: 당신은 병원차가 오는 것을 보면 어떻게 해야 합니까?)

2) Ich *bin* immer guter Laune. (어떤 상태에 있다. die Laune: 기분. 해석: 나는 항상 기분이 좋다)

3) Wie *ist* das *zu* erklären? (가능성. erklären: 설명하다. 해석: 그것이 어떻게 설명되어질 수 있을까요?)

4) Die Prüfung *ist* am nächsten Mittwoch. (시행되다. die Prüfung: 시험. 해석: 그 시험은 다음 주 수요일에 개최된다)

5) Das Prüfungszimmer *ist* im 1. Stock. (위치. der Stock: 층, 지팡이. 해석: 시험을 치르는 방은 1층에 있다)

6) Dieser Brief *ist von* meiner Schwester. (기원이나 출처. 해석: 이 편지는 우리 누나에게서 온 것이다)

23. schlecht

1) Er ist ein *schlechter* Autofahrer. (능숙하지 못한. 해석: 그는 능숙하지 못한 운전자다)

2) Ich fahre nicht gern auf einem Schiff, weil es mir dann immer *schlecht* wird. (메스꺼운. 해석: 나는 배를 타고 가는 것을 좋아하지 않는다. 왜냐하면 그러면 항상 속이 메스껍게 되기 때문이다)

3) Die ganze Familie musste ins Krankenhaus, weil sie *schlechten* Fisch gegessen hatte. (오래된, 썩은. 해석: 전 가족이 병원에 가야 했다. 왜냐하면 상한 생선을 먹었기 때문이다)

4) Er macht zwar viel Unsinn, aber im Grunde ist er kein *schlechter* Mensch. (도덕적으로 좋지 않은. der Unsinn: 무의미, 무의미한 짓, 헛소리. im Grunde = eigentlich: 원래, 엄밀히 말하면. 해석: 그는 많은 불합리한 짓을 하지만, 그래도 그는 원래 나쁜 사람은 아니다)

5) So viel Geld hast du für diesen *schlechten* Teppich bezahlt? (품질이 나쁜. 해석: 이렇게 좋지 않은 카페트를 살려고 너는 그렇게 많은 돈을 지불했니?)

6) Wenn es Ihnen so *schlecht* geht, sollten Sie sich besser ins Bett legen! (건강하지 못한. 해석: 당신이 상태가 그렇게 좋지 못하면, 침대에 눕는 것이 좋습니다)

24. leicht

1) Die Aufgaben in der Prüfung waren recht *leicht*. (단순한, 어렵지 않은. die Aufgabe: 숙제, 의무, 문제. recht: 정말, 옳은. 해석: 시험문제들이 정말 쉬웠다)

2) Ab 1996 steigt die Zahl der Arbeitslosen *leicht* an. (약간의. ansteigen: 올라가다. die Zahl: 수. 해석: 1996년부터 실업자의 수가 약간 증가하고 있다)

3) Früher waren Computer sehr groß, heute sind sie klein und *leicht*. (무겁지 않은. 해석: 과거에는 컴퓨터가 아주 컸다. 그러나 오늘날은 작고 가볍다)

25. offen

1) Ich bin bereit (dazu), alle Fragen *offen* zu beantworten. (공개적인. 해석: 나는 모든 질문에 공개적으로 답변할 준비가 되어 있다)

2) Für einige Fragen wußte ich keine Antworten. Ich habe sie einfach *offen* gelassen. (미결정의. lassen: 무엇을 놓아두다. 해석: 몇몇 질문에 대해 나는 답을 몰랐다. 나는 그것들을 그냥 풀지 않고 놓아 두었다)

3) Während der Prüfung dürfen die Lehrbücher nicht *offen* sein. (책 등이 펼쳐져 있는. 해석: 시험 도중에는 책이 펼쳐져 있어서는 안된다)

4) Mein Auto ist immer *offen*; trotzdem ist mir noch nie etwas gestohlen worden. (문이 열려진. j-m etwas(4) stehlen: 누구에게서 무엇을 훔치다. 해석: 나의 자동차는 항상 문이 열려 있다; 그럼에도 불구하고 아직 나는 도난을 당한 적이 없다)

5) Nach 18. 30 Uhr sind in der Bundesrepublik normalerweise keine Geschäfte mehr *offen*. (관객이나 손님에게 개방된. normalerweise: 보통, 일반적으로. das Geschäft: 상점. 해석: 18시 30분 이후에는 독일에서는 일반적으로 상점이 더 이상 열려져 있지 않다)

26. ganz

1) Zum Schluss wird das *ganze* Auto geprüft. (전 부분의. zum Schluss: 마지막으로. prüfen: 시험하다. 해석: 마지막으로 차 전체가 검사되어진다)
2) Man sollte die Straßenmusik *ganz* verbieten. (전적으로. verbieten: 금지하다. 해석: 사람들은 거리음악을 완전히 금지하는 것이 좋다)
3) Harry Gerth ist mit seiner Arbeit *ganz* zufrieden. (상당히. 해석: 하리 게르트는 그의 일에 상당히 만족한다)

27. doch

1) Warum willst du deine Stelle wechseln? Du verdienst *doch* sehr gut. (상대방이 이해할 수 없는 말을 할 때. die Stelle: 일자리. wechseln: 환전하다, 바꾸다. verdienen: 돈을 벌다. 해석: 너는 왜 너의 일자리를 바꿀려고 하니? 너는 아주 많이 벌고 있는데)
2) Geh *doch* noch ein Jahr zur Schule und mach den Realschulabschluss! (의문문에서 강한 바램이나 겸손한 부탁. 해석: 일년동안 학교에 가서 레알슐레 졸업장을 따라!)
3) Nach zwei Monaten hat sie *doch* noch eine Lehrstelle gefunden. (기대하지 않은 일이 일어났을 때. die Lehrstelle: 견습생자리. 해석: 두 달이 지난 후에 그녀는 견습생 자리를 찾았다)
4) Rolf ist *doch* Automechaniker. Wie findet er den Beruf? (상대방이 알고 있는 것을 전제로 상대방의 의견을 물어볼 때. 해석: 롤프는 자동차 기술자다. 그는 자신의 직업을 어떻게 생각하니?)

28. kaum

1) Ich finde das Wohnzimmer viel zu klein; es hat *kaum* 14 m²! (겨우, 간신히. 해석: 나는 거실이 너무 작다고 생각한다; 그것은 겨우 14평방미터밖에 안된다)
2) Weil wir so weit außerhalb der Stadt wohnen, bekommen wir *kaum* Besuch. (드문 = *selten*. 해석: 우리는 도시 밖에서 그렇게 멀리 떨어져서 살고 있기 때문에 거의 방문객이 없다)
3) Die Wohnung ist mir zu dunkel; sie hat *kaum* Licht. (거의 …이 아닌. 해석: 그 집은 나에게 너무 어둡다; 그 집은 거의 빛이 없다)

4) Glaubst du, dass er diesem Vorschlag zustimmt? - Wohl *kaum.* (부정의 대답에서. der Vorschlag: 제안. etwas(3) zustimmen: 무엇에 동의하다. 해석: 너는 그사람이 이 제안에 동의할 것이라고 생각하니? -아마 거의 그러지 않을 것이다)

5) *Kaum* hat er Platz genommen, da bestürmte man ihn mit Fragen. (…을 하자마자. j-n bestürmen: 습격하다, 쇄도하다, 괴롭히다, 질문 등을 퍼붓다. 해석: 그가 자리를 잡자마자, 사람들이 그에게 질문을 쏟아 부었다)

29. nah(e)-, näher-, nächst-

1) Der Hafen ist sehr *nahe.* / Der Weg durch den Park ist *näher.* / Das ist zwar nicht der *nächste* Weg, aber der schnellste. (가까운. der Hafen: 항구. 해석: 항구는 매우 가깝다. / 공원을 통하는 길이 더 가깝다. / 그것은 가장 가까운 길은 아니지만 가장 빠른 길이다)

2) *Nächste* Woche können Sie mich im Büro nicht erreichen. (다음의. j-n erreichen: 누구와 전화로 연락이 닿다. 해석: 다음 주에 당신은 사무실에서 나와 전화로 연락을 할 수 있을 것입니다)

3) *Nähere* Informationen bekommen Sie bei Frau Rückert. (자세한. 해석: 더 자세한 정보들을 당신은 뤽케르트 부인에게서 받을 겁니다)

4) Das Büro von Frau Franzen ist am *nächsten* Zimmer. (바로 옆의. 해석: 프란쩬 부인의 사무실은 바로 옆 방에 있습니다)

30. da

1) *Da* die FDP als parlamentarische Opposition fast bedeutungslos war, entwickelte sich eine außerparlamentarische Opposition. (왜냐하면 …이기 때문이다. parlamentarisch: 의회의. bedeutungslos: 무의미한, sich entwickeln: 생기다, 발전하다. die Opposition: 반대, 야당. 해석: FDF가 의회의 야당으로서 거의 무의미했기 때문에 원외야당이 생겨났다)

2) Ich wollte gerade telefonieren, *da* klopfte jemand an die Kabinentür. (바로 그때. gerade: 지금, 조금 전에, 막. klopfen: 두드리다. die Kabinentür: 전화박스 문. 해석: 나는 막 전화를 하려고 했다. 바로 그때 누군가가 전화박스 문을 두드렸다)

3) Meine Waschmaschine wäscht nicht richtig. Kannst du die reparieren? - Nein, tut mir Leid. *Da* kann ich dir auch nicht helfen. Aber ich kann dir *da* einen guten Elektromechaniker empfehlen. (상황 지시어. richtig: 제대로. empfehlen: 추천하다. 해석: 내 세탁기가 제대로 되지 않는다. 너 그걸 수리할 수 있겠니? -미안하다. 그런 일을 하는데 나도 너를 도울 수 없다. 그러나 나는 그런 일을 하는데 적합한 전기기술자를 추천해 줄 수 있다)

4) *Da* an der Ecke ist eine Telefonkabine. (저기, 거기. die Ecke: 구석, 모퉁이. 해석: 저기 모퉁이에 전화박스가 있다)

31. etwa

1) Ein nationales Kulturzentrum, wie *etwa* den Louvre in Paris, gibt es in der Bundesrepublik nicht. (가령, 예를 들면. das Kulturzentrum: 문화 중심지. 해석: 가령 예를 들면 파리의 루브르와 같은 국립 문화중심지가 독일에는 없다)

2) Die Eintrittskarten kosten *etwa* 18 Mark. (약. die Eintrittskarte: 입장권. 해석: 입장권은 약 18 마르크가 든다)

3) Kennen Sie *etwa* die Bayreuther Wagnerfestspiele nicht? Die sind doch weltbekannt. (의문문에서 놀라움. weltbekannt: 세계적으로 유명한. 해석: 당신은 바이로이트의 바그너 축제극을 모르십니까? 그것은 세계적으로 유명합니다)

32. hoch/hohe-

1) Die Gebühren für den Computerkurs sind ziemlich *hoch.*/Die Zahl der Studenten in München wird immer *höher.* (액수나 숫자가 많은. die Gebühr: 요금. ziemlich: 상당히. die Zahl: 수. 해석: 컴퓨터 코스에 내는 돈이 상당히 높다/뮌헨의 학생 수가 점점 많아지고 있다)

2) Studenten wohnen oft in kleinen Zimmern *hoch* oben unter dem Dach. (높은. das Dach: 지붕. 해석: 학생들은 자주 지붕밑 높은 곳 조그마한 방에 산다)

3) Die Lebensgeschichte der beiden Kinder ist *hoch* interessant / *höchst* interessant. (매우, 특히. die Lebensgeschichte: 인생사, 성장사. 해석: 두 아이의 성장사는 아주 재미있다)

33. so

1) Den Film 'Fitzcarraldo' musst du dir unbedingt ansehen. -*So*? Worum geht es denn darin? (놀라움. unbedingt: 무조건. sich etwas(4) ansehen: 무엇을 보다, 구경하다. 해석: 너는 '피츠카랄도'라는 영화를 무조건 보아야 한다. -그래? 도대체 그 영화의 내용이 뭔데?)

2) Einer der Kritiker beurteilte die Physiker *so*: "Ein Versuch, eine Komödie für ein paar Jahre." (다음과 같이. der Kritiker: 비평가. beurteilen: 판단하다, 판결하다. der Versuch: 실험, 시도. 해석: 비평가들 중의 하나가 물리학자들을 다음과 같이 판단했다: "몇 년 동안 코미디로 남을 실험이다")

3) Ein *so* gutes Stück wie dieses habe ich noch einmal sehen möchten. (그러한, 이런 정도의. das Stück: 조각, 연극작품. 해석: 이처럼 좋은 연극작품을 나는 또 한번 보고 싶었다)

4) *So*, für heute haben wir genug gearbeitet. Morgen machen wir weiter! (자, 이제 됐다. 해석: 자 이제 오늘은 충분히 일을 했다. 내일 우리 계속하자!)

34. schon

1) Die Eintrittskarten habe ich *schon* gestern gekauft. (기대한 것보다 일찍, 벌써, 미리. 해석: 입장권을 나는 벌써 어제 샀다)

2) Auch deutsche Filme brachten *schon* Rekordeinnahmen. (과거 문장에서 자주 일어나지 않는 사건이 일어났을 때. die Rekordeinnahme: 최고 수입. 해석: 독일 영화들도 한때 최고수입을 가져왔다)

3) Die Schüler haben das Stück *schon* sehr gut gespielt, aber einige Dinge könnten sie noch besser machen. (*sehr, ganz*등과 함께 기대한 것처럼 되지 않은 아쉬움을 표현. 해석: 학생들이 그 연극을 잘 공연했지만, 하지만 몇 가지는 그들은 더 잘 할 수 있을 것이다)

4) *Schon* wegen der Geschenke ist Weihnachten für Kinder das wichtigste Fest des Jahres. (강조. das Fest: 축제. 해석: 선물 때문에 크리스마스는 아이들에게 있어 일년 중 가장 중요한 축제다)

5) Das Stück wird *schon* Erfolg haben. (확신이 들어 있는 추측. Erfolg haben: 성공하다. 해석: 그 연극은 성공할 것이다)

6) Die Karten waren *schon* teuer, aber so teuer, wie du gedacht hattest, waren sie nicht. (부분적으로 옳은 사실. 해석: 표들이 비싸기

는 하다. 그러나 네가 생각했던 것처럼 그렇게 비싸지는 않다)

35. wie

1) Gabriela wollte mitsingen, *wie* es alle um sie herum taten./ Gabriela ist so alt wie ihr Freund. (두개의 사건 등을 비교. 해석: 가브리엘라는 그의 주변에 있는 모든 사람들이 그런 것처럼 함께 노래를 부르려 했다/가브리엘라는 그녀의 친구와 나이가 같다)

2) Ich habe genau gesehen, *wie* er den Stadtpark verlassen hatte. (dass의 의미. 해석: 나는 그가 도시의 공원을 떠나는 것을 정확히 보았다)

3) *Wie* alt ist Gabriela? -Ich weiß nicht, wie alt Gabriela ist. (의문사. 해석: 가브리엘라는 몇 살이니? -나는 가브리엘라가 몇 살인지 모르겠다)

4) Viele sozialistische Politiker, *wie* Willy Brandt und Herbert Wehner, mussten während der Hitler-Zeit Deutschland verlassen. (예를 들어. 해석: 예를 들면 빌리 브란트나 헤르베르트 베너 등과 같은 많은 사회주의 정치가들은 히틀러 치하에서 독일을 떠나야 했다)

36. gerade

1) Der Tannenbaum vor unserem Haus ist wirklich nicht sehr *gerade* gewachsen, aber trotzdem gefällt er uns gut. (곧게. der Tannenbaum: 전나무. wachsen: 성장하다, 크다. 해석: 우리집 앞의 전나무는 정말로 매우 곧게 자라지 못했다. 그러나 그럼에도 불구하고 그것은 내 맘에 든다)

2) Uwe kann jetzt nicht kommen. Er telefoniert *gerade*. (지금. 해석: 우베는 지금 올 수 없다. 그는 지금 전화를 한다)

3) Wann bist du gekommen? -Ich bin *gerade* gekommen. (조금 전에. 해석: 너 언제 왔니? - 나는 조금 전에 왔어)

4) *Gerade* heute brauchen junge Menschen ein Ziel im Leben. (특별히, 무엇보다도. der Mensch: 인간, 사람. das Ziel: 목표. 해석: 특히 오늘날 젊은이들은 인생에 목표가 필요합니다)

5) In kleinen Städten kommen sonntags *gerade* 10 bis 20 Leute in die Kirche. (가까스로, 겨우. 해석: 소도시에서는 겨우 10 내지 20명의 사람들이 교회에 다닌다)

37. erst

1) Eva wohnt *erst* zwei Monate in der Wohngemeinschaft. (겨우. die Wohngemeinschft: 거주 공동체. 해석: 에파는 겨우 2달 동안 거주공동체에 살고 있다)
2) Wir renovieren unsere Wohnung *erst* nächstes Jahr. (계획한 것보다 늦게야 비로소: 어떤 사건의 출발점. renovieren: 개조하다. 해석: 우리는 내년에야 비로소 우리 집을 개조할 것이다)
3) *Erst* wohnte er ganz gerne in der Stadt, aber *dann* wollte er doch in sein Dorf zurück. (처음에는: dann과 함께. das Dorf: 마을. 해석: 처음에는 그는 도시에 사는 것을 아주 좋아했다. 그러나 후에 그는 시골 마을로 되돌아 갈려고 했다)

38. denn

1) Punks wollen nicht arbeiten. - Wie können Sie das *denn* wissen? (의문문에서 - 비난, 도대체. 해석: 펑크족은 일을 하려고 하지 않습니다 -당신은 그것을 어떻게 알 수 있습니까?)
2) Ist das *denn* ein sicherer Arbeitsplatz? - Ich glaube ja. (의문문에서 - 상대방의 대답을 갈망한다, 도대체. 해석: 그것은 도대체 안정된 일자리입니까? -그렇다고 생각합니다)

39. eigentlich

1) Ende der 60er Jahre waren die Studenten die *eigentliche* politische Opposition. (실질적인. die Opposition: 야당. 해석: 60년대 말에는 대학생들이 실질적인 야당이었다)
2) Wie heißt du *eigentlich*? (의문문에서 - 도대체. 해석: 너는 도대체 이름이 뭐니?)
3) Ich finde Mick *eigentlich* ganz nett. (엄밀히 말해서, 원래. 해석: 나는 믹이 원래 친절하다고 생각한다)

40. eben

1) Das ganze Land ist sehr *eben*. (평평한. 해석: 전 국토가 평평하다)
2) Holger hat *eben* mit Monika telefoniert. (바로 조금 전에. 해석: 홀거는 조금 전에 모니카와 전화를 했다)

3) **Gabriela macht, was sie will; junge Leute sind *eben* so.** (어쩔 수 없는 상황. 해석: 가브리엘라는 자기 맘대로 행동한다; 젊은 아이들은 바로 그렇다)

4) **Holger sollte im Bett bleiben, solange er krank ist! -*Eben*, das habe ich ihm auch gesagt!** (*그래, 옳아!* 해석: 홀거는 아픈 동안에는 침대에 누워 있는 것이 좋다. -그 말이 맞아, 나도 그 말을 그에게 했어!)

제 7 장   관용어구와 속담

A. 관용어구

1. Sein Leben steht auf dem Spiel.
   = Sein Leben ist in Gefahr.
   = 그의 생명이 위험하다. (die Gefahr: 위험)

2. Das spielt keine Rolle.
   = Das ist nicht wichtig.
   = 그것은 중요하지 않다. (die Rolle: 역, 역할)

3. Das wird Schule machen.
   = Das ist ein Vorbild für alle.
   = 그것은 모든 사람의 모범이다. (die Schule: 학교, 학파. das Vorbild: 모범, 예, 본보기)

4. Das hat Hand und Fuß.
   = Das ist gut überlegt.
   = 그것은 잘 고안된 것이다. (die Hand: 손. der Fuß: 발. ¨berlegen: 심사숙고하다)

5. Das springt sofort ins Auge.
   = Das fällt sofort auf.
   = 그것은 즉각 눈에 띈다. (springen: 뛰어 오르다. sofort: 즉시. auffallen: 눈에 띠다)

6. Das ist mir zu hoch.
   = Das verstehe ich nicht.
   = 나는 그것을 이해하지 못하겠다.

7. Das ist aus der Luft gegriffen.

= Das ist nicht wahr.
= 그것은 사실이 아니다. (die Luft: 공기. greifen: 잡다)

8. Das sind kleine Fische.
= Das ist nicht schwierig.
= 그것은 어렵지 않다. (der Fisch: 생선, 고기. schwierig: 어려운)

9. Sie schneidet sich ins eigene Fleisch.
= Sie schadet sich selbst.
= 그녀는 자신에게 손해되는 일을 한다. (das Fleisch: 살, 고기. schaden: 해가 되다)

10. Sie kommt immer vom Hundertsten ins Tausendste.
= Sie redet über alles mögliche.
= 그녀는 항상 밑도 끝도 없이 이야기한다. (reden: 말하다, 이야기하다)

11. Sie hält ihr Wort.
= Sie tut, was sie verspricht.
= 그녀는 약속을 지킨다. (versprechen: 약속하다)

12. Sie geht für ihn durchs Feuer.
= Sie würde für ihn alles tun.
= 그녀는 그녀를 위해서라면 모든 것을 한다. (das Feuer: 불, 담뱃불)

13. Sie hat viel Lehrgeld gezahlt.
= Sie hat durch Schaden gelernt.
= 그녀는 쓰라린 경험으로 많은 것을 배웠다. (das Lehrgeld: 수업료. der Schaden: 손해, 손실)

14. Er ist über den Berg.
= Das Schlimmste hat er hinter sich.
= 그녀는 최악의 상황을 넘겼다. (der Berg: 산. schlimm: 아주 나쁜. etwas(4) hinter sich haben: 무엇을 마치다, 극복하다)

15. Er lebt auf großem Fuße.
= Er gibt viel Geld aus.

= 그는 돈을 많이 지출한다. (ausgeben: 지출하다)

16. Er will auf zwei Hochzeiten tanzen.
    = Er tut zwei verschiedene Sachen zu gleicher Zeit.
    = 그는 두가지 일을 동시에 한다. (die Hochzeit: 결혼식. verschieden: 다른, 상이한. die Sache: 일, 사건. zu gleicher Zeit: 동시에)

17. Er ist über alle Berge.
    = Er ist nicht mehr erreichbar.
    = 그는 멀리 도망가서 잡을 수 없다. (der Berg: 산. erreichen: 무엇을 잡다, 어떤 목표를 이루어내다)

18. Er macht ein langes Gesicht.
    = Er ist enttäuscht.
    = 그는 실망하고 있다. (das Gesicht: 얼굴. enttäuscht: 실망한)

19. Er hält nie den Mund.
    = Er redet immer.
    = 그는 절대로 입을 다물지 않는다.

20. Ich zeige ihm schon die Zähne.
    = Ich lasse mir nichts gefallen.
    = 나는 이제 참지 않을 것이다. (der Zahn: 이, 치아. sich etwas(4) gefallen lassen: 무엇을 참다)

21. Ich will mir nicht den Mund verbrennen.
    = Ich will nichts sagen, was dann unangenehme Folgen für mich haben könnte.
    = 나는 설화를 당하지 않겠다. (der Mund: 입. verbrennen: 태우다. unangenehm: 불쾌한. die Folge: 결과, 결말)

22. Ich habe mir das in den Kopf gesetzt.
    = Ich will das unbedingt erreichen.
    = 나는 그것을 하기로 굳게 결심했다. (der Kopf: 머리. unbedingt: 무조건)

23. Ich liege ihm auf der Tasche.
    = Ich lebe von seiner finanziellen Unterstützung.
    = 나는 그의 경제적인 지원으로 산다. (die Tasche: 주머니, 가방, 지갑.
      die Unterstützung: 지원)

24. Ich bringe das nicht übers Herz.
    = Ich kann mich nicht dazu entschließen.
    = 나는 그것을 차마 하지 못하겠다. (sich zu etwas(3) entschließen:
      무엇을 하기로 결심하다)

25. Ich bin Luft für ihn.
    = Er beachtet mich gar nicht.
    = 나는 그에게 아무 것도 아니다. (die Luft: 공기. beachten: 주의하다)

26. Es war für den Lehrer schwer, die Klasse in Schach zu halten.
    = Es war für den Lehrer schwer, die Klasse unter Kontrolle
      zu bringen.
    = 선생님이 학급을 통제하지 못했다. (etwas(4) in Schach halten
    = etwas(4) unter Kontrolle bringen: 무엇을 통제하다)

27. Bei dem Kampf ist er auf der Strecke geblieben.
    = Bei dem Kampf ist er nicht mehr weitergekommen.
    = 전투에서 그는 낙오했다. (die Strecke: 거리, 구간, 철도)

28. Das gehört zum alten Eisen.
    = Das ist nicht mehr modern.
    = 그것은 유행이 지난 것이다. (der Eisen: 철)

29. Alles ist in Butter.
    = Alles ist in bester Ordnung.
    = 모든 것이 아주 잘 되어있다.

30. Das geht mir auf die Nerven.
    = Das mag ich überhaupt nicht, das stört mich sehr.
    = 그것이 나의 신경을 거스른다. (das Nerv: 신경)

31. Das bringt mich auf die Palme.
    = Das regt mich auf.
    = 그것이 나를 흥분시킨다. (그것이 나를 화나게 한다, die Palme: 종려, 야자. j-n aufregen: 누구를 흥분시키다)

32. Das läßt mich völlig kalt.
    = Das interessiert mich nicht.
    = 그것이 나의 흥미를 끌지 못한다.

33. Er hat ein Brett vor dem Kopf.
    = Er versteht nichts.
    = 그는 이해하지 못한다. (das Brett: 판, 널판지)

34. Er hat eine lange Leitung.
    = Er braucht lange, um etwas zu verstehen.
    = 그는 무엇을 이해하기에 오래 걸린다. (die Leitung: 수도관이나 가스관)

35. Er hat mir endlich reinen Wein eingeschenkt.
    = Er hat mir endlich die Wahrheit gesagt.
    = 그는 마침내 진실을 이야기했다. (rein: 순수한, 깨끗한. j-m etwas(4) einschenken: 누구에게 마실 것을 따르다)

36. Er muss die Beine unter den Arm(= die Arme) nehmen.
    = Er muss sich beeilen.
    = 그는 서둘러야 한다.

37. Er spuckt große Töne.
    = Er gibt an.
    = 그는 허풍을 떤다 (spuken: 유령이 나오다, spucken: 침을 뱉다. der Ton: 음, 소리. angeben: 무엇을 대다, 언급하다, 주장하다, 허풍 떨다)

38. Er will immer mit dem Kopf duch die Wand.
    = Er will alles immer mit Gewalt erreichen.
    = 그는 모든 것을 억지로 이루어 내려고 한다. (die Gewalt: 폭력)

39. Ich bin aus allen Wolken gefallen.

= Ich war sehr überrascht.
= 나는 깜짝 놀랐다. (die Wolke: 구름)

40. Ich bin ihm auf den Schlips getreten.
= Ich habe ihn beleidigt.
= 나는 그를 모욕했다. (der Schlips = die Krawatte: 넥타이)

41. Er hat sich übers Ohr hauen lassen.
= Man hat ihn betrogen.
= 사람들이 그를 속였다. (hauen: 때리다, 후려치다, j-n betrügen: 누구를 속이다.)

42. Mir fällt die Decke auf den Kopf.
= Ich langweile mich.
= 나는 지루하다. (die Decke: 천장, 이불)

43. Mir geht ein Licht auf.
= Ich verstehe.
= 나는 이해하겠다.

44. Sie läßt die Flügel hängen.
= Sie hat keinen Mut mehr.
= 그녀는 용기가 없다. (der Flügel: 날개. der Mut: 용기)

45. Sie tanzt immer aus der Reihe.
= Sie beachtet die Regeln nicht.
= 그녀는 규칙을 존중하지 않는다. (die Reihe: 줄, 열. die Regel: 규칙. beachten: 무엇에 주의하다)

46. Wie schaust du denn aus der Wäsche?
= Was ist los mit dir? Geht es dir nicht gut?
= 너 무슨 일이니? 너 어디가 좋지 않니? (schauen = sehen = gucken: 보다. die Wäsche: 빨래)

47. Das ist Schnee von gestern.
= Das ist vorbei, das interessiert mich nicht mehr

= 그것은 지나간 일이다, 그것은 나의 흥미를 끌지 못한다.

48. Ich habe die Nase voll!
    = Schluss jetzt, ich habe genug davon!
    = 나는 그거에 진저리가 난다. (von etwas(3) genug haben: 무엇에 진저리가 나다)

49. Er reißt das Gespräch immer an sich.
    = Meistens redet er, und die anderen müssen zuhören.
    = 대부분 그는 말하고, 다른 사람들은 들어야 한다. (etwas(4) an sich reißen: 무엇을 자신에게 잡아 당기다)

50. Er kann sich benehmen.
    = Er ist ein höflicher und angenehmer Mensch.
    = 그는 공손하고 호감이 가는 사람이다. (sich benehmen: 행동하다. höflich: 예의바른. angenehm: 유쾌한, 즐거운, 호감이 가는)

51. Er läßt nur seine eigene Meinung gelten.
    = Er glaubt, dass er alles am besten weiß.
    = 그는 자신이 모든 것을 가장 잘 안다고 믿는다. (gelten: 유효하다, 가치가 있다)

52. Er fühlt sich in Gesellschaft nicht wohl.
    = Er ist nicht gern mit den anderen Menschen zusammen.
    = 그는 다른 사람들과 함께 있는 것을 좋아하지 않는다. (in Gesellschaft: 다른 사람과 함께. wohl: 기분이 좋은)

53. Er läßt sich nichts sagen.
    = Die Meinung von anderen Leuten interessiert ihn nicht.
    = 다른 사람의 의견은 그에게 중요하지 않다.

54. Er hat mir die Sprache verschlagen.
    = Ich bin so erstaunt, dass ich nichts mehr sagen kann.
    = 그는 나의 말문을 막아버렸다. (verschlagen: 널판지로 막다)

55. Ich bin aus dem Konzept geraten.

= Ich weiß nicht mehr, was ich als nächstes sagen wollte.
= 나는 다음 번에 무엇을 이야기하려고 했는지 모르겠다. (das Konzept: 초안, 계획, 구상, 생각)

56. Die anderen kochen auch nur mit Wasser.
= Die anderen sind auch nur ganz normale Menschen.
= 다른 사람들도 또한 평범한 사람들일 뿐이다.

57. Er steht im Mittelpunkt des Interesse.
= Alle interessieren sich für ihn.
= 모든 사람들이 그에게 흥미를 갖고 있다. (der Mittelpunkt: 중심)

58. Am Arbeitsplatz läuft alles schief.
= Im Beruf gibt es ständig Ärger und Probleme.
= 직업에는 항상 짜증나는 일과 문제만 있다. (schief gehen oder laufen: 잘못되다. schief: 삐딱한)

59. Er platzt sofort mit allen Neuigkeiten heraus.
= Er erzählt sofort alle Neuigkeiten, ohne nachzudenken, ob es passend ist.
= 그는 새로운 소식을 그것이 맞는 이야기인지 심사숙고하지 않은 채 즉시 이야기한다. (herausplatzen: 폭발하다, 분노 따위를 갑자기 터뜨리다. platzen: 타이어 등이 터지다. die Neuigkeit: 새로운 소식. passen: 어울리다)

60. Ich habe das jetzt satt!
= Das hängt mir zum Hals heraus.
= 나는 그것에 진저리가 난다. (satt: 배부른, 진저리 나는)

61. Das geht mir durch Mark und Bein.
= 그것이 내 골수에 사무친다. (das Mark: 골수, die Mark: 마르크)

62. Das Blatt hat sich gewendet.
= Die Lage hat sich entscheidend geändert.
= 전세가 역전되었다. (das Blatt: 잎, 신문, 종이 한 장. entscheidend: 결정적인)

63. Er hat seinen Beruf an den Nagel gehängt.
    = Er hat seinen Beruf aufgegeben.
    = 그는 자신의 직업을 포기했다. (der Nagel: 못, 손톱, 발톱. aufgeben: 포기하다, 편지 등을 부치다)

64. Er hat sein Examen mit Ach und Krach bestanden.
    = Er hat sein Examen nur knapp bestanden.
    = 그는 시험에 가까스로 합격을 했다. (bestehen: 시험에 합격하다. knapp: 가까스로)

65. Er hat kein Blatt vor den Mund genommen.
    = Er hat seine Meinung deutlich gesagt.
    = 그는 자신의 의견을 분명히 말했다. (deutlich: 분명한)

66. Er hat Schwein gehabt.
    = Er hat eine gefährliche Situation ohne Schaden überstanden.
    = 그는 운이 좋아서 어려운 상황을 손해를 보지 않고 극복했다. (das Schwein: 돼지. gefährlich: 위험한. überstehen: 극복하다)

67. Er hat das schwierige Klavierstück einfach vom Blatt gespielt.
    = Er hatte es vorher noch nie gespielt.
    = 그는 그 피아노 곡을 전에 한번도 연주해보지 않았는데 한번보고 척척 연주했다. (das Stück: 조각, 작품. das Blatt: 잎, 신문, 악보. spielen: 연주하다)

68. Er lebt von der Hand in den Mund.
    = Er verdient so wenig Geld, dass man alles gleich für den Lebensunterhalt ausgeben muss.
    = 그는 하루 벌어 하루 산다. (der Lebensunterhalt: 생계. ausgeben: 지출하다)

69. Er lebt in Wolkenkuckucksheim.
    = Er ist ein Träumer.
    = 그는 몽상가다. (das Wolkenkuckucksheim: 이상향, 상상속의 나라. träumen: 꿈을 꾸다, der Traum: 꿈)

70. Er lebt in den Tag hinein.
    = Er denkt nicht an die Zukunft.
    = 그는 되는대로 산다. (die Zukunft: 미래)

71. Er lebt hinter dem Mond.
    = Er weiß etwas von nichts.
    = 그는 세상에서 일어나는 것을 아무 것도 모른 채 산다.

72. Er lebt in Saus und Braus.
    = Er lebt im Überfluss.
    = 그는 흥청망청 산다. (der Überfluss: 과도, 과잉)

73. Er hat mir aufs Dach gestiegen.
    = Er hat mich getadelt.
    = 그가 나를 비난했다. (das Dach: 지붕. tadeln: 비난하다)

74. Er malt den Teufel an die Wand.
    = Er sagt Schlechtes vorher.
    = 그는 괜히 나쁜 말을 해서 화를 자초하려고 한다. (malen: 그림을 그리다. der Teufel: 악마. vorhersagen: 예언하다)

75. Er schlägt zwei Fliegen mit einer Klappe.
    = Er erledigt zwei Dinge zusammen.
    = 일거양득 (schlagen: 때리다. die Fliege: 파리. die Klappe: 파리채. erledigen: 해치우다)

76. Ihm fällt ein Stein vom Herzen.
    = Er fühlt sich von einer Sorge befreit.
    = 그의 근심거리가 없어졌다. (der Stein: 돌. von etwas(3) befreit: 무엇으로부터 해방된)

77. Er hat mir unter die Arme greifen.
    = Er hat mir geholfen.
    = 그는 나를 도왔다. (greifen: 잡다)

78. Er hat die Ohren gespitzt.

= Er hat aufmerksam zugehört.
= 그는 주의 깊게 경청했다. (das Ohr: 귀. spitzen: 뽀쪽하게 하다. die Spitze: 첨두. aufmerksam: 주의깊게. zuhören: 경청하다)

79. Er hat den Hauskauf übers Knie gebrochen.
= Er hat den Hauskauf voreilig entschieden, ohne es richtig zu überlegen.
= 그는 집을 깊게 생각해보지 않고 너무 서둘러서 샀다. (das Knie: 무릎. voreilig: 너무 서둘러서. überlegen: 심사숙고하다)

80. Er steht unter dem Pantoffel.
= Er wird von seiner Frau beherrscht, ohne eigenen Willen.
= 그는 자신의 처에게 꼼짝 못한다. (der Pantoffel: 슬리퍼, 지배권. j-n beherrschen: 누구를 제어하다, 지배하다)

81. Er hat den Nagel auf den Kopf getroffen.
= Er hat genau das Richtige gefunden.
= 그는 핵심을 찔렀다. (der Nagel: 못, 손톱, 발톱. der Kopf: 머리. treffen: 만나다, 맞추다)

82. Er tanzt mir auf der Nase herum.
= Er ist mir gegenüber frech.
= 그는 나에게 무례하다. (die Nase: 코. frech: 무례한, 뻔뻔스런)

83. Er sitzt auf glühender Kohlen.
= Er wartet ungeduldig.
= 그는 초조하게 기다리고 있다. (glühen: 타오르다, 타다. die Kohle: 석탄. ungeduldig: 초조한)

84. Er trägt die Nase hoch.
= Er ist überheblich und arrogant.
= 그는 거만하다. (überheblich: 불손한. arrogant: 오만한)

85. Er hat etwas(4) aus dem Ärmel geschüttelt.
= Er hat etwas(4) mühelos geleistet.
= 그는 무엇을 손쉽게 해낸. (der Ärmel: 소매. schütteln: 흔들다.

mühelos: 힘들이지 않고)

86. Er ist in der Tinte.
    = Er ist in Schwierigkeiten.
    = 그는 어려움에 처해 있다. (die Tinte: 잉크)

87. Er sitzt zwischen zwei Stühlen.
    = Er nutzt keine von zwei Möglichkeiten.
    = 그는 두 가지의 가능성을 놓친 어려운 상황에 처해있다. (nützen = nutzen: 사용한다)

88. Er findet immer ein Haar in der Suppe.
    = Er lehnt immer etwas(4) wegen einer Kleinigkeit ab.
    = 그는 사소한 일 때문에 모든 것을 거부한다. (die Suppe: 스프. ablehnen: 거부하다)

89. Die Menschen stehen wie die Heringe.
    = Die Menschen stehen in einer Menge gedrängt.
    = 사람들이 소금에 절인 청어처럼 빼곡히 들어차 있다. (der Hering: 청어. die Menge: 무리, 많은 사람)

90. Sie lebt wie Hund und Katze zusammen.
    = Sie sind einander Feind.
    = 그들은 서로 원수처럼 지낸다. (der Feind: 적)

B. 속 담

1. Lügen haben kurze Beine: 거짓말은 오래 가지 못한다.
   (die Lüge: 거짓말. das Bein: 다리)

2. Ein voller Bauch studiert nicht gern.
   = 배가 부르면 공부하기를 좋아하지 않는다.
   (voll: 가득찬, 배부른. der Bauch: 배)

3. Wer nicht kommt zur rechten Zeit, der muss nehmen, was brigbleibt.

= 제때에 오지 않은 사람은 찌꺼기를 먹어야 한다.
(zur rechten Zeit = rechtzeitig: 제때에. übrigbleiben: 남아 있다)

4. Ein blindes Huhn findet auch ein Korn.
   = 눈먼 닭도 곡식을 찾을 때가 있다.
   (blind: 눈먼. das Huhn: 닭. das Korn: 곡식)

5. Wer anderen eine Grube gräbt, fällt selbst hinein.
   = 남을 위해 함정을 파는 사람은 스스로 거기에 빠진다.
   (die Grube: 함정, 구덩이. graben: 무덤 등을 파다)

6. Wie gewonnen, so zerronnen.
   = 쉽게 얻은 것은 쉽게 잃어버린다.
   (gewinnen: 얻다. zerrinnen: 녹다, 용해하다, 녹아 없어지다)

7. Ein sehr reicher Mensch hat Geld wie Heu
   (=wie Sand am Strand): 부자는 짚더미처럼(해변가의 모래알처럼) 많은 돈을 갖고 있다. (das Heu: 짚. der Strand: 해변)

8. Träume sind Schäume.
   = 꿈은 거품이다. (der Traum: 꿈. der Schaum: 거품)

9. Wer nicht hören will, muss fühlen.
   = 말을 듣지 않는 사람은 혼을 나야한다.

10. Wer zuerst kommt, mahlt zuerst.
    = 먼저 온 사람이 임자다. (mahlen: 곡식을 빻다)

11. Wer zuletzt lacht, lacht am besten.
    = 최후의 승자가 참된 승리자.

12. Was ich nicht weiß, macht micht nicht heiß.
    = 모르는게 약이다.

13. Iß, was gar ist, trink, was klar ist, sprich, was wahr ist!
    = 음식은 익은 것을 먹고, 물은 깨끗한 것을 마시며, 말은 진실을 말해라! (gar: 음식이 익은 ↔ roh: 날것의. wahr: 진실의)

14. Wem nicht zu raten ist, dem ist nicht zu helfen.
    = 충고를 듣지 않는 사람은 도움을 받을 수 없다.
    (j-m raten: 누구에게 충고하다)

15. Was dich nicht brennt, das blase nicht.
    = 너와 상관없는 일에 관계하지 말아라.
    (brennen: 태우다, 타다. blasen: 취주악기나 풍선 등을 불다)

16. Was du heute kannst besorgen, das verschiebe nicht auf morgen!
    = 오늘 할 일을 내일까지 미루지 말아라!
    (besorgen: 구입하다, 처리하다. verschieben: 미루다. auf morgen: 내일까지)

제 8 장 동사 + 전치사

1. um

1) Er *wirbt* schon lange *um* diese Frau. (무엇을 얻으려고 애쓰다. 구애하다. 해석: 그는 벌써 오래 전부터 이 여자에게 구애하고 있다)

2) Er muss *um* Geld *betteln*. (구걸하다. 해석: 그는 돈을 구걸해야 한다)

3) Es *handelt sich um* meine Arbeit. (-이 문제이다, 중요하다. 해석: 나의 일이 중요하다)

4) Er *bat* mich *um* ein Gefallen. (-을 청하다. 해석: 그는 나에게 호의를 베풀어달라고 간청했다)

5) Es *geht um* Kleidung und Aussehen. (-이 문제되다, 무엇이 중요하다. die Kleidung: 옷. das Aussehen: 외모. 해석: 옷과 외모가 중요하다)

6) *Kümmern* Sie *sich um* ihn! (-을 돌보다. 해석: 그를 돌보아 주십시오!)

7) Wir *bemühen uns um* ein gutes Betriebsklima. (-을 얻으려고 노력하다. 해석: 우리는 좋은 작업환경을 위해 애쓰고 있다)

8) Er hat *sich um* einen Platz im Heim *beworben*. (무엇을 얻으려고 응모하다. 해석: 그는 기숙사의 자리에 응모했다)

9) Die Sportler müssen hart *um* den Sieg *kämpfen*. (-을 위해 싸우다. 해석: 운동선수들은 승리를 얻기 위해 힘들게 투쟁한다)

10) Ich *sorge* mich *um* die Familie. (-을 근심하다. 해석: 나는 가족을 돌보고 있다)

2. zu

1) Er *zählt(= gehört) zu* den bekanntesten Physikern der Gegenwart. (-에 속하다. 해석: 그는 현대의 가장 유명한 물리학자들 중의 하나다)

2) Die Bahn *trägt zum* Umweltschutz *bei*. (-에 기여하다. 해석: 철도

가 환경보호에 기여한다)

3) Ich *verpflichtete mich zum* Schweigen. (어떤 의무를 갖고 있다. 해석: 나는 침묵할 의무를 갖고 있다)

4) Es *kommt zu* Vorträgen und Diskussionen. (어떤 결과가 되다. 해석: 강연과 토론이 이루어진다)

5) Die Bürger *schließen sich zu* Gruppen *zusammen*. (연합하다. 해석: 시민들이 연합하여 그룹을 만든다)

6) Er *riet* ihm *zur* Vorsicht. (충고하다. die Vorsicht: 조심. 해석. 그는 그에게 조심하라고 충고했다)

7) Seine Bemühungen *führten* schließlich *zum* Erfolg. (어떤 결과를 가지다. die Bemühung: 노력. schließlich: 결국. der Erfolg: 성공. 해석: 그의 노력들은 결국 성공을 가져왔다)

8) Ihr Zeugnis *berechtigt* Sie *zum* Studium an der Universität. (-에게 -할 자격을 주다. das Zeugnis: 증명서, 증서. 해석: 당신의 증명서는 당신에게 대학에서 공부할 자격을 줄 것이다)

9) Was *sagen*(= *meinen*) Sie *zu* diesem Skandal? (무엇에 대해 어떤 의견을 가지다. 해석: 당신은 이 스캔들에 대해 어떻게 생각하십니까?)

10) Tennis ist *zu* einem Volkssport *geworden*. (무엇이 되다. 해석: 테니스는 국민스포츠가 되었다)

11) Man kann niemanden *zu* seinem Glück *zwingen*. (누구에게 무엇을 강요하다. 해석: 아무도 사람들에게 행복을 강요할 수 없다)

12) Kann ich dich *zu* einer Tasse Kaffee *überreden*? (누구에게 무엇을 설득하다. 해석: 내가 너에게 한잔의 커피를 먹으라고 설득해도 좋겠니?)

13) Ich bin noch nicht *zum* Briefschreiben *gekommen*. (무엇을 할 시간을 가지다. 해석: 나는 아직 편지를 쓸 시간이 없었다)

14) Ich habe mich *zu* einem Studium im Ausland *entschlossen*. (무엇을 하기로 결심하다. 해석: 나는 외국에서 공부할 결심을 했다)

3. nach

1) Der Ausländer *sehnt sich nach* seinen alten Freunden. (-을 그리워하다. 해석: 그 외국인이 자신의 오랜 친구들을 그리워하고 있다)

2) Der Beamte hat *sich nach* der Vorschrift *gerichtet*. (-에 따르다. die Vorschrift: 규정. 해석: 그 관리는 규정대로 행동했다)

3) Man *urteilt* manchmal nur *nach* dem Gefühl. (-에 따라 판단하다. manchmal: 가끔. 해석: 사람들은 가끔은 감정대로만 판단한다)

4) Es *sieht nach* Regen *aus*. (무엇처럼 보이다. 해석: 비가 올 것처럼 보인다)

5) Hier *riecht es nach* Fisch. (무슨 냄새가 나다. 해석: 여기서 생선냄새가 난다)

6) Das Fleisch *schmeckt nach* nichts. (무슨 맛이 나다. das Fleisch: 고기. 해석: 그 고기는 아무 맛이 없다)

4. über

1) Sie *diskutieren über* die Möglichkeiten im Beruf. (-에 대하여 토론하다. 해석: 그들은 직업의 가능성들에 대하여 토론하고 있다)

2) Erwachsene *beklagen sich* oft *über* die Jugendlichen. (-에 대하여 불평하다. 해석: 어른들은 자주 청소년들에 대해 불평한다)

3) Was *denken* junge Leute *über* diese Regeln? (-에 대하여 어떤 의견을 가지다. die Regel: 규칙. 해석: 젊은 사람들은 이 규칙에 대하여 어떻게 생각할까요?)

4) Sie *schimpfen über* die Schule. (-에 대해 욕설하다. 해석: 그들은 학교에 대해 욕한다)

5) Man kann *über* die Beitragshöhe frei *entscheiden*. (-에 대하여 결정하다. der Beitrag: 회비, 보험료, 공헌, 기여. 해석: 사람들은 회비에 대하여 자유롭게 결정할 수 있다)

6) Er *verfügt über* ein großes Wissen. (-을 마음대로 처분하다. 해석: 그는 큰 지식을 마음대로 처분하고 있다)

7) Ich *freue mich über* dein Brief. (-에 대해 기뻐하다. 해석: 나는 너의 편지에 대해 기쁘다)

8) *Über* den Rhein ist schon viel *geschrieben* worden. (-에 대하여 쓰다. 해석: 라인강에 대해 벌써 많은 것이 쓰여졌다)

9) Wir *lachen über* die Antwort der Kinder. (-에 대해 웃다, 무엇을 비웃다. 해석: 우리는 어린아이들의 대답을 듣고 웃는다)

10) Der Schüler *denkt* über seine Arbeit *nach*. (-에 대해 숙고하다.
해석: 그 학생이 자신의 일에 대해 심사숙고한다)

11) Alexader der Große *herrschte* über viele Länder. (-을 지배하다.
해석: 알렉산더 대제가 많은 나라들을 다스렸다)

12) Ich *staune* über die Leistung meiens Kollegen. (-에 대해 놀라다.
die Leistung: 업적, 일, 성과. 해석: 나는 내 동료의 업적에 대해 놀라고 있다)

13) *Berichten* Sie bitte über (*von dem*) das Experiment! (-에 대해 보고하다. 해석: 그 실험에 대해 보고하십시오!)

14) *Über* den Preis müssen wir *uns* noch *einigen*. (-에 대해 의견의 일치를 보다. 해석: 가격에 대해 우리는 일치를 보아야 한다)

15) *Erschrecken* Sie nicht über die hohe Rechnung! (-에 놀라다.
die Rechnung: 계산서. 해석: 높은 계산서에 놀라지 마십시오!)

16) Ich möchte Sie *darüber informieren*. (-에 대해 정보를 주다.
해석: 나는 당신에게 그것에 관해 정보를 주고 싶습니다)

17) Bei schlechtem Wetter *klagen* viele Leute *über* Schmerzen.
(-에 대해 호소하다. der Schmerz: 고통. 해석: 날씨가 나쁘면 많은 사람들이 고통을 호소한다)

18) Sie *verhandelten* lange über die Verkaufsbedingungen. (-에 대해 협의하다. die Bedingung: 조건. 해석: 그들은 오랫동안 판매조건에 대해 협의하고 있다)

5. vor

1) Viele Soldaten *fliehen vor* dem Feind. (-앞에서 도망하다. der Soldat: 군인. 해석: 많은 군인들이 적 앞에서 도망가고 있다)

2) Leider konnte man ihn *vor* dem Ertrinken nicht *retten*. (-를 -로부터 구하다. das Ertrinken: 익사. 해석: 유감스럽지만 사람들은 그를 익사직전에서 구조할 수 없었다)

3) Ich *fürchte mich vor* der kommenden Prüfung. (-을 두려워하다. kommend: 앞으로 있을, 미래의. 해석: 나는 앞으로 있을 시험이 무섭다)

4) *Vor* ansteckender Krankheiten muss man *sich schützen(=hüten)*.
(-을 조심하다. anstecken: 전염시키다. 해석: 전염병을 조심해야 합니다)

5) Er hat mich *vor* dem Hund *gewarnt*. (-에게 무엇을 경고하다. der

Hund: 개. 해석: 그는 나에게 개를 조심하라고 경고했다)

6. aus

1) Hoffentlich *entsteht daraus* kein Krieg. (-에서 -이 발생하다. hoffentlich: 바라건데. der Krieg: 전쟁. 해석: 거기에서 전쟁이 일어나지 않기를 바랍니다)
2) Dieser Gegenstand *besteht aus* Gummi. (-으로 구성되다. der Gegenstand: 물질. 해석: 이 물질은 고무로 구성되어 있다)
3) *Aus* dem Brief kann man *entnehmen*, dass sie keine Zeit hat. (-에서 어떤 사실을 추측하다. 해석: 편지에서 우리는 그녀가 시간이 없다는 것을 추측할 수 있다)

7. mit

1) Er ist *mit* vielen politischen Feinden *konfrontiert*. (-에 직면하다. der Feind: 적. 해석: 그는 많은 정치적인 적수들과 직면해 있다)
2) Die Eltern *befassen sich* viel *mit* ihren Kindern. (-에 전념하다. 해석: 부모들은 자식들에게 아주 전념한다)
3) Wir *beschäftigen sich* viel *mit* Deutsch. (-에 전념하다. 해석: 우리는 독일어에 몰두하고 있다)
4) Ich *komme mit* meiner Mutter gut *aus*. (-와 잘 지내다. 해석: 나는 우리 어머니와 잘 지낸다)
5) Sie *versteht sich mit* ihrer Schwiegermutter nicht gut. (-와 잘 지내다. die Schwiegermutter: 시어머니, 장모. 해석: 그녀는 그녀의 시어머니와 잘 지내지 못한다)
6) Ich *spreche mit* ihr über Schulprobleme. (-와 이야기하다. 해석: 나는 그녀와 학교의 문제들에 관해 이야기하고 있다)
7) Die Städte sind *mit* kulturellen Einrichtungen gut *versehen*. (-을 갖추다. die Einrichtung: 시설. 해석: 도시들이 문화적인 시설들을 잘 갖추고 있다)
8) 29 Prozent der Bodenfläche sind *mit* Wald *bedeckt*. (-으로 덮혀있다. der Boden: 바닥. die Fläche: 면적. 해석: 면적의 29퍼센트가 숲으로 덮혀있다)

9) Sie *unterhält sich mit* ihrem Freund über den Umweltschutz. (-와 대화하다. der Umweltschutz: 환경보호. 해석: 그녀는 그녀의 친구와 환경보호에 대해 환담하고 있다)

10) Das *hängt mit* der Angelegenheit *zusammen.* (-와 관계가 있다. die Angelegenheit: 일, 사건. 해석: 그것은 그 사건과 관계있다)

11) Wann *beginnen* Sie *mit* dem Unterricht. (-을 시작하다. der Unterricht: 수업. 해석: 당신은 언제 수업을 시작하려 합니까?)

12) *Mit* wieviel Gästen *rechnen* Sie? (-을 예상하다. rechnen: 계산하다, 셈하다. 해석: 당신은 얼마나 많은 손님들을 예상하십니까?)

13) Das *hat* vielleicht *etwas mit* dem Wetter *zu tun.* (-와 관계가 있다. 해석: 그것은 아마도 날씨와 관계가 있을 것이다)

14) Das Auto ist *mit* der Straßenbahn *zusammengestoßen.* (-와 충돌하다. die Straßenbahn: 전차. 해석: 그 자동차가 전차와 충돌했다)

15) Man kann Brecht nicht *mit* Goethe *vergleichen.* (-을 -과 비교하다. 해석: 사람들은 브레히트를 괴테와 비교할 수 없다)

16) Ich habe gestern *mit* meinem Vater *telefoniert.* (-와 전화하다. 해석: 나는 우리 아버지와 전화를 했다)

8. von

1) Was *halten* junge Leute *von* diesen Regeln? (-에 대해 어떤 의견을 가지다. die Regel: 규칙. 해석: 젊은이들이 이 규칙에 대해 뭐라고 생각할까요?)

2) Man kann *von* der Bundeswehr auch *profitieren.* (-으로부터 이득을 보다. die Bundeswehr: 연방군, 군인. 해석: 사람들은 군대로부터도 이익을 얻을 수 있다)

3) Ich habe ihn *von* der Richtigkeit meiner Auffassung *überzeugt.* (-에 대하여 설득하다. die Richtigkeit: 옳음. die Auffassung: 견해. 해석: 나는 그에게 내 견해가 옳다는 것에 대해 확신시켰다)

4) Er hat *mich von* Sorgen *befreit.* (-를 -로부터 자유롭게 하다. die Sorge: 걱정. 해석: 그는 나의 걱정을 덜어 주었다)

5) Sie *verlangte* 200 Mark *von* ihm. (-에게 -을 요구하다. 해석: 그녀는 그에게 200마르크를 요구했다)

6) Er *fordert von* dem Finanzamt zu viel Geld. (-에게 -을 요구하다. 해석: 그는 재무처로부터 너무 많은 돈을 요구한다)

7) Ich *verabschiede mich* bald *von* den Eltern. (-와 헤어지다. 해석: 나는 곧 부모와 헤어질 것이다)

8) Es *hängt vom* Wetter *ab*, ob das Konzert im Freien stattfindet. (-에 종속되어 있다. das Freie: 야외. stattfinden: 열리다, 개최하다. 해석: 그 콘서트가 야외에서 열릴지 하는 것은 날씨에 달려 있다)

9) *Abgesehen von* einigen sprachlichen Fehlern ist die Arbeit gut. (-을 제외하고. der Fehler: 실수, 잘못. 해석: 몇몇의 언어상의 실수를 제외하면 그 논문은 좋다)

10) Ich *gehe davon aus*, dass Sie die Prüfungbedingungen kennen. (-에서 출발하다. die Bedingung: 조건. 해석: 저는 당신이 시험조건을 알고 있을 것이고 생각한다)

11) *Von* seinem Tod habe ich erst durch die Zeitung *erfahren*. (-에 대해 알다. 해석: 그의 죽음에 대해 나는 신문을 통해서야 비로소 알게 되었다)

12) Sie *erz*ählte ihrem Mann *von*(= *über den*) dem Unfall. (무엇에 대해 이야기하다. der Unfall: 사고. 해석: 그녀는 남편에게 사건에 대해 이야기했다)

13) Der Film *handelt vom* Zweiten Weltkrieg. (-을 다루다. 해석: 그 영화는 2차 세계대전에 대해 다루고 있다)

14) Ich habe lange nichts *von* meinem Bruder *geh*ört. (-에 대해 듣다. 해석: 나는 오랫동안 나의 형에 대해 아무 말도 듣지 못했다)

15) Viele Leute *träumen von* einem großen Lottogewinn. (-을 꿈꾸다. gewinnen: 얻다, 따다, 이기다, der Gewinn: 이윤, 획득. 해석: 많은 사람들이 큰 복권에 당첨되는 것을 꿈꾸고 있다)

16) Sie hat *sich von* ihrem Mann *getrennt*. (-와 헤어지다. 해석: 그녀는 그녀의 남편과 헤어졌다)

17) Im Charakter *unterscheidet* er *sich* stark *von* seinem Bruder. (-과 다르다. stark: 아주, 강한. 해석: 그는 그의 형과 성격이 아주 다르다)

18) Er *versteht*(= *weiß*) nichts *von* Computern. (-에 대해 전혀 모르다. 해석: 그는 컴퓨터에 대해 아무 것도 모른다)

9. auf

1) Man *schätzt* die gegenwärtige Zahl der Bürgerinitiative *auf* 60,000. (-을 -로 추산하다. gegenwärtig: 현재의. die Zahl: 수, 수량. die Bürgerinitiative: 시민연대. 해석: 사람들은 현재의 시민연대의 수를 60,000개로 추산하고 있다)

2) Haben Sie schon *auf* seinen letzten Brief *geantwortet*? (-에 답장하다. 해석: 당신은 벌써 그의 마지막 편지에 답장을 했습니까?)

3) Mein Geburtstag *fällt* immer *auf* einen Sonntag. (-과 일치하다. 해석: 나의 생일은 언제나 일요일에 걸린다)

4) Sein Erfolg *beruht auf* Fleiß und Tüchtigkeit. (-에 근거하다. der Erfolg: 성공. der Fleiß: 근면. die Tüchtigkeit: 유능함. 해석: 그의 성공은 성실과 능력에 근거하고 있다)

5) Der Vater *beharrt auf* seiner Forderung. (-을 고집하다. die Forderung: 요구. 해석: 아버지가 당신의 요구를 고집하고 계신다)

6) Ich *bestehe auf* meinem Recht. (-을 주장하다. das Recht: 권리. 해석: 나는 나의 권리를 주장한다)

7) Die Jugendlichen *hören auf* die Erwachsenen. (-의 말을 따르다. der Erwachsene: 어른. 해석: 청소년들이 어른들의 말을 듣는다)

8) Die Jugend *legt* keinen *Wert auf* Kleidung. (-에 가치를 두다. die Jugend: 청소년. der Wert: 가치. die Kleidung: 옷. 해석: 청소년은 옷에 가치를 부여하지 않는다)

9) Die Menschen *hoffen auf* bessere Zeiten. (-을 희망하다. die Zeit: 시기, 시간. 해석: 사람들은 더 좋은 시기를 희망한다)

10) Ich *passe auf* das Baby gut *auf*. (-를 돌보다. 해석: 나는 그 아이를 잘 돌보고 있다)

11) Die Schüler *bereiten sich auf* die Prüfung *vor*. (-을 준비하다. 해석: 학생들이 시험을 준비하고 있다)

12) Die politischen Parteien *verzichten* nicht *auf* Werbung. (-을

포기하다. die Werbung: 선전. 해석: 정치정당들이 선전을 포기하지 않는다)

13) Ich *beziehe mich auf* Ihren Brief vom 12. 8. (-에 관련되다. 해석: 저는 당신의 12월 8일의 편지와 관련된 사람입니다)

14) Die ältere Frau *konzentriert sich auf* meine Sprachbehinderung. (-에 집중하다. die Behinderung: 방해, 지장. 해석: 그 중년부인이 나의 언어장해에 집중하고 있다)

15) Die Leute *kommen auf* uns *zu*. (-를 향해 가까이 다가가다. 해석: 사람들이 우리 쪽으로 온다)

16) Dieses Medikament *wirkt auf* Nerven. (-에 영향을 미치다. der Nerv: 신경. 해석: 이 약은 신경에 영향을 준다)

17) Ich *warte auf* die Straßenbahn. (-을 기다리다. 해석: 나는 전차를 기다린다)

18) Ich *weise* die Ausländer *auf* diese Punkte *hin*. (-에게 -을 알려 주다. der Ausländer: 외국인. der Punkt: 점, 관점. 해석: 나는 그 외국인에게 이 점들을 알려 준다)

19) Ich kann *mich auf* sie *verlassen*. (-를 믿다. 해석: 나는 그녀를 믿을 수 있다)

20) Die Schüler *freuen sich* schon *auf* die Ferien. (-을 고대하다. 해석: 학생들이 벌써 방학을 고대하고 있다)

21) *Achten* Sie bitte *auf* das Kind! (-에 주의하다. 해석: 이 아이를 주의해 주십시오!)

22) Bei dem Spiel *kommt es auf* den Torwart *an*. (-이 중요하다. das Spiel: 경기, 놀이. der Torwart: 골기퍼. 해석: 경기에서는 골기퍼가 중요하다)

23) Die Touristen haben nicht *auf* die Warnung *reagiert*. (-에 반응을 보이다. der Tourist: 여행객. die Warnung: 경고. 해석: 여행객들이 경고에 반응을 보이지 않았다)

24) Die Theorie *basiert auf* wisenschaftlichen Erkenntnissen. (-에 기초하다. 해석: 그 이론은 학문적인 지식에 기초하고 있다)

25) Autofahrer *schimpfen auf* die Polizei. (-를 욕하다. 해석: 자동차 운전자들은 경찰들을 욕한다)

26) Die Hoteldirektion ist *auf* alle unsere Wünsche *eingeganen.* (-에 동의하다. die Drektion: 방향, 지시, 관리, 감독, 간부, 중역. 해석: 호텔간부가 우리가 바라는 모든 것에 동의했다)

10. an

1) Die Eltern *hängen* sehr *an* ihrer Tochter. (-를 사랑하다, -에 애착을 가지다. 해석: 부모들이 그들의 딸을 아주 사랑하고 있다)

2) Ich *schreibe* einmal in der Woche *an* meine Freundin. (-에게 편지하다. 해석: 나는 일주일에 한번 여자친구에게 편지를 쓴다)

3) Wir *denken* immer *an* unsere schöne Jugendzeit. (-을 생각하다. die Jugend: 청소년. 해석: 우리는 항상 우리의 좋았던 청소년기를 생각하고 있다)

4) Er *zweifelt an* ihrer Treue. (-을 의심하다. die Treue: 충실함. 해석: 그는 그녀의 충실함을 의심하고 있다)

5) Er *starb an* den Folgen eines Unfalls. (-으로 사망하다. die Folge: 결과. der Unfall: 사고. 해석: 그는 교통사고의 결과로 죽었다)

6) Mein Mann *leidet* häufig *an* Zahnschmerzen. (-으로 고생하다. häufig: 자주. der Schmerz: 고통. 해석: 내 남편은 자주 치통으로 고생한다)

7) Mir *liegt (es) viel an* Ihrem Urteil. (-이 중요하다. das Urteil: 판단. 해석: 나에게는 당신의 판단이 중요합니다)

8) Ich habe *an* einem Seminar *teilgenommen*. (-에 참여하다. 해석: 나는 세미나에 참가했다)

9) Ich *erkenne* ihn *an* seiner Stimme. (-를 -을 통해 알아보다. die Stimme: 목소리, 투표. 해석: 나는 그를 목소리를 듣고 알아본다)

10) Ich kann *mich an* meine Jugendzeit gut *erinnern*. (-을 기억하다. 해석: 나는 나의 청소년기를 잘 기억할 수 있다)

11) Sein Plan ist *an* Geldmangel *gescheitert*. (-때문에 실패하다. der Mangel: 부족, 결핍. 해석: 그의 계획은 돈의 부족으로 실패했다)

12) Er *arbeitet* zurzeit *an* seiner Doktorarbeit (-을 하다. zurzeit: 현재. 해석: 그는 현재 그의 박사학위 논문을 쓰고 있다)

13) Dieser Beruf hat *an* Sympathien *eingeb*üßt. (-을 잃다. die Sympathie: 동감, 공감, 동정. 해석: 이 직업은 호감을 잃어버렸다)

14) Ich habe *mich an* das Klima in Deutschland *gew*öhnt. (-에 익숙해지다. das Klima: 기후. 해석: 나는 독일의 기후에 익숙해졌다)

15) Er *glaubt an* den Einfluss deutscher Musik. (-을 믿다. der Einfluss: 영향. 해석: 그는 독일음악의 영향력을 믿는다)

16) *An* diesem Prüfungstermin kann man leider nichts *ändern*. (-을 변경시키다. der Termin: 기한, 기간. 해석: 우리는 유감이지만 이 시험 기간을 변경할 수 없습니다)

17) *An* wem *liegt es*, dass ihr euch immer streitet? (이유가 -에 있다. sich streiten: 싸우다. 해석: 너희들이 항상 서로 싸우는 이유가 누구에게 있니?)

11. für

1) Wir *kämpfen f*ür unsere Freiheit. (-을 위해 싸우다. die Freiheit: 자유. 해석: 우리는 우리의 자유를 위해 투쟁하고 있다)

2) Ich *sorge f*ür die Kinder. (-을 돌보다. 해석: 나는 아이들을 돌보고 있다)

3) Ich *garantiere* Ihnen *f*ür den Wert dieser Sache. (-을 보증하다. 해석: 나는 당신에게 이 물건의 가치를 보증합니다)

4) Der Name *bürgt f*ür die Qualität. (-을 보장하다. die Qualität: 품질. 해석: 그 이름이 품질을 보증한다)

5) Sie *halten* ihre Eltern *f*ür modern. (-을 -라고 간주하다. 해석: 그들은 자신의 부모가 현대적이라고 생각한다)

6) Ich *begeistere mich f*ür R. M. Rilke. (-에 대해 감격하다. 해석: 나는 릴케에 열광하고 있다)

7) Die LP ist *für* 16, 50 DM *erh*ältlich. (-에 살 수 있는. 해석: LP가 스는 16마르크 50페니히를 주고 살 수 있다)

8) Ich *danke* Ihnen *f*ür die Auskunft. (-에 대해 감사하다. die Auskunft = die Information: 정보. 해석: 나는 당신에게 정보를 준 것에 대해 감사하고 있습니다)

9) Die Romantiker *schwärmten für* das Mittelalter. (-을 아주 좋아하다. das Mittelalter: 중세. 해석: 낭만주의자들은 중세에 열광했다)
10) Monika *entschied sich für* das rote Auto. (무엇을 택하기로 결정하다. 해석: 모니카는 빨간색 자동차를 사기로 결정했다)

12. bei

1) Ich *entschuldige mich bei* ihm *für* meine Verspätung. (-에게 -에 대해 사과하다. 해석: 나는 그에게 내가 늦은 것에 대해 사과할 것이다)
2) Ich *erkundige mich beim* Fußgänger *nach* dem Weg. (-에게 -에 대해 문의하다. 해석: 나는 보행객에게 길을 물어 볼 것이다)
3) Die Mädchen *helfen* der Hausfrau *bei* der täglichen Arbeit. (누가 -하는 것을 도와주다. täglich: 일상의, 통상의. 해석: 여자들이 아주머니가 일을 하는 것을 도와준다)
4) Das Kulturministerium *unterstützt* ihn *beim* Studium. (-가 -을 하는 것을 지원하다. 해석: 문화부가 그가 공부하는 것을 지원하고 있다)

13. in

1) Die Philosophie von Marx *bestand in* der Dialektik. (주어의 본질이 -에 있다. die Dialektik: 변증법. 해석: 마르크스 철학의 본질은 변증법에 있다)
2) Er ist *in* Gefangenschaft *geraten*. ((특정한 상황에) 빠지다. die Gefangenschaft: 포로, 체포. 해석: 그는 포로가 되었다)
3) Er hat *sich im* Datum *geirrt*. (-을 혼동하다. das Datum: 날짜. 해석: 그는 날짜를 잘못 알고 있었다)
4) Er *vertiefte sich in* seine Zeitung. (-에 몰두하다. 해석: 그는 신문을 열심히 읽고 있었다)

14. gegen

1) Der Angeklagte *wehrte sich gegen* den Verdacht. (-에 저항하다. der Angeklagte: 피고. der Verdacht: 혐의. 해석: 그 피고는 혐의에 저항했다)
2) Der Arzt *kämpft gegen* die Krankheit. (-에 대항하여 싸우다. 해석: 의사는 병에 대항하여 싸운다)

15. unter

1) Wir *verstehen unter* Freiheit folgendes. (-을 -으로 이해하다. folgend: 다음과 같은. 해석: 우리는 자유를 다음과 같이 이해한다)
2) Viele Menschen *leiden unter* der Hitze. (-에 시달리다. die Hitze: 열기, 열. 해석: 많은 사람들이 열기 때문에 괴로워 하고 있다)

제9장 형용사 + 전치사

1. an

1) Das Leben ist *arm an* Freuden.
   (die Freude: 즐거움. 해석: 인생은 즐거움이 부족하다)
2) Die Gegend ist *reich an* Mineralien.
   (die Gegend: 지역, 주위, 부근. das Mineral: 광물. 해석: 그 지역은 광물이 풍부하다)
3) Er ist *an* Grippe *erkrankt*.
   (die Grippe: 독감. 해석: 그는 감기에 걸려있다)
4) Er ist *an* den Forschungsergebnissen *interessiert*.
   (die Forschung: 연구. das Ergebnis: 결과. 해석: 그는 연구결과에 흥미를 가지고 있다)
5) Er ist *nahe an* achtzig.
   (해석: 그는 80세에 가깝다)

2. bei

1) Er ist *bei* seinen Kollegen sehr *angesehen*.
   (der Kollege: 동료. 해석: 그는 그의 동료들 사이에서 매우 존경받는다)
2) Der Professor ist *bei* seinen Studenten *beliebt*.
   (해석: 그 교수는 학생들 사이에서 인기가 있다)

3. auf

1) Der Fahrer muss *auf* die Verkehrsregeln *aufmerksam* sein.
   (die Regel: 규칙. 해석: 운전자는 교통법규에 주의해야한다)
2) Er ist *auf* seinen Hund *böse*.
   (der Hund: 개. 해석: 그는 그의 개에게 화가 나있다)
3) Er ist *auf* seine Schwester *eifersüchtig*.
   (해석: 그는 그의 누이에게 질투한다)

4) Das Kind ist immer *auf* alles *neugierig*.
   (해석: 아이는 언제나 모든 것에 호기심을 가지고 있다)
5) Er ist sehr *stolz auf* sein gutes Ergebnis.
   (das Ergebnis: 결과. 해석: 그는 그의 좋은 결과에 대하여 매우 자랑스럽게 여긴다)
6) Er ist *auf* den Erfolg seines Kollegen *neidisch*.
   (der Erfolg: 성공. 해석: 그는 그의 동료의 성공에 대하여 질투하고 있다)
7) Ich bin *auf* dich *angewiesen*.
   (해석: 나는 너에게 달려있다)

4. von

1) Ich bin *von* ihrem Gesang *begeistert*.
   (der Gesang: 노래. 해석: 나는 그녀의 노래에 감격하였다)
2) Diese Wiese *ist* im Norden *von* einem Wald *begrenzt*.
   (die Wiese: 풀밭. 해석: 이 풀밭은 북쪽에서 숲과 경계를 이루고 있다)
3) Ich bin *von* der Stadt sehr *enttäuscht*.
   (해석: 나는 그 도시에 매우 실망했다)
4) Ich *habe genug von* ihren ewigen Klagen.
   (ewig: 영원한. die Klage: 불평. 해석: 나는 그녀의 끊임없는 불평에 진저리가 난다)
5) Sie war *müde von* der schweren Arbeit.
   (schwer: 무거운, 힘든. 해석: 그녀는 힘든 일에 지쳤다)
6) Sie ist wirtschaftlich *von* ihrem Mann *unabhängig*.
   (해석: 그녀는 경제적으로 그녀의 남편으로부터 독립해 있다)
7) Der Bus ist *voll von* den Menschen.
   (해석: 버스는 사람들로 만원이었다)
8) Er ist *von* seinen Geschwistern *verschieden*.
   (das Geschwister: 형제자매. 해석: 그는 그의 형제자매와 다르다)
9) Der Forscher ist *von* den neuen Ideen *besessen*.
   (der Forscher: 과학자. 해석: 그 과학자는 새로운 아이디어에 사로잡혀있다)
10) Er ist *frei von* Gewissensbissen.

(der Gewissensbiß: 양심의 가책. 해석: 그는 양심의 가책으로부터 *자유롭다*)

11) Er ist *von* der Richtigkeit seiner Theorie sehr *überzeugt*.

(die Richtigkeit: 옳음. 해석: 그는 그의 이론이 옳다고 *확신한다*)

12) Ich bin *betroffen von(über die)* der Katastrophe.

(j-n betreffen: 누구에게 닥치다. die Katasprophe: 대참사. 해석: 나는 그 대참사에 놀라고 있다)

13) *Von* der Luftverschmutzung bleibt heute kein Europäer *verschont*.

(die Luft: 공기. die Verschmutzung: 오염. 해석: 오늘날 어떤 유럽인도 공기오염으로부터 안전한 것은 아니다)

14) Der Berufstraum ist oft weit *entfernt von* der Realität.

(die Realität: 현실. 해석: 직업에 대한 꿈은 자주 현실과 멀리 떨어져 있다)

5. für

1) Er ist *f*ür seine Unpünktlichkeit *bekannt*.

(unpünktlich: 시간을 지키지 않는. 해석: 그는 시간을 지키지 않는 것으로 *유명하다*)

2) Fleiß ist *bezeichnend f*ür Koreaner.

(해석: 부지런함은 한국인들의 *특성이다*)

3) Der Ausspruch ist *charakteristisch f*ür ihn

(der Ausspruch: 발언, 말. 해석: 그 발언은 그 *사람답다*)

4) Dein Hinweis ist *f*ür mich sehr *nützlich*.

(der Hinweis: 지적. 해석: 너의 지적은 나에게 매우 *유용하다*)

5) Dieser Stoff ist *f*ür den Menschen *schädlich*.

(der Stoff: 물질. 해석: 이 물질은 인간에게 *해롭다*)

6) Das ist *typisch f*ür ihn

(해석: 그것은 그다운 일이다)

7) Er ist *f*ür diese Tätigkeit *geeignet*.

(die Tätigkeit: 행동, 활동. 해석: 그는 이러한 활동에 *적합하다*)

8) Der Richter ist *f*ür diesen Fall *zust*ändig.

(der Richter: 판사. der Fall: 사건. 해석: 그 판사가 이 사건을 *담당하고 있다*)

9) Der Arzt ist *f*ür die Operation *verantwortlich*.

(die Operation: 수술. 해석: 의사가 수술을 *책임진다*)

10) *F*ür uns ist das Fernsehen *notwendig.*

(해석: 우리에게 TV는 필수적이다)

6. mit

1) Er ist *mit* seinen Nachbarn *bekannt.*

(해석: 그는 그의 이웃들을 잘 알고 있다)

2) Ich bin *mit* ihm sehr *böse.*

(해석: 나는 그에게 매우 화가 나있다)

3) Er ist *mit* mir nicht *einverstanden.*

(해석: 그는 나에게 동의하지 않는다)

4) Er ist *mit* dem Kofferpacken *fertig.*

(das Kofferpacken: 트렁크 싸는 것. 해석: 그는 트렁크 싸는 일을 끝냈다)

5) Ich bin *mit* der Frau des Ministers *verwandt.*

(der Minister: 장관. 해석: 나는 장관의 부인과 친척이다)

6) Der Bauer ist *mit* der guten Ernte *zufrieden.*

(der Bauer: 농부. die Ernte: 수확. 해석: 그 농부는 훌륭한 수확에 만족해한다)

7) Wir sind *mit* den Spielregeln *vertraut.*

(die Regel: 규칙. 해석: 우리는 경기규칙을 잘 알고 있다)

7. über

1) Sie war *über* seine Verspätung *ärgerlich.*

(die Verspätung: 지각. 해석: 그녀는 그가 늦은 것에 대해 화가 났다)

2) Sie ist *über* seinen Mißerfolg *bekümmert.*

(der Mißerfolg: 실패. 해석: 그녀는 그의 실패에 대해 슬퍼한다)

3) Er ist *über* die Zurückweisung *beleidigt.*

(die Zurückweisung: 거절. 해석: 그는 거절당한 것에 대하여 모욕감을 느낀다)

5) Das Volk ist *über* die Wirtschaftslage sehr *beunruhigt.*

(die Wirtschaftslage: 경제상황. 해석: 국민은 경제상황에 대하여 매우 불안해한다)

6) Ich war *über* den Mord im Nachbarhaus *entsetzt(= erstaunt = überrascht)*. (der Mord: 살인. das Nachbarhaus: 이웃집. 해석: 나는 이웃집에서 일어난 살인사건에 놀랐다)

7) Ich bin *über* die rasche Genesung sehr *erfreut*.
   (rasch: 빠른. die Genesung: 회복, genesen: 낫다. 해석: 나는 빠른 회복에 매우 기쁘다)

8) Ich bin *froh* *über* die neue Stellung.
   (die Stellung: 일자리. 해석: 나는 새로운 일자리에 대해 기쁘다)

9) Ich bin *über* die billige Wohnung *glücklich*.
   (해석: 나는 값싼 집에 대하여 행복해한다)

10) Man ist *über* den langen Verwaltungsweg *verbittert*.
    (die Verwaltung: 행정. 해석: 사람들은 오래 걸리는 행정경로에 대하여 불쾌해한다)

11) Man ist *über* seine Geschicklichkeit sehr *verwundert*.
    (geschicklich: 능숙한. 해석: 사람들은 그의 능숙한 솜씨에 매우 놀랬다)

12) Er ist sehr *zornig* *über* meine Worte. (*auf* mich)
    (해석: 그는 나의 말에 대해서 (나에 대해서) 매우 화가 나있다)

8. vor

1) Er ist *vor* Schreck *blass* geworden.
   (der Schreck: 두려움, 놀라움. blass: 창백한. 해석: 그는 놀라서 창백해졌다)

2) Sie wurde *vor* Verlegenheit *rot*.
   (die Verlegenheit: 당황. 해석: 그녀는 당황해서 붉어졌다)

9. zu

1) Er war *zu* allem *entschlossen*.
   (해석: 그는 모든 것에 단호했다)

2) Sie war *zu* dieser Tat nicht *fähig*.
   (die Tat: 범죄, 행동. 해석: 그녀는 이러한 범죄를 저지를 능력이 없었다)

3) Sie sind *zur* Abfahrt *fertig*.
   (die Abfahrt: 출발. 해석: 그녀는 떠날 준비가 되어있다)

4) Er ist *zum* Schauspieler vorzüglich *geeignet.*
   (vorzüglich: 아주, 특히. 해석: 그는 특히 배우에 적합하다)
5) Ich bin *bereit zum* Essen.
   (해석: 나는 식사할 준비가 되어 있다)
6) Er ist *verpflichtet zum* Besuch der Berufsshule.
   (해석: 그는 직업학교를 다닐 의무가 있다)
7) Er ist immer *nett(=freundlich) zu* allen Menschen.
   (해석: 그는 항상 모든 사람들에게 친절하다)

10. in

1) Er ist *in* seiner Kleidung *nachl*ä*ssig.*
   (die Kleidung: 옷, 의복. 해석: 그는 그의 옷에 태만하다)
2) Er ist ganz *verliebt in* die Frau seines Freundes.
   (해석: 그는 그의 친구의 아내에게 완전히 사랑에 빠졌다)

11. nach

Er ist *nach* einem schnellen Sportwagen *verr*ü*ckt.*
(해석: 그는 빠른 스포츠카에 미쳐있다)

12. gegenüber

1) Der Großvater ist *gegen*ü*ber* der Jugend *verst*ä*ndnisvoll.*
   (die Jugend: 청소년. 해석: 할아버지는 청소년에 대해 이해심이 많다)
2) Man ist *gegen*ü*ber* berufstätigen Frauen *voreingenommen.*
   (berufstätig: 직장생활을 하는. 해석: 사람들은 직장여성에 대해 편견을 가지고 있다)
3) Neuer Kollege ist *gegen*ü*ber* seinen Mitmenschen *zur*ü*ckhaltend.*
   (해석: 새로운 동료는 그의 이웃에 대해 수줍어한다)

13. gegen

1) Die Kinder sind *grausam gegen* die kleinen Tiere.
   (해석: 아이들은 작은 동물들에 대해 잔인하다)

2) Die Studenten sind *gegen* den Professor *mißtrauisch.*
   (해석: 대학생들은 그 교수를 불신하고 있다)

3) Er konnte furchtbar *rücksichtslos gegen (gegenüber* ihr*)* sie sein. (furchtbar: 무서운, 끔찍한. rücksichtslos: 무자비한. 해석: 그는 그녀에게 무지하게 무자비할 수 있었다)

부 록

독일어 조어

I. 동 사
II. 명 사
III. 형용사와 부사

I. 동 사

1. 전철 be-가 들어 있는 동사(모두 타동사임)

1) 무엇을 갖추다

   das Wasser(물)　　　　　　→　　　bewässern(물을 대다, 관개하다)
   Die Bauern bewässern den trockenen Acker.
   (trocken: 마른. der Acker: 전답, 경작지. 해석: 농부들이 마른 논에 물을 댄다)

   die Decke(천장, 이불)　　　→　　　bedecken(덮다)
   Der Schnee bedeckt die Erde.
   (die Erde: 지구 땅. 해석: 눈이 땅을 덮고 있다)

   die Flagge(기)　　　　　　→　　　beflaggen(기를 달다)
   Die Regierung beflaggt die Regierungsgebäude.
   (die Regierung: 정부. das Gebäude: 건물. 해석: 정부가 정부청사에 기를 단다)

   der Klecks(얼룩)　　　　　→　　　beklecksen(더럽히다)
   Er bekleckst das Tischtuch.(해석: 그는 테이블 보를 더럽힌다)

   die Grenze(한계)　　　　　→　　　begrenzen(제한하다)
   Das Meer begrenzt Italien an drei Seiten. (das Meer: 바다. die Seite: 면, 쪽. 해석: 바다가 삼면에서 이탈리아의 경계를 이루고 있다)

   das Leben(삶)　　　　　　→　　　beleben(활기를 주다)
   Die warme Suppe belebt den armen Bettler.
   (der Bettler: 거지. 해석: 따뜻한 스프가 불쌍한 거지의 생기를 북돋운다)

   der Lohn(임금)　　　　　　→　　　belohnen(보상하다)
   Der Kaufmann belohnt den ehrlichen Finder.(ehrlich: 성실한, 정직

한. der Finder: 발견자, 습득자. 해석: 상인이 정직한 발견자에게 보상한다)

   die Waffe(무기)   →   bewaffnen(무장시키다)
   Die Räuberbande bewaffnet sich mit den Pistolen.
   (die Bande: 한패, 도당. die Pistole: 권총. 해석: 도둑떼가 권총으로 무장하고 있다)

   schenken(선물하다)   →   beschenken(선물하다)
   Die Eltern beschenkt das Kind mit den Spielsachen und den Büchern. (die Sache: 일, 사건. 해석: 부모가 아이에게 장난감과 책을 선물한다)

2) 형용사와 결합하여 "하게 하다"라는 타동사를 만든다.
   ruhig(조용한)   →   beruhigen(진정시키다)
   Die Mutter beruhigt das Kind.(해석: 어머니가 아이를 달랜다)

   feucht(젖은)   →   befeuchten(적시다)
   Der Tau befeuchtete das Gras.
   (der Tau: 이슬. das Gras: 풀. 해석: 이슬이 풀을 적셨다.)

   frei(자유로운)   →   befreien(해방시키다)
   Die Aufrührer befreien die Gefangenen. (der Aufrührer: 모반자, 선동자. der Gefangene: 죄수. 해석: 모반자들이 죄수들을 해방시킨다)

   fähig(능력있는)   →   befähigen(어떤 능력을 주다)
   Seine Kenntnisse befähigen ihn zu dieser Arbeit. (die Kenntnis: 앎, 지식(복). 해석: 그의 지식이 그에게 이런 일을 할 수 있게 할 것이다)

   lustig(즐거운)   →   belustigen(즐겁게 하다)
   Witze belustigen die Leute.
   (der Witz: 위트. 해석: 위트는 사람들을 즐겁게 한다)

schwer(어려운)   →   beschweren(무거운 짐을 지우다)
Die Sorge um meines Vaters Krankheit beschwert mein Herz.
(die Sorge: 걱정. das Herz: 심장. 해석: 나의 아버지의 병에 대한 걱정이 나의 마음을 무겁게 한다)

stark(강한)   →   bestärken(강화하다)
Mein Freund bestärkt mich in meiner Meinung.
(해석: 나의 친구가 나의 의견을 뒷바침 해주고 있다)

3) "동사 + 전치사"에 대한 대용
treten   →   betreten(어디에 들어가다)
Der Gast tritt in das Zimmer
= Der Gast betritt das Zimmer.(해석: 손님이 방으로 들어간다)

weinen   →   beweinen(누구를 애도하다)
Er weint um den Verlust seiner Mutter
= Er beweint den Verlust seiner Mutter.
(der Verlust: 손실. weinen: 울다. 해석: 그는 어머니의 죽음을 애도하고 있다)

achten   →   beachten(무엇에 주의하다)
Wir achten auf die Zeichen des Verkehrspolizisten.
= Wir beachten die Zeichen des Verkehrspolizisten.
(das Zeichen: 신호, 기호. 해석: 우리는 교통경찰의 신호에 주의한다)

schreiben   →   beschreiben(무엇을 묘사하다)
Er schreibt über die Landschaft seiner Heimat.
= Er beschreibt die Landschaft seiner Heimat.
(die Landschaft: 경치. die Heimat: 고향. 해석: 그는 고향의 경치를 묘사한다)

bauen → bebauen(-에 건물을 짓다, 경작하다)

Die Stadt baut viele Häuser auf die freien Grundstücke.

= Die Stadt bebaut die freien Grundstücke mit vielen Häusern.

(das Grundstück: 토지, 집터. 해석: 그 도시는 공휴지에 많은 건물을 짓는다)

drucken → bedrucken(인쇄하다)

Die Färberei druckt bunte Blumen auf die Seide.

= Die Färberei bedruckt die Seide mit buten Blumen.

(die Farbe: 색. die Färberei: 염색공장. bunt: 알록달록한. die Blume: 꽃. die Seide: 비단. 해석: 염색공장은 비단에 여러 색깔의 꽃을 인쇄한다)

gießen → begießen(무엇에 물을 주다)

Der Gärtner gießt Wasser auf die Blumen.

= Der Gärtner begießt die Blumen.

(der Gärtner: 정원사. 해석: 정원사가 꽃들에 물을 주고 있다)

schlagen → beschlagen(편자를 박다)

Der Schmied schlägt ein Hufeisen unter den Huf des Pferdes.

= Der Schmied beschlägt den Huf des Pferdes.(der Schmied: 대장장이. das Hufeisen: 편자. der Huf: 발굽. 해석: 대장장이가 말굽에 편자를 박는다)

kämpfen → bekämpfen(무엇에 대항하여 싸우다)

Die moderne Medizin kämpfte gegen die Tuberkulose mit den verschiedensten Mitteln.

= Die moderne Medizin bekämpfte die Tuberkulose mit den verschiedensten Mitteln. (die Tuberkulose: 결핵. verschieden: 다양한, 서로 다른. das Mittel: 수단, 약. 해석: 현대의학은 다양한 방법으로 결핵과 싸웠다)

herrschen → beherrschen(다스리다)
Jahrehundertlang herrschten die Römer über das ganze Mittelmeer.
= Jahrehundertlang beherrschten die Römer das ganze Mittelmeer. (das Mittelmeer: 지중해. 해석: 수 백년 동안 로마인들이 전 지중해를 지배했다)

siegen → besiegen(이기다)
Der junge Boxer hat über alle seine Gegner gesiegt.
= Der junge Boxer hat alle seine Gegner besiegt.
(der Gegner: 적수. 해석: 그 젊은 복서가 그의 적수를 이겼다.)

zweifeln → bezweifeln(의심하다)
Ich zweifle an der Richtigikeit seiner These.
= Ich bezweifle die Richtigikeit seiner These.
(die Richtigkeit: 옳음. die These: 테제. 해석: 나는 그의 테제를 의심하고 있다)

예외: bedürfen(2격지배: 무엇을 필요로 하다)과 begegnen(3격지배: 누구를 만나다)
Das bedarf keiner Erklärung.
(die Erklärung: 설명, 해명. 해석: 그것은 전혀 설명이 필요하지 않다)
Wir werden diesem Ausdruck in dem Roman noch oft begegnen.
(der Ausdruck: 표현. 해석: 우리는 이런 표현을 그 소설에서 자주 만나게 될 것이다)

2. 전철 ent-를 가진 동사

1) 박탈이나 제거의 의미를 지닌다
das Wasser(물) → entwässern(물을 빼다)
Der Arzt entwässert den Körper des Patienten.
(der Patient: 환자. 해석: 의사가 환자의 몸에서 물을 뺀다)

das Kleid(옷) → entkleiden(옷을 벗기다)
Die Krankenschwester entkleidet den Kranken.(해석: 간호사가 환자의 옷을 벗긴다)

der Kern(씨) → entkernen(씨를 빼다)
Er entkernt die Kirsche.(die Kirsche: 버찌. 해석: 그는 버찌의 씨를 뺀다)

das Laub(나뭇잎) → entlauben(나뭇잎을 떨어뜨리다)
Der Herbstwind entlaubt die Bäume.(der Wind: 바람. der Baum: 나무. 해석: 가을바람이 나무들의 잎을 떨어뜨린다)

die Last(짐) → entlasten(짐을 덜다)
Die gute Nachricht entlastet mein Herz.
(die Nachricht: 소식, 뉴스. 해석: 좋은 소식이 나의 마음의 짐을 덜어준다)

das Haupt(머리) → enthaupten(머리를 베다)
Der Henker enthauptet den Mörder.
(der Henker: 형리. der Mörder: 살인자. 해석: 사형집행인이 살인자의 목을 벤다)

die Hülle(껍질) → enthüllen(껍질을 벗기다)
Man enthüllt das Denkmal.
(das Denkmal: 기념비. 해석: 사람들이 그 기념물의 덮개를 벗긴다)

der Mut(용기) → entmutigen(용기를 빼앗다)
Die schwere Arbeit entmutigt mich.(해석: 힘든 일이 나의 용기를 빼앗는다)

vergiften(오염시키다) → entgiften(정화하다)
Das Wasser wird durch Chemikalien entgiftet.

(die Chemikalien: 화학제품(복). 해석: 그 물은 화학약품에 의해 정화될 것이다)

färben(염색하다) → entfärben(탈색하다)
In der Reinigungsanstalt werden auch Kleidungsstücke entfärbt.
(die Reinigung: 청결. die Anstalt: 시설, 설비. 해석: 세탁소에서 옷들이 탈색되기도 한다)

versiegeln(봉인하다) → entsiegeln(편지를 개봉하다)
Der Notar entsiegelte den Brief.
(der Notar: 공증인. 해석: 공증인이 편지를 개봉한다)

spannen(긴장시키다) → entspannen(긴장을 풀다)
Durch die letzten Ereignisse ist die Lage entspannt.
(das Ereignis: 일, 사건. die Lage: 상태, 상황. 해석: 최근의 사건으로 상황의 긴장이 완화되어 있다)

bewaffnen(무장시키다) → entwaffnen(무장을 해제하다)
Die Soldaten wurden entwaffnet. (der Soldat: 군인. 해석: 군인들이 무장해제 되었다)

sichern(안전 장치하다) → entsichern(안전장치를 풀다)
Der Sportschütze entsicherte seine Pistole.
(der Schütze: 사수. 해석: 사격선수가 그의 권총의 안전장치를 풀었다)

2) "떨어져서 멀리 가버리다"라는 의미를 지닌다
fliehen(도망가다) → entfliehen(무엇으로부터 도망가다)
Man entflieht der Gefahr.
(die Gefahr: 위험. 해석: 사람들이 위험으로부터 벗어난다)

laufen(뛰어가다) → entlaufen(무엇으로부터 달아나다)
Der Hund entläuft seinem Herrn.(해석: 개가 주인에게서 달아난다)

fliegen(날아가다) → entfliegen(어디에서 날아 도망가다)
Der Vogel entfliegt aus dem offenen Käfig. (der Vogel: 새. der Käfig: 새장, 우리. 해석: 새가 열려진 새장에서 도망간다)

gleiten(미끄러지다) → entgleiten(미끄러져 떨어지다)
Das Buch entgleitet meinen Händen.(해석: 책이 나에게서 미끌어진다)

kommen(오다) → entkommen(무엇으로부터 달아나다)
Der Dieb entkommt den Verfolgern.
(der Dieb: 도둑. der Verfolger: 추격자. 해석: 도둑이 추격자들로부터 달아난다.)

stehen(서있다) → entstehen(발생하다)
Der Brand entstand am Abend. (der Brand: 화재. 해석: 화재는 밤에 일어났다)

springen(뛰어오르다) → entspringen(발원하다)
Die Quelle des Flusses entspringt oben dem Berggipfel.
(die Quelle: 기원. der Gipfel: 정상, 나무의 우듬지. 해석: 그 강의 기원은 위에 있는 산의 정상에서 발원한다)

3. 전철 er-가 들어있는 동사

1) 전철 be처럼 타동사를 만든다
heiß(뜨거운) → erhitzen(가열하다)
Die Köchin erhitzt die Milch.(해석: 요리사가 우유를 덥힌다)

weich(부드러운) → erweichen(부드럽게 하다)
Die Bitten des Kindes erweichten das Herz der Mutter.
(die Bitte: 청, 간청. weich: 무른. 해석: 자식의 간청이 어머니의 마음을 녹였다)

kalt(추운) → sich erkälten(감기 걸리다)

Bei dem nassen Wetter erkältete er sich. (nass: 축축한 ↔ trocken: 마른. 해석: 축축한 날씨 때문에 그는 감기 걸렸다)

warm(따뜻한) → erwärmen(따뜻하게 하다)

Der Ofen erwärmt sich.(der Ofen: 난로, 오븐. 해석: 난로가 가열된다)

2) 다른 분리동사의 대용

auswählen → erwählen(선택하다)

Das Volk erwählte einen Präsidenten.(das Volk: 민족, 국민. der Präsident: 대통령. 해석: 국민이 대통령을 선출했다)

aufbauen → erbauen(건설하다)

Die Maurer erbauen ein Haus.
(die Mauer: 담. der Maurer: 미장이. 해석: 벽돌공들이 집을 짓는다)

aufrichten → errichten(세우다)

Der Turm wurde in vier Wochen errichtet.
(der Turm: 탑. 해석: 그 탑은 4주만에 세워졌다)

ausschöpfen → erschöpfen(소진시키다)

Der Sport erschöpft seine Kräfte.
(die Kraft: 힘. 해석: 그 운동이 그의 힘을 소진시킨다)

3) 자동사로서 "...하게 되다"라는 의미

bleich(창백한) → erbleichen(창백하게 되다)

Er erbleichte, als er die Gefahr erkannte.
(die Gefahr: 위험. erkennen: 인식하다. 해석: 그 위험을 인식했을 때, 그는 얼굴이 창백하게 되었다)

rot(붉은) → erröten(붉어지다)

Das Kind errötete, weil es log.

(lügen: 속이다: log - geleogen. 해석: 속였기 때문에 그 소년은 얼굴이 붉어졌다)

blind(눈먼) → erblinden(눈이 멀다)
Der arme Mann erblindete im Alter.
(das Alter: 나이, 노년. 해석: 그 불쌍한 사람은 나이가 들어 눈이 멀었다)

müde(피곤한) → ermüden(피곤하게 되다)
matt(힘빠진) → ermatten(혼미해지다)
Der Wanderer ermüdete und ermattete beim Bergsteigen.
(der Wanderer: 방랑객. bergsteigen: 산에 오르다. 해석: 그 방랑객은 산을 오르느라 피곤해서 축 늘어지게 되었다)

lahm(마비된) → erlahmen(마비되다)
Die Muskeln des Läufers erlahmte.(die Muskel: 근, 근육. der Läufer: 주자. 해석: 달리기 선수의 근육이 마비되었다)

krank(아픈) → erkranken(아프게 되다)
Er ist an Grippe erkrankt.(die Grippe: 독감. 해석: 그는 독감에 걸렸다)

4) 끝까지 ...을 하다
steigen → ersteigen(어디에 오르다)
Wir ersteigen den Berg.(der Berg: 산. 해석: 우리는 그 산에 오를 것이다)

kämpfen → erkämpfen(쟁취하다)
Er erkämpft eine bessere Stellung.
(die Stellung: 일자리, 입장. 해석: 그는 더 좋은 자리를 쟁취할 것이다)

stürmen → erstürmen(정복하다)

Die Zuschauer erstürmten die Bühne.(der Zuschauer: 시청자 ↔ der Zuhörer: 청취자. 해석: 관람객들이 무대위로 물밀듯이 올라왔다)

5) 죽을 때까지 …하다

schießen(쏘다)   →   erschießen(총을 쏘아 죽이다)
Der Mörder erschießt den Wanderer.(der Mörder: 살인자. der Wanderer: 방랑객. 해석: 살인자가 방랑객을 총을 쏘아 죽인다)

schlagen(때리다)   →   erschlagen(때려 죽이다)
Der stürzende Baum erschlug den Baumfäller.(stürzen: 넘어지다. der Baumfäller: 벌목장이. fällen: 넘어뜨리다. 해석: 넘어지는 나무가 벌목장이를 죽였다)

würgen(조르다)   →   erwürgen(목졸라 죽이다)
Er hat ihn mit bloßen Händen erwürgt.
(bloß: 무장하지 않은, 맨손의, 나체의. 해석: 그는 그를 맨손으로 목졸라 죽였다)

stechen(찌르다)   →   erstechen(찔러 죽이다)
Der Tote war erstochen worden.
(tot: 죽은. 해석: 피살자는 칼로 찔려 죽었다)

6) "…하기 시작하다"라는 의미

tönen(울리다)   →   ertönen(울리기 시작하다)
Die Glocken ertönen.(die Glocke: 종. 해석: 종들이 울리기 시작한다)

glühen(작열하다)   →   erglühen(작열하기 시작하다)
Der Horizont erglüht.
(der Horizont: 지평선. 해석: 지평선이 작열하기 시작한다)

4. 전철 ver-

1) 무엇을 갖추다, 구비하다

das Gold(금) → vergolden(도금하다)

Der Goldschmied vergoldet den silbernen Ring.(der Schmied: 대장장이. silbern: 은으로 된. der Ring: 반지. 금세공이 은가락지에 금도금을 한다.)

der Siegel(봉인) → versiegeln(봉인하다)

Er versiegelt den Brief.(해석: 그는 편지를 봉인한다)

das Glas(유리) → verglasen(유리를 달다)

Der Glaser verglast die Veranda.
(해석: 유리세공업자가 베란다에 유리를 단다)

2) 무엇이 되다, 되게 하다

die Kohle(석탄) → verkohlen(석탄이 되다, 되게 하다)

Die Balken verkohlten im Feuer.
(der Balken: 들보. das Feuer: 불, 담뱃불. 해석: 대들보가 불로 숯덩이가 되었다)

Die Flammen verkohlten die Balken.
(die Flamme: 불꽃, 화염. 해석: 화재가 들보를 숯더미로 만들었다)

der Krüppel(장애자) → verkrüppeln(불구가 되다, 되게 하다)

Der Arbeiter verkrüppelte.(해석: 그 노동자는 불구가 되었다)

Der Krieg hat ihn verkrüppelt.(해석: 전쟁이 그를 불구로 만들었다)

das Eis(얼음) → vereisen(얼다)

Der Schnee auf der Straße vereiste.
(der Schnee: 눈. 해석: 거리의 눈이 얼었다)

das Gas(가스) → vergasen(기화하다)
In der Gasanstalt wird die Kohle vergast.
(die Anstalt: 시설. die Kohle: 석탄. 해석: 가스공장에서 석탄이 가스로 된다)

dunkel(어두운) → verdunkeln(어둡게 하다)
Die schwarzen Wolken verdunkeln die Landschaft.
(die Wolke: 구름. die Landschaft: 경치. 해석: 검은 구름들이 경치를 어둡게 한다)

dünn(묽은) → verdünnen(묽게 하다)
Das Wasser verdünnt den Tee.(해석: 물이 차를 묽게 한다)

stark(강한) → verstärken(강화하다)
Der Lautsprecher verstärkt den Ton.
(der Lautsprecher: 스피커. der Ton: 음. 해석: 스피커가 소리를 높인다)

größer(더 큰) → vergrößern(확대하다)
Die Stadt vergrößerte sich.(해석: 도시가 커졌다)
geringer(더 적은) → vergeringern(감소시키다)
Die Inflation vergeringerte sein Kapital.(die Inflation: 인플레이션. das Kapital: 자본. 해석: 인플레이션이 그의 재산을 감소시켰다)

schlimmer(더 나쁜) → verschlimmern(악화시키다)
Sein Herzleiden verschlimmerte sich.
(das Leiden: 고통. 해석: 그의 심장병이 악화되었다)

mehr(더 많은) → vermehren(많게 하다)
Der Besitz des fleißigen Bauern vermehrte sich.
(der Besitz: 재산. 해석: 그 성실한 농부의 재산이 증가되었다)

wüst(황폐한) → verwüsten(황폐하게 하다)
öde(황량한) → veröden(황량하게 하다)
Das furchtbare Unwetter verwüstete und verödete das Land.
(furchtbar: 무시무시한. das Unwetter: 악천후, 사나운 날씨. 해석: 굉장한 악천후가 그 나라를 황폐화시키고 초토화시켰다)

4) 멀리 ... 하다
schicken(보내다) → verschicken(멀리 보내다)
Der Kaufmann verschickt Warenproben.
(die Warenprobe: 견본품. 해석: 상인이 견본품을 보낸다)

jagen(사냥하다) → verjagen(쫓아버리다)
Er verjagt den Hund.(해석: 그가 개를 쫓아 버린다)

drängen(밀다) → verdrängen(몰아내다)
Der Kaufmann verdrängte den Konkurrenten.
(der Konkurrent: 경쟁자. 해석: 상인이 경쟁자들을 몰아냈다)

treiben(몰다) → vertreiben(추방하다)
Die Katze vertreibt die Mäuse.
(die Katze: 고양이. die Maus: 생쥐. 해석: 고양이가 생쥐들을 쫓아버린다)

5) 죽을 때까지, 혹은 끝까지 ... 하다
das Blut(피) → verbluten(피흘려 죽다)
Der Verwundete verblutete.
(verwundet: 상처입은. 해석: 그 부상자는 피흘려 죽었다)

hungern(굶주리다) → verhungern(굶주려 죽다)
Der Bettler verhungerte.(der Bettler: 거지. 해석: 그 거지는 굶어 죽었다)

blühen(꽃이 피다) → verblühen(꽃이 시들다)
trocknen(마르다) → vertrocknen(말라 죽다)
Die Blumen verblühen und vertrocknen.
(die Blume: 꽃. 해석: 그 꽃들이 시들어서 말라 죽는다)
brauchen(필요하다) → verbrauchen(다 써버리다)
Er verbrauchte sein ganzes Geld.(해석: 그는 그의 돈 전부를 써버렸다)

6) 앞에 무엇을 놓다
die Sperre(차단물, 빗장) → versperren(폐쇄하다)
Die Schranke versperrt den Weg.
(die Schranke: 차단목, 횡목. 해석: 차단기가 그 길을 막고 있다.)

stecken(꽂다) → verstecken(숨기다)
Er versteckte sein Geld, als die fremden Gäste kamen.
(fremd: 낯선. 해석: 낯선 손님들이 왔을 때, 그는 돈을 숨겼다)

7) 부정적인 의미를 지닌다
erziehen(교육시키다) → verziehen(교육을 잘못시키다, 비틀다)
Die Mutter hat ihr Kind verzogen.(어머니가 자식의 교육을 잘못 시켰다)
wachsen(성장하다) → verwachsen(잘못 자라다)
Das unglückliche Kind ist verwachsen.(그 불행한 아이는 잘못 자랐다)

rechnen(계산하다) → sich verrechnen(잘못 계산하다)
Der Kassierer verrechnete sich.(der Kassierer: 수납원. 해석: 그 수납원은 잘못 계산하였다)
sprechen(말하다) → sich versprechen(실언하다)
Er versprach sich versehentlich.
(versehentlich: 실수로. 해석: 그는 실수로 실언했다)

sehen(보다) → sich versehen(실수하다, 잘못보다)
Ich habe mich versehen.(해석: 나는 실수했다)

schreiben(쓰다) → sich verschreiben(잘못 쓰다)
Der Schüler hat sich verschrieben.(해석: 그 학생은 잘못 썼다)

hören(듣다) → sich verhören(잘못 듣다)
Sie müssen sich bei dem Preis verhört haben.
(der Preis: 가격. 해석: 그들은 가격을 잘못 들었음에 틀림없다)

zählen(세다) → sich verzählen(잘못 세다)
Du hast dich verzählt.(해석: 너는 잘못 셌다)

irren(헤매다) → sich verirren(길을 잃다)
Wir haben uns im Wald verirrt.(해석: 우리는 숲에서 길을 잃었다)

laufen(뛰다) → sich verlaufen(길을 잃다)
Der Wanderer hat sich im Wald verlaufen.
(der Wald: 숲. 해석: 그 방랑객은 숲에서 길을 잃었다)

5. 전철 zer-: 조각으로 나누다, 나누어지다

teilen(나누다) → zerteilen(여러 조각으로 나누다)
Er zerteilte den Apfel.(해석: 그는 사과를 몇 조각으로 나누었다)

fallen(떨어지다) → zerfallen(떨어져 부서지다)
Das Buch zerfällt in drei Teilen.
(der Teil: 부분. 해석: 책이 떨어져서 세 조각으로 나누어진다)

der Fetzen(찢어진 조각) → zerfetzen(갈기갈기 찢다)
Der Hund hat die Zeitung völlig zerfetzt.
(völlig: 완전히. 개가 신문지를 완전히 갈기갈기 찢었다.)

der Splitter(파편) → zersplittern(산산조각이 나다)
Die Fensterscheibe ist zersplittert.
(die Scheibe: 유리창. 해석: 유리창이 산산조각이 났다)
die Trümmer(파편, 잔해) → zertrümmern(파괴하다, 분쇄하다)
Der starke Wind hat die Fensterscheibe zertrümmert.
(stark: 강한. 해석: 강한 바람이 유리창을 깨뜨렸다)

der Brocken(파편, 조각) → zerbröckeln(산산조각이 나다)
Das Reich zerbröckelte.(das Reich: 제국. 해석: 제국은 산산조각이 났다)

das Stück(조각, 파편) → zerstückeln(조각내다)
Die Köchin zerstückelte das Fleisch.
(das Fleisch: 고기. 해석: 요리사가 고기를 여러 조각으로 나누었다)

fließen(흐르다) → zerfließen(퍼지다, 녹다)
Die Farbe ist zerflossen.(die Farbe: 색. 해석: 색깔이 번졌다)

schlagen(때리다) → zerschlagen(때려 부수다)
Der Einbrecher zerschlug das Fenster.
(der Einbrecher: 가택침입자. 해석: 침입자가 창문을 때려 부쉈다)

stampfen(발을 구르다) → zerstampfen(밟아 으깨다)
Der Elefant zerstampfte das Maisfeld.(der Elefant: 코끼리. das Maisfeld: 옥수수밭. 해석: 코끼리가 옥수수밭을 밟아 으꼈다)

legen(놓다) → zerlegen(분해하다)
Der Junge zerlegte das Fahrrad.(해석: 그 소년이 자전거를 분해했다)

schneiden(자르다) → zerschneiden(작게 자르다)
Die Schneiderin zerschneidet den Stoff.(der Schneider: 재단사, 양복장이. der Stoff: 물질, 헝겊, 원단. 해석: 재단사가 원단을 자른다)
springen(튀어 오르다) → zerspringen(산산조각이 되다)
Das Glas zerspringt im heißen Wasser.
(해석: 유리잔이 뜨거운 물 속에서 산산조각이 되었다)

treten(밟다) → zertreten(밟아 으깨다)
Der Wanderer zertrat die Blume.
(der Wanderer: 방랑객. die Blume: 꽃. 해석: 그 방랑객은 그 꽃을 밟아 으깼다)

reiben(문지르다) → zerreiben(갈아 부수다)
Der Apotheker zerreibt den Zucker.
(der Apotheker: 약제사. der Zucker: 설탕. 해석: 약제사가 설탕을 간다)

6. 어미 -eln: "약간 ... 을 느끼다, 하다"라는 의미를 지닌다

1) 명사

der Frost(추위) → frösteln(오싹 해지다)
Der Kranke fröstelte.(해석: 환자는 오싹 해졌다)

die Nase(코) → näseln(비음을 말하다)
Er näselt.(해석: 그는 약간 비음을 낸다)

der Tropfen(방울) → tröpfeln(방울져 떨어지다)
Der Regen tröpfelt von den Blättern.
(das Blatt: 나뭇잎, 신문. 해석: 빗방울이 나뭇잎으로부터 떨어진다)

die Zunge(혀) → züngeln(혀를 날름거리다)
Die Flammen züngeln.(die Blume: 불꽃. 해석: 불꽃이 혀를 날름거리고 있다)

der Witz(위트) → witzeln(익살 부리다)
Er witzelte über die Leute, die vorbeigingen.
(vorbeigehen: 지나가다. 해석: 그는 지나가는 사람들을 조롱하였다)

2) 형용사
kraus(곱슬곱슬한) → kräuseln(잔물결을 일게 하다)
Der Wind kräuselte die Wellen.
(die Welle: 물결, 파도. 해석: 바람이 물결을 일게 했다)

fromm(경건한) → frömmeln(경건한 체하다)
Er frömmelte.(해석: 그는 경건한 체하였다)

krank(아픈) → kränkeln(허약하다)
Er kränkelt immer.(해석: 그는 항상 허약하다)

3) 동사
streichen(쓰다듬다, 칠하다) → streicheln(쓰다듬다)
Die Mutter streichelt das Kind.(해석: 어머니가 아이를 쓰다듬는다)

lachen(웃다) → lächeln(미소짓다)
Wir lächelten.(해석: 우리는 미소지었다)

spotten(조롱하다) → spötteln(슬쩍 비꼬다)
Er spöttelt über den neuen Film.(해석: 그는 그 새 영화를 슬쩍 비꼰다)

tanzen(춤추다) → tänzeln(춤추듯 가볍게 뛰어가다)
Ein Pferd tänzelt.(해석: 말 한 마리가 춤추듯 가볍게 뛰어간다)

sausen(쏴쏴 소리내다) → säuseln(살랑거리다)
Ein schwacher Wind säuselt in den Blättern.
(das Blatt: 나뭇잎, 신문. 해석: 약한 바람이 나뭇잎사이에서 살랑거린다)

klingen(울리다, 소리나다) → klingeln(벨이 울리다, 벨을 울리다)
Die Türglocke klingelt.(die Glocke: 종. 해석: 초인종이 울린다)
husten(기침하다) → hüsteln(잔기침을 하다)
Er hüstelte, als er in die Tür trat.(해석: 그는 문 안으로 들어오면서 잔기침을 하였다)

II. 명 사

1. 모든 동사의 원형은 명사를 만들 수 있다. 이 때 첫 글자를 대문자로 쓰며 모두가 중성명사가 된다.

essen(식사하다) → das Essen(식사)
fernsehen(TV를 보다) → das Fernsehen(TV 수상기)
leben(살다) → das Leben(삶)
vertrauen(믿다) → das Vertrauen(믿음)

2. 동사의 어간으로 추상명사를 만들 수 있다. 어간이 약간 변할 수도 있으며 모두 남성명사이다

anrufen(전화하다) → der Anruf(전화)
anfangen(시작하다) → der Anfang(시작)
beginnen(시작하다) → der Beginn(시작)
besuchen(방문하다) → der Besuch(방문)
danken(고마워하다) → der Dank(고마움)
fliegen(날아가다) → der Flug(비행)
scheinen(빛나다) → der Schein(빛, 증명서)
schließen(마치다) → der Schluss(종결)
tanzen(춤추다) → der Tanz(춤)
unterrichten(가르치다) → der Unterricht(수업)
verstehen(이해하다) → der Verstand(이해)

3. 어간 + t: 추상명사로 어간이 변할 수도 있으며 모두 여성명사이다

fahren(차를 타고 가다) → die Fahrt(주행, 여행)
ankommen(도착하다) → die Ankunft(도착)
antworten(대답하다) → die Antwort(대답)
arbeiten(일하다) → die Arbeit(일, 논문)
schreiben(쓰다) → die Schrift(글씨)
sehen(보다) → die Sicht(시력)

4. 어미 -er, -ler, -ner를 가진 명사: 어떤 행위를 하는 사람을 의미하며, 남성명사이며 -in이 결합하여 여성 명사가 된다.

1) 동사의 어간 + er

dienen(봉사하다, 시중들다) → der Diener(하인, 종, 고용인)
malen(그림을 그리다) → der Maler(화가)
schneiden(자르다) → der Schneider(재단사)
rauben(훔치다) → der Räuber(도둑)
morden(암살하다) → der Mörder(암살자)
kaufen(사다) → der Käufer(구매자)
jagen(사냥하다) → der Jäger(사냥꾼)
rauchen(담배피우다) → der Raucher(흡연자)
singen(노래부르다) → der Singer(가수)
mauern(벽을 쌓다) → der Maurer(미장이)
schließen(문을 닫다) → der Schlosser(열쇠공)
bauen(건물을 짓다) → der Bauer(건축가)
backen(빵을 굽다) → der Bäcker(빵 제조업자)
handeln(장사하다) → der Händler(상인)
drucken(인쇄하다) → der Drucker(인쇄업자)
verkaufen(물건을 팔다) → der Verkäufer(판매원)
kassieren(수금하다) → der Kassierer(수금원)
packen(짐을 싸다) → der Packer(포장업자)
hören(듣다) → der Hörer(수화기)

arbeiten(일하다) → der Arbeiter(노동자)
lehren(가르치다) → der Lehrer(선생)
spielen(경기하다) → der Spieler(선수)
verraten(배반하다) → der Verräter(배반자)

2) 명사 + er, ler, ner
das Fleisch(고기) → der Fleischer(도축업자)
der Fisch(생선) → der Fischer(어부)
die Schule(학교) → der Schüler(학생)
die Kunst(예술) → der Künstler(예술가)
die Rede(연설) → der Redner(연설가)
die Lüge(거짓말) → der Lügner(거짓말장이)
der Tisch(책상) → der Tischler(가구공)
der Garten(정원) → der Gärtner(정원사)
die Pforte(입구) → der Pförtner(수위)

5. 어미 -e를 가진 명사: 척도나 치수 등을 나타내는 형용사나 동사의 어간에서 추상명사를 만들며, 국민명에도 붙는다.

1) 형용사 + e
groß(큰) → die Größe(치수, 크기)
breit(넓은) → die Breite(넓이, 폭)
lange(긴) → die Länge(길이)
nah(가까운) → die Nähe(인접, 가까움)
warm(따뜻한) → die Wärme(온기)
kalt(차가운) → die Kälte(추위)
hart(단단한) → die Härte(단단함)
treu(충실한) → die Treue(충실함)

2) 동사의 어간 + e
bitten(간청하다) → die Bitte(간청)
lehren(가르치다) → die Lehre(교수)
sorgen(걱정하다) → die Sorge(걱정)
pflegen(돌보다) → die Pflege(양육)

liegen(놓여 있다) → die Lage(위치, 상태)
lügen(거짓말하다) → die Lüge(거짓말)
reisen(여행하다) → die Reise(여행)
anzeigen(고발, 광고하다) → die Anzeige(고발, 광고)
aufnehmen(수용, 녹음하다) → die Aufnahme(수용, 녹음)
aussagen(진술하다) → die Aussage(진술)
fragen(물어보다) → die Frage(질문)
helfen(도와주다) → die Hilfe(도움)
lieben(사랑하다) → die Liebe(사랑)
ruhen(쉬다) → die Ruhe(휴식)
sprechen(말하다) → die Sprache(언어)

3) 국민명

die Türkei → der Türke(die Türkin)
das China → der Chinese(die Chinesin)
das Russland → der Russe(die Russin)
das Frankreich → der Franzose(die Französin)

6. 어미 -el을 가진 명사: 도구나 수단 등을 나타내며 대부분 남성명사이다.

schließen(문을 닫다) → der Schlüssel(열쇠)
decken(덮다) → der Deckel(뚜껑, 덮게)
werfen(던지다) → der Würfel(주사위)
gürten(띠를 감다) → der Gürtel(허리띠)
heben(올리다) → der Hebel(지레)
klingen(울리다) → *die* Klingel(초인종)

7. 어미 -ei를 가진 명사: 상점이나 경멸적이고 부정적인 의미를 지닌 행동을 의미하여 모두 여성명사이다.

1) 상 점

der Bäcker(빵제조업자) → die Bäckerei(제과점)
der Weber(직조공) → die Weberei(방적공장)
der Fleischer(도축업자) → die Fleischerei(정육점)

der Gärtner(정원사) → die Gärtnerei(정원재배소)
der Drucker(인쇄업자) → die Druckerei(인쇄소)
der Spinner(방적공) → die Spinnerei(방적공장)
der Brauer(술제조업자) → die Brauerei(양조장)
das Buch(책) → die Bücherei(책방)
der Schneider(재단사) → die Schneiderei(양복점)
der Metzger(도축업자) → die Metzgerei(정육점)

2) 경멸적인 행위

das Spielen(놀이) → die Spielerei(장난, 희롱)
das Lieben(사랑) → die Liebelei(노닥거림, 일시적 사랑)
das Schmeicheln(아첨) → die Schmeichelei(감언이설)

8. 어미 -ling을 가진 명사: 젊거나 작고 귀여운 사람이나 경멸적인 사람을 지칭하며 대부분 남성명사이다.

jung(젊은) → der Jüngling(젊은이)
feige(겁많은) → der Feigling(겁장이)
weich(약한) → der Weichling(약골)
schwach(약한) → der Schwächling(약골)
fremd(낯선) → der Fremdling(낯선 사람)
lieben(사랑하다) → der Liebling(애인)
erziehen(교육시키다) → der Zögling(사관생도)
lehren(가르치다) → der Lehrling(견습생)
saugen(빨다) → der Säugling(젖먹이)
prüfen(시험을 치르다) → der Prüfling(수험생)
flüchten(피난하다) → der Flüchtling(피난민)

9. 어미 -ung을 가진 명사: 행동과 그 행동의 결과를 나타내는 명사로 모두 여성명사이다.

erfinden(발명하다) → die Erfindung(발명)
rechnen(계산하다) → die Rechnung(계산)
erziehen(교육시키다) → die Erziehung(교육)

zeichnen(소묘하다) → die Zeichnung(소묘)
versammeln(모이게 하다) → die Versammlung(집회)
erfrischen(신선하게 하다) → die Erfrischung(원기회복)
wohnen(살다) → die Wohnung(집)
ernähren(양육하다) → die Ernährung(양육)
erkälten(감기 걸리다) → die Erkältung(감기)
kleiden(옷을 입히다) → die Kleidung(옷, 의복)
entdecken(발견하다) → die Entdeckung(발견)
verletzen(다치게 하다) → die Verletzung(부상)
regieren(다스리다) → die Regierung(정부)
achten(존경, 주의하다) → die Achtung(존경, 주의)

10. 어미 -heit, -keit를 가진 명사들: 어떤 개체의 전부를 나타낼 수도 있으나 일반적으로 추상명사를 나타내며 거의 모두 여성명사이다. 특히 -r, -ch, -ig다음에는 keit가 결합한다.

der Mensch(인간) → die Menschheit(인류)
das Kind(어린아이) → die Kindheit(어린시절)
der Tor(바보) → die Torheit(어리석음)
klug(영리한) → die Klugheit(영리함)
gesund(건강한) → die Gesundheit(건강)
zufrieden(만족하는) → die Zufriedenheit(만족)
krank(병든) → die Krankheit(병)
dumm(어리석은) → die Dummheit(우둔함)
blind(눈이 먼) → die Blindheit(눈이 멈)
tapfer(용감한) → die Tapferkeit(용감)
dankbar(고마운) → die Dankbarkeit(고마움)
fröhlich(즐거운) → die Frölichkeit(즐거움)
fähig(능력있는) → die Fähigkeit(능력)

11. 어미 -schaft를 가진 명사들: 전체를 나타내거나 인간상호간의 관계를 나타내며 모두 여성명사이다.

der Bürger(시민) → die Bürgerschaft(시민전체)
der Freund(친구) → die Freundschaft(우정)
der Herr(주인) → die Herrschaft(주권, 통치, 지배)
der Knecht(노예) → die Knechtschaft(노예신분)
das Wissen(지식) → die Wissenschaft(학문)
der Meister(대가) → die Meisterschaft(대가다움)
gemeinsam(공동의) → die Gemeinschaft(공동체)
eigen(고유한) → die Eigenschaft(특성)
verwandt(친척의) → die Verwandtschaft(친척관계)

12. 어미 -tum을 가진 명사들: 이념과, 지위, 상태 그리고 위엄을 나타내며, der Irrtum과 der Reichtum을 제외하고는 모두 중성명사이다.

der König(왕) → das Königtum(왕국)
der Bürger(시민) → das Bürgertum(시민계급)
der Fürst(제후) → das Fürstentum(제후국)
der Kaiser(황제) → das Kaisertum(제국)
der Ritter(기사) → das Rittertum(기사도)
der Held(영웅) → das Heldentum(영웅적 태도)
der Besitz(소유) → das Besitztum(소유물)
heilig(성스러운) → das Heiligtum(성역)
reich(부유한) → *der* Reichtum(부유함)
irren(헤메다) → *der* Irrtum(오류)

13. 전철 Ge-, Ur-, Un-등이 있는 명사들

1) 전철 Ge-: 통합의 의미를 지닌다

der Berg(산) → das Gebirge(산맥)
das Wasser(물) → das Gewässer(수역: 강, 호수, 바다 등)
der Hof(뜰) → das Gehöft(농가)
der Stein(돌) → das Gestein(암석)
der Busch(관목) → das Gebüsch(숲)

der Bruder(형, 동생) → das Gebrüder(형제)
die Schwester(언니, 동생) → die Geschwister(형제자매)
trinken(마시다) → das Getränk(음료수)
schreien(소리치다) → das Geschrei(비명소리)
fühlen(느끼다) → das Gefühl(감정)
hören(듣다) → das Gehör(청각)
sehen(보다) → das Gesicht(시각)
schmecken(맛보다) → der Geschmack(기호)
riechen(냄새 맡다) → das Geruch(후각)

2) 전철 Ur-: 매우 오래되었다는 것을 의미한다.

der Wald(숲) → der Urwald(원시림)
der Großvater(할아버지) → der Urgroßvater(증조할아버지)
der Enkel(손자) → der Urenkel(증손자)
der Mensch(인간) → der Urmensch(원시인)
die Eltern(부모) → die Ureltern(선조)
die Geschichte(역사) → die Urgeschichte(원시사)
der Stoff(재료) → der Urstoff(원료)
die Zeit(시대) → die Urzeit(원시시대)
die Sache(사건) → die Ursache(원인)
die Kunde(기별, 알림, 고지) → die Urkunde(원본)
alt(오래된) → uralt(아주 오래된)

3) 전철 Un-: 반대를 의미하거나 어떤 상태가 악화되거나 강화되는 것을 의미한다.

der Dank(고마움) → der Undank(배은망덕)
die Treue(충실) → die Untreue(불충실)
das Glück(행복) → das Unglück(불행)
das Geschick(능숙함) → das Ungeschick(능숙하지 못함)
das Recht(정의) → das Unrecht(불의)
die Wahrheit(진실) → die Unwahrheit(거짓)
der Friede(평화) → der Unfriede(불화)
der Segen(축복) → der Unsegen(저주)

die Aufmerksamkeit(주의) → die Unaufmerksamkeit(부주의)
die Gleichheit(평등) → die Ungleichheit(불평등)
die Ordnung(질서) → die Unordnung(무질서)
die Freiheit(자유) → die Unfreiheit(부자유)
der Gehorsam(복종) → der Ungehorsam(불복종)
die Menge(수량) → die Unmenge(매우 많은 양)
die Summe(금액) → die Unsumme(엄청난 금액)
die Zahl(수) → die Unzahl(많은 수)
die Tat(행위) → die Untat(비행)
das Tier(동물) → das Untier(괴물)
die Masse(많은 수) → die Unmasse(엄청나게 많은 수)
die Tiefe(깊이) → die Untiefe(심해)

III. 형용사와 부사

1. 어미 -voll, -los, -reich, -ern을 가진 형용사와 부사

1) 어미 -voll: 무엇으로 "가득 찬"이라는 뜻이다

die Gefahr(위험) → gefahrvoll(아주 위험한)
der Schmerz(고통) → schmerzvoll(아주 고통스러운)
die Mühe(노력, 수고) → mühevoll(대단히 힘드는)
der Kummer(근심) → kummervoll(근심에 찬)
die Qual(고통) → qualvoll(고통에 찬)
die Kinder(아이들) → kindervoll(아이들이 많은)
die Kunst(솜씨) → kunstvoll(아주 정교한)
die Hoffnung(희망) → hoffnungsvoll(희망에 가득 찬)

2) 어미 -los: 무엇이 "없는"이라는 뜻이다

die Gefahr(위험) → gefahrlos(위험이 없는)
die Zahl(수) → zahllos(무수한)
der Schmerz(고통) → schmerzlos(고통이 없는)
die Sorge(걱정) → sorglos(걱정이 없는)
die Mühe(수고) → mühelos(힘이 안드는)
der Schlaf(잠) → schlaflos(잠이 안오는)

die Liebe(사랑) → lieblos(애정이 없는)
die Hilfe(도움) → hilflos(속수무책의, 의지할 데 없는)
das Mittel(수단, 재산) → mittellos(가난한)
die Wolke(구름) → wolkenlos(구름이 없는)
die Hoffnung(희망) → hoffnungslos(희망이 없는)

3) 어미 -reich: 무엇이 "풍부한"이라는 뜻을 지닌다.
die Zahl(수) → zahlreich(수많은)
das Wasser(물) → wasserreich(물이 많은)
die Liebe(사랑) → liebreich(애정이 많은)
die Kinder(아이들) → kinderreich(애들이 많은)
die Hilfe(도움) → hilreich(남을 잘 도와주는)

4) 어미 -ern, -en: 무엇으로 "이루어진"이라는 뜻이다.
die Seide(비단) → seiden(비단으로 된)
die Wolle(양모) → wollen(모로 된)
das Gold(금) → golden(금으로 된)
das Silber(은) → silbern(은으로 된)
das Kupfer(구리) → kupfern(구리로 된)
das Eisen(철) → eisern(철로 된)
das Holz(나무) → hölzern(나무로 된)
der Stein(돌) → steinern(돌로 된)

2. 어미 -ig가 들어 있는 형용사와 부사

1) 명사와 결합하여 형용사와 부사를 만든다.
der Mut(용기) → mutig(용감하게)
der Salz(소금) → salzig(소금기가 있는)
der Hunger(허기) → hungrig(배고픈)
der Durst(갈증) → durstig(목마른)
die Geduld(인내) → geduldig(참을성이 강한)
der Sand(모래) → sandig(모래가 많은)
der Schmutz(오물) → schmutzig(더러운)
das Gift(독) → giftig(독성의)

die Luft(공기) → luftig(바람이 잘 통하는)
die Sonne(해) → sonnig(햇빛이 비치는)
der Schatten(그림자) → schattig(그늘진)
die Kraft(힘) → kräftig(힘있는)
die Macht(권력) → mächtig(권력이 있는, 막강한)
das Feuer(불) → feurig(불같은)
der Fleiß(성실) → fleißig(성실한)

2) 고유부사를 형용사로 전환한다
bald(곧) → baldig(신속한)
heute(오늘) → heutig(오늘의)
gestern(어제) → gestrig(어제의)
morgen(내일) → morgig(내일의)
hier(여기) → hiesig(여기의)
dort(거기) → dortig(거기의)

3) 시간의 양을 나타내는 형용사를 만든다.
die Stunde → dreistündig(세 시간 동안의)
der Tag → eintägig(하루 동안의)
die Woche → zweiwöchig(이주 동안의)
der Monat → zweimonatig(두 달 동안의)
das Jahr → zweijährig(이년동안의)

3. 어미 -lich가 들어 있는 형용사와 부사

1) 명사, 형용사 + lich: 무엇의, 무엇과 같은.
der König(왕) → königlich(왕의, 왕다운)
der Fürst(군주) → fürstlich(군주의, 군주다운)
das Herz(심장, 마음) → herzlich(충심의, 진정의)
der Freund(친구) → freundlich(친절한)
der Vater(아버지) → väterlich(아버지의, 아버지다운)
der Mann(남자, 남편) → männlich(남성적인)
der Herr(남자, 신사) → herrlich(멋진, 절묘한)
der Mensch(인간) → menschlich(인간적인)

der Gott(신)	→	göttlich(신의)
der Schaden(손해)	→	schädlich(해가 되는)
die Ehre(명예)	→	ehrlich(명예로운)
der Staat(국가)	→	staatlich(국가의)
der Tod(죽음)	→	tödlich(치명적인)
die Natur(자연)	→	natürlich(자연적인)
die Nebensache(주변적인 일)	→	nebensächlich(주변적인)
der Norden(북쪽)	→	nördlich(북쪽의)
der Süden(남쪽)	→	südlich(남쪽의)
der Westen(서쪽)	→	westlich(서쪽의)
der Osten(동쪽)	→	östlich(동쪽의)
zart(예민한)	→	zärtlich(정겨운)
schwach(약한)	→	schwächlich(허약한)
lang(긴)	→	länglich(약간 긴)
blau(푸른)	→	bläulich(푸르스름한)
rot(붉은)	→	rötlich(불그스레한)

2) 동사의 어간 + lich: 수동의 가능이나 필연을 나타낸다.

zerbrechen(부러뜨리다)	→	zerbrechlich(부서질 수 있는)
verderben(썩다)	→	verderblich(썩을 수 있는)
vergessen(잊다)	→	vergesslich(잊혀질 수 있는)
bewegen(움직이다)	→	beweglich(움직여질 수 있는)
erklären(설명하다)	→	erklärlich(설명되어질 수 있는)
begreifen(이해하다)	→	begreiflich(이해될 수 있는)
ertragen(참다)	→	erträglich(참을 수 있는)
verstehen(이해하다)	→	verständlich(이해될 수 있는)
beachten(주의하다)	→	beachtlich(주목할 만한)
bedauern(동정하다)	→	bedauerlich(동정할, 유감스러운)

3) 시간을 나타내는 명사 + lich: 반복을 의미한다.

die Stunde(시간) → stündlich(매시간)
der Tag(날, 낮) → täglich(매일)
die Woche(주) → wöchentlich(매주)
der Monat(달) → monatlich(매달)
das Jahr(해) → jährlich(매년)

4. -isch가 들어있는 형용사와 부사

1) 명사와 결합하여 제한되고 부정적인 의미를 지니는 형용사와 부사를 만든다.

das Kind(어린이) → kindisch(유치한)
der Zank(싸움) → zänkisch(싸우기 좋아하는)
der Neid(시기) → neidisch(시기심 많은)
das Weib(여자) → weibisch(여자 같은)
der Dieb(도둑) → diebisch(도둑근성의)
der Regen(비) → regnerisch(비가 올 것 같은)
der Sturm(폭풍) → stürmisch(폭풍우의, 격심한, 저돌적인)
der Verschwender(낭비자) → verschwenderisch(낭비하는)
der Aberglaube(미신) → abergläubisch(미신의)
die Stadt(도시) → städtisch(도시의, 도시풍의)
der Himmel(하늘, 천국) → himmlisch(하늘의, 천국의)

2) 어떤 나라의 언어를 만든다

das England(영국) → englisch(영어의)
das Russland(러시아) → russisch(러시아어의)
das Korea(한국) → koreanisch(한국어의)

5. -sam이 들어 있는 형용사와 부사: 어미 -sam은 gern의 의미를 지닌다.

sparen(저축하다) → sparsam(절약하는)
gehorchen(복종하다) → gehorsam(복종하는)
arbeiten(일하다) → arbeitsam(근면한)
die Mühe(수고) → mühsam(애쓰는, 어려운)

독일어 조어 **369**

   lang(긴)   →   langsam(천천히)
   schweigen(침묵하다)   →   schweigsam(말없는)
   sorgen(걱정하다)   →   sorgsam(주도면밀한)
   streben(노력하다)   →   strebsam(열심히 노력하는)
   wirken(영향을 주다)   →   wirksam(영향력 있는)

6. -haft가 들어있는 형용사와 부사 : 어미 -haft는 haben의 의미를 지닌다.

   der Fehler(잘못)   →   fehlerhaft(잘못이 있는)
   die Nahrung(영양분)   →   nahrhaft(영양이 풍부한)
   der Mangel(부족)   →   mangelhaft(결함이 있는)
   der Meister(거장)   →   meisterhaft(대가다운, 훌륭한)

7. 어미 -bar가 들어 있는 형용사와 부사

 1) 무엇을 많이 가지고 있는
   danken(감사하다)   →   dankbar(고마워 하는)
   die Furcht(공포)   →   furchtbar(아주 무서운)
   das Wunder(기적)   →   wunderbar(놀라운)
   die Strafe(형벌)   →   strafbar(죄가 있는)

 2) 수동의 가능의 의미를 지닌다.
   dehnen(확장하다)   →   dehnbar(확장되어질 수 있는)
   trinken(마시다)   →   trinkbar(마실 수 있는)
   essen(먹다)   →   essbar(먹을 수 있는)
   sehen(보다)   →   sichtbar(보이는)
   denken(생각하다)   →   denkbar(생각할 수 있는)
   heilen(치료하다)   →   heilbar(치료되어질 수 있는)

8. 전철 un-과 miß-가 들어 있는 형용사와 부사

 1) 전철 un-이 들어 있는 형용사와 부사 : 원래 형용사와 부사의 반대의미를 지닌다.
   verständlich(이해할 수 있는) → unverständlich(이해할 수 없는)

möglich(가능한)	→	unmöglich(불가능한)
höflich(공손한)	→	unhöflich(공손하지 못한)
deutlich(명확한)	→	undeutlich(불명확한)
klar(깨끗한)	→	unklar(흐릿한)
freundlich(친절한)	→	unfreundlich(불친절한)
wichtig(중요한)	→	unwichtig(중요하지 않은)
artig(점잖은)	→	unartig(점잖지 못한)
nötig(필요한)	→	unnötig(불필요한)
liebenswürdig(사랑스러운)	→	unliebenswürdig(애교없는)
richtig(옳은)	→	unrichtig(틀린)
ruhig(조용한)	→	unruhig(불안한)
dankbar(고마워하는)	→	undankbar(고마워하지 않은)
denkbar(생각할 수 있는)	→	undenkbar(생각할 수 없는)
erklärbar(설명될 수 있는)	→	unerklärbar(설명할 수 없는)
hörbar(들을 수 있는)	→	unhörbar(들을 수 없는)
lesbar(읽을 수 있는)	→	unlesbar(읽을 수 없는)
sichtbar(보이는)	→	unsichtbar(보이지 않는)
gefährlich(위험한)	→	ungefährlich(위험하지 않은)
gemütlich(아늑한)	→	ungemütlich(아늑하지 못한)
persönlich(개인적인)	→	unpersönlich(비개성적인)
politisch(정치적인)	→	unpolitisch(비정치적인)
überlegt(심사숙고한)	→	unüberlegt(심사숙고하지 못한)
vergnügt(기분 좋은)	→	unvergnügt(기분이 좋지 않은)
gesund(건강한)	→	ungesund(건강하지 못한)

2) miß-가 들어있는 형용사와 부사 : 원래의 형용사와 부사에 잘못이 라는 의미가 첨가된다.

verständlich(이해할 수 있는) → mißverständlich(오해될 수 있는)
trauen(믿다) → mißtrauisch(불신하는)
gebräuchlich(관습적인) → mißbräuchlich(남용하는)

김원익

- 전주 고등학교 졸업
- 연세대학교 독문과 졸업
- 동대학원 독문과 석사과정 졸업
- 동대학원 독문과 박사과정 졸업
- 독일 Marburg대학 수학
- 문학박사, 신화연구가.
- 현재 추계 예술대 강사

저서 및 역서

- 「신경향 독어 연습」(고시연구사)
- 「신경향 객관식 독일어」(고시연구사)
- 「신경향 독문 독해 연습」(고시연구사)
- 「프리마 독일어 독해」(메티스)
- 「프리마 기초 독일어」(메티스)
- 「그림으로 보는 신들의 사랑」(메티스)
- 「그리스 로마 신화와 서양문화」 (공저, 문예출판사)
- 「신통기」(역, 민음사)
- 「아르고호의 모험」(역, 바다출판사)
- 「일리아스」(평역, 서해문집)
- 「오디세이아」(평역, 서해문집)
- 「오비디우스의 사랑의 기술」 (평역, 에버리치홀딩스)
- 「신화, 세상에 답하다」(저, 바다출판사)
- 「신화, 인간을 말하다」(저, 바다출판사)
- 「신들의 전쟁」(저, 알렙)
- 「후who, 그리스 로마 신화 속 인물들」 (감수, 도서출판 예경)

2014년 1월 13일 인 쇄
2014년 1월 17일 발 행
2016년 4월 22일 2쇄 발행

저 자 / 김 원 익
발행인 / 이 윤 구
발행처 / 메티스(고시연구사)

주 소 / 서울시 관악구 신림로 90, 2층
등 록 / 제 320-2009-11호
전 화 / 737 - 7771~2
F A X / 735 - 8666

프리마 독일어어휘

값 25,000원

※ 저자의 승낙없이는 본서의 독창적인 내용을 전재할 수 없음.